国家社科基金
GUOJIA SHEKE JIJIN HOUQI ZIZHU XIANGMU
后期资助项目

汉语历层研究纲要

Design of the Chinese Study across Multiple Levels

郭 攀 著

北京师范大学出版集团
BEIJING NORMAL UNIVERSITY PUBLISHING GROUP
北京师范大学出版社

图书在版编目(CIP)数据

汉语历层研究纲要／郭攀著. —北京：北京师范大学出版社，2012.3

(国家社科基金后期资助项目)

ISBN 978-7-303-14060-2

Ⅰ. ①汉…　Ⅱ. ①郭…　Ⅲ. ①汉语－研究
Ⅳ. ①H1

中国版本图书馆 CIP 数据核字（2012）第 018215 号

营销中心电话　010-58802181 58805532
北师大出版社高等教育分社网　http://gaojiao.bnup.com.cn
电子信箱　beishida168@126.com

HANYU LICENG YANJIU GANGYAO

出版发行：北京师范大学出版社 www.bnup.com.cn
北京新街口外大街 19 号
邮政编码：100875

印　　刷：北京市易丰印刷有限责任公司
经　　销：全国新华书店
开　　本：165 mm × 238 mm
印　　张：18
字　　数：307 千字
版　　次：2012 年 3 月第 1 版
印　　次：2012 年 3 月第 1 次印刷
定　　价：36.00 元

策划编辑：曾忆梦　　责任编辑：曾忆梦
美术编辑：毛　佳　　装帧设计：毛　淳　毛　佳
责任校对：李　菡　　责任印制：李　啸

国家社科基金后期资助项目

出版说明

后期资助项目是国家社科基金设立的一类重要项目，旨在鼓励广大社科研究者潜心治学，支持基础研究多出优秀成果。它是经过严格评审，从接近完成的科研成果中遴选立项的。为扩大后期资助项目的影响，更好地推动学术发展，促进成果转化，全国哲学社会科学规划办公室按照“统一设计、统一标识、统一版式、形成系列”的总体要求，组织出版国家社科基金后期资助项目成果。

全国哲学社会科学规划办公室

序
——正入万山圈子里

郭攀的《汉语历层研究纲要》即将出版，我很高兴。

他曾经在鄂西北的一所专科学校教书，经受过大山生活的砥砺。他曾经在武汉大学、华中科技大学、华中师范大学、北京大学接受硕士、博士等学历教育，或是进修、访学，结下了多方学缘。他学习过、讲授过、研究过汉语史、语言理论、应用语言学、计算语言学等方面的课程或课题，具有语言学的多科学养。他在《中国语文》、《语言文字应用》、《方言》、《语言研究》、《古汉语研究》、《修辞学习》等杂志发表了几十篇论文，体现了他较为广博的学术兴趣。

我曾经在华中师范大学任教，郭攀是我的同事。之后在我指导下攻读博士学位，我们之间又增加了一层师生关系。作为同事，我赞赏他心无旁骛、一心向学、锲而不舍的精神；赞赏他博览群书、涉猎多科、异思翩翩的学风；甚至还理解他对自己常不满、对世俗常嫉愤的人生态度。然而作为导师，则希望他博而能精，逐渐建立起自己的“学术根据地”；希望他多从语言事实出发，揭示语言规律，逐层升华理论；还鼓励他对自己要有学术自信，甚至希望他对社会能够超然而视。

时至今日，导师的职责多在“导”而少在“师”。学生在研究领域、研究方法、研究路向、研究志趣上也未必非与导师相同不可。郭攀的《汉语历层研究纲要》，有我的重视语言事实的研究风格，也有他独自的学术个性。他试图提出一种新的汉语历层研究模式，建立一个以文明进程为纵轴、以语言共层全域系统为横轴的坐标系，用这一坐标系去观照语言的历时发展和共时分布，用这种模式去囊括语言现象，解释语言规律。这种努力是否成功，有待学术实践的检验，但是这种努力是可贵的。

学术道路是崎岖的，学术追求是无止境的。正如宋代大诗人杨万里的诗句所写：“莫言下岭便无难，赚得行人空喜欢。正入万山圈子里，一山放过一山拦。”学术之人永远都在万山圈子里，攀爬翻越，山放山拦；不过，学术之趣也就在于崇山峻岭中的攀爬翻越，山拦山放。

郭攀正值学术盛年，精力尚且充沛，阅历已够丰富。若能够有正确的学术导向，朝着一个目标持续前行，学术之路定能走得远、攀得高！作为同事，作为导师，我都相信这一点，也着实期待着！

李宇明

2011年10月1日序于北京惧闲聊斋

目 录

第一章　绪　论

《汉语历层研究纲要》的写作，缘起于笔者若干年前所做的词句确认工作。工作中深切感受到：一方面，汉语研究历史相当悠久，成果很多；另一方面，什么样的语言单位是词，什么样的语言单位是句这种基本问题却解决不好。非常苦恼。后经反复地痛苦思考逐步意识到，词句确认性质的工作，要以较规整的逻辑语言形式作为基础，而我们的汉语是典型的人性化语言，其间的逻辑成分，或尚未得到有效的揭示，或灵活而不规整。我们现行的研究模式，是时间过程角度的历史研究，以这种模式研究人性化语言形式中的逻辑成分，促成逻辑语言形式的理论构建或客观形成，存在许多不足和困境，困难很大，需要探索一条新的研究模式来针对性地完成这类工作。在进一步的思考中，我们逐步领悟到了一个有别于时间过程的文明进程范畴，一种可与历史研究并列的历层研究模式，于是，开始了本书的写作。

本书旨在对汉语历层研究模式及据其展开的基础性研究作一纲要性论述，其内容分为三个部分。

第一部分，汉语历层研究总论。

首先，通过对现行汉语研究模式和与文明进程相关的国内外研究的系统梳理，提出一种新的汉语历层研究模式，即建立一个以文明进程为纵轴、以语言共层全域系统为横轴的坐标系；然后，对所设定的各文明层次语言系统依次进行共层归纳，对共层系统的发生、发展过程和规律进行历层概括；最后，概括出各文明层次横向语言理论体系及其相应的语言系统、概括出纵向进化、发生、发展的过程、规律等内容，服务于当今语言文化生活的一种研究模式。

研究模式提出过程中，对两个基础性问题进行了重点论述。

一是文明进程范畴。我们将范畴广义地界定为语言研究过程中对语言本体的把握所总结出的范围和类型，对语言发展过程不同角度的考察所表现出的范围和类型。下分本体范畴和过程范畴二次位类型。其中，过程范畴又包括时间过程和文明进程两类。相比较对语言不同历史时期的面貌及其发展过程和规律进行研究的时间过程范畴而言，文明进程范畴，是从文明进程角度对人类社会有信史资料记载以来不同文明层次的面貌及其发展过程和规律进行研究所表现出的范围和类型；而文明进程，概括为以文明程度为依据，沿着由无至有、由原始至进步、由低至高不断发展的过程。

文明进程范畴内部由语言系统进化范畴、发生范畴、发展范畴整合而成，整合成一个以发生、发展为重点研究内容，以动物进化为参照和说明性内容的总范畴。

二是历层研究思想方法。相比较建立一个以时间过程为纵轴的坐标系，设定研究内容和路向，展开系统研究的现行历史研究思想方法而言，历层研究思想方法指的是建立一个以文明进程为纵轴的坐标系，设定研究内容和路向，展开系统研究的方法。

研究模式理应涉及的主要内容亦有所论及。其中：

研究目标：总体上，力图提出一个与历史语言学并行的历层语言学理论，概括出一个多系统分层叠加的总体汉语系统，服务于当今语言文化生活。

总体研究思路：先构建出一个总体研究模式，然后，依模式分准具象性文明层次基础内容的共层研究、较为基础或应用上较紧迫内容的历层研究、全部一般性内容的系统研究三个步骤展开系统的研究。

第二部分，准具象性文明层次共层面貌要论。

汉语系统发展范畴二级文明层次总分为三个：准具象性文明层次、准抽象性文明层次、抽象性文明层次。为了给汉语历层研究做好铺垫，本部分集中对最为基础的准具象性文明层次的基本内容作了纲要性概括。

准具象性文明层次词级语言单位：概括为两类基本模式。模式一，单核式。词的内部义、音、形上基本皆存在着一个独立的单一核心，同他词间，存在着一定的区别性特征，并因此而呈现出离散状态的模式。模式二，无核式。词的内部义、音、形上基本属一种无核凝固状态，同他词间，亦存在着性质或量度上的区别性特征，并因此而表现出离散状态的模式。

准具象性文明层次句级语言单位：概括为四类模式组成的系列。模式一，情绪式。独立存在的情绪性言语句句义的基本表达模式。模式二，焦点式。焦点性言语句句义的基本表达模式。模式三，关系式。关系性言语句句义的基本表达模式。模式四，事件式。事件性言语句句义的表达模式。

准具象性文明层次语言系统运作的基本原则：总括为两种。一是多维呈现原则。即具象视点多维呈现，指的是使用具象视点性质的语言单位进行多维灵活呈现式表义的原则。二是整体渐细原则。即在言语句生成过程中，首先确认整体上的句子模式，以句子模式为表达的统帅和起点，继而沿着“句子模式→基点词”的方向展开分层级、分步骤的确认的运作原则。

准具象性文明层次语言系统运作的基本规则：概括为加合和契合两类。其中，加合，指的是情绪、理性二分的句义表达形式演进范围内不同层级类型情绪词与同级理性词或各类词组相加并整合的一种填合规则。契合，指的是较单纯理性句义表达结构形式演进范围内不同层级类型的词与同级词相互间密切结合的一种填合规则。

准具象性文明层次语言运作的基本方式：初步总结出三组。

一是叠与非叠。其中，叠，即复叠，一种等长性语言形式依相同、相近的韵致重复使用的一种语言运作方式。非叠，即非复叠方式，一种与复叠相对的对语言形式进行多变性使用的方式。

二是借与非借。其中，借，即假借，就是借用已有语言形式以实现新的功用的方式。非借，即使用非假借的原生形式表义的方式。

三是变与非变。其中，变，即改变，就是在已有语言形式基础上通过非音质因素的改变而生成新的语言形式或赋予新的表义功能的方式[①]。非变，即使用非改变形式进行表义的方式。

准具象性文明层次语言理论体系及其相应语言系统：初步综合如图1-1所示。

第三部分，代表性语言要素历层发展专论。

针对性地选取反映历层研究模式具体研究特性的四个不同性质的语言要素进行了专题研究。

一是汉语音节的历层发展。

建立在语言系统发展范畴不同文明[②]层次汉语音节系统概括的基础上，汉语音节的历层发展，在音质方面，基本过程为：混整性音节→二元化音节→多元化音节或“典型音节＋非典型音节”→基本为典型音节→简化了的典型音节。基本规律为多元化或简化。抽象度方面，基本过程

① 进一步深入地讲，过程范畴内部存在着一个时间过程与文明进程相互关系的问题。这一问题可以从时间过程范畴出发，展开研究并归入时间过程范畴，亦可从文明进程范畴出发展开研究并归入文明进程范畴。在此是从文明进程范畴出发所展开的部分研究。

② 朱自清：《朱自清全集》，第4卷，南京，江苏教育出版社，1990，第30页。

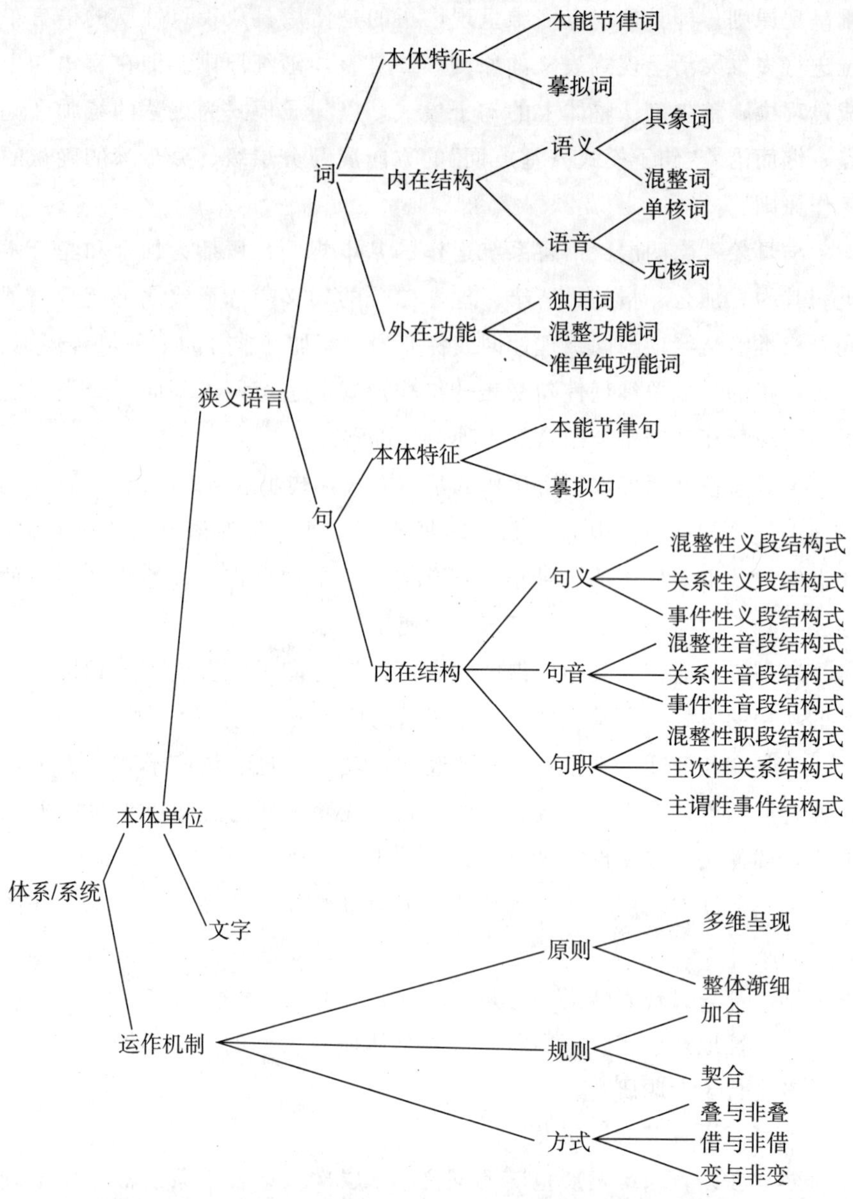

图 1-1 准具象性文明层次语言理论体系及其相应语言系统

为：准具象音节→准抽象音节→抽象音节。基本规律为抽象化。关联度方面，基本过程为：对应性关联→相关性关联→象征性关联。基本规律为主体化。

二是汉字的历层发展。

建立在语言系统发展范畴不同文明层次汉字系统概括的基础上，汉字的历层发展，单元数方面，基本过程为：混整→二元→多元。基本规律为多元化。层级数方面，基本过程为：单层→双层→多层。基本规律为多层化。抽象度方面，基本过程为：准具象字→准抽象字→抽象字。基本规律为抽象化。固定度方面，基本过程为：不高→增强→固定。基本规律为固定化。与语言的关系方面，基本过程为：词位→词位、语素→词位、语素、音节。基本规律为多样化。关联度方面，基本过程为：密切相关→间接相关→单维情绪相关。基本规律为淡化。单纯度方面，基本过程为：记录、表现兼具→相对单纯→基本为记录。基本规律为单一化。

三是汉语句子的历层发展。

建立在语言系统发展范畴不同文明层次句子系统概括的基础上，汉语句子历层发展的过程，以内、外两方面的关联性因素为依据，其基本过程概括为："生理主导－节律句"系统→"心理主导－能动句"系统→"社会主导－约定句"系统。以基本特征为依据，其基本过程概括为：在内部结构特征类型系统中具体表现为"混整性职段结构句＋主次性关系结构模式句＋主谓性事件结构模式句"的具有感知性和不完备性特征的句子系统→"具有完备性和一定抽象特征的认知结构句＋公理模式句"系统→"完备性结构句/公式化结构句"系统。

汉语句子历层发展的规律。明确度角度：明确化。节律句层次，语音节奏上有一定明确性，但内部结构却处于一种混整的不清晰状态。能动句层次，句子结构尽管丰富了，但纵、横向要素皆未得限定。约定句层次，各项要素的限定才得以实现，结构模式才得以较严格意义的明确。关联度角度：淡化。句子历层发展的过程，就是与句子结构模式与发生范畴基础层次生理、客观现实两个要素之间的关系日益淡化的过程。这种淡化，也可说成是转移，即主要关联对象不断向心理和社会观念诸要素转移。抽象度角度：抽象化。具体表现为建立在显示基础上的感知或初步的认知性结构模式的公理化和进一步的公式化。完备度角度：完备化。随着认识的深化，句子结构要素不断走向完备。固定度角度：固定化。同明确化相应，走向明确的趋向，也就是走向固定的趋向。

四是汉语复叠的历层发展。

建立在语言系统发展范畴不同文明层次汉语复叠系统概括的基础上，汉语复叠现象的历层发展，整体上，发展过程为：全叠→概叠→特叠。基本规律为：由全面至部分。节奏上，发展过程为：生理节律→心理节律→理性节律。基本规律为：由本能至文化，由必然至自由。声音本体上，发展过程为：等长性语言形式全部音节全同→等长性语言形式部分音节相同→等长性语言形式部分音节的声、韵诸部分元素相同→等长性语言形式无规律性对应音节元素相同。基本规律为：由多至少，由有至无。

历层研究是在时间过程角度基础上经至文明进程角度的转换而形成的，历史研究是其前身，也是其必要前提、必备基础。历层研究的提出，无意于否定历史研究，而意在促使语言研究尽可能地由综合再进一步走向精细，以利于分门别类地展开针对性研究，以便进一步发现新事实，解决新问题。

理论上的创新是本书努力追求的目标。这些创新主要表现在历层研究模式和汉语理论体系两大方面。但是，围绕着创新所展开的这些研究都是基础性的、初始性的、纲要性的，还有大量具体工作有待进行。除了准抽象性文明层次、抽象性文明层次语言系统的基本面貌以及相关的应用等工作之外，这里要着重说明的，还有两点力所不能及的构想。一是历层研究模式的推广。因为思想方法具有普适性，所以，历层研究模式可以在文学、哲学、逻辑学等学科范围内进行推广。二是历层评价系统的广泛应用。无论个人还是群体、国家、整个人类社会，应用历层性评价系统给出文明进程范畴的评价，难以说清的人及其相关问题，至少可以从文明程度上予以道明。

庄子说："始生之物，其形必丑。"我常自反省所做的这些工作，深感存在着的问题很多。现择其要者检讨一二。

研究策略上，以小见大是学界公认的最佳做法，而我却不自觉地走上了以大见小之路。在自己知识、能力等方面的准备尚不充分的情况下，就冒昧出手，唐突地做了一些极为宏观的研究工作，结果自然难免纰漏频出，贻笑大方。

观点上，提出了不少说法，但是，须进一步论证者尚多。

材料上，因须据历层评价系统进行层次的审定，故丰富度不高。整个研究亦难免给人骨多肉少之感。

术语上，出于研究模式和理论体系创新之需，除尽可能沿用已有术语之外，也还使用了一些新的术语。这些新的术语，有的可能说明不甚充分。

总之，不足之处肯定大量存在，期待学界进一步指正。同时，还希望能抛砖引玉，以本人不成熟的尝试引出一些更深入、更完善的研究成果来。我们盼望着这一天。

第二章　汉语历层研究的理论思考

第一节　现行汉语研究基本模式的时代性反思

任何性质的研究，均是在一定思想方法指导下展开的①。现行汉语研究的基本模式，总体概括为传统思想方法指导下的历史研究。传统思想方法，总体概括为：首先，建立一个以时间过程为纵轴的坐标系，接着，设定研究内容和路向，最后，展开系统研究的方法。主要内容体现在两个方面：

(1)坐标系的构建。纵向，从时间过程角度将人类社会有信史资料记载以来的汉语划分为不同的历史时期。如向熹《简明汉语史》的划分②：上古期(公元前18世纪—公元3世纪)→中古期(公元4世纪—公元12世纪)→近代期(公元13世纪—公元20世纪)→现代期("五四"至今)。横向，将汉语概括为一个共时系统。在这里，"时期"和"系统"成为纵轴和横轴，坐标系自觉不自觉地构建了出来。

(2)研究内容和路向的设定。研究内容指的是同坐标系纵、横轴相应的共时、历时两个维度的内容。其中，共时维今一般设定为共时系统中排除掉副语言、副文字等边缘内容的核心部分，历时维则主要是人类社会不同历史时期共时语言系统的发展过程和规律。

研究路向，以操作为外部特征，但实际包含两方面内容。一是具体操作上的路向。由今至古为逆向，由古到今为顺向。二是理论体系形成路向。有一个先在性现代语言学理论体系，并以该体系为模式进行由今至古或由古至今的归向检查性研究为逆向；没有先在性理论体系，根据由古到今挖掘出的语言事实，并参考已有语言学、哲学、心理学、逻辑

---

① 这里的思想方法较一般意义的方法而言区别有二：一是蕴含有思想观念的成分，反映了对语言理论的获得、语言本体系统的概括等全局性问题的总体认识。二是侧重总体方法。方法是多维的。有解决全局性语言问题的方法，如描写法；有解决局部语言问题的方法，如音韵研究中的反切系联法；有关涉全程的方法，如比较法；有只涉及某阶段性工作的方法，如测检法。这里指的是两个类型系统中的前者。基于此，这里的思想方法大致可综合概括为蕴含有整体性语言观，同时侧重全局、全程研究的一种方法。

② 向熹：《简明汉语史》，北京，高等教育出版社，1993，第41～44页。

学、历史学理论概括出相应语言理论体系的为顺向。现行路向，今一般自觉不自觉地设定为逆向，即或为由今至古，或为以现代语言理论体系为指导的由古至今。

因为以上思想方法的主要特征是以时间过程为纵轴，同时，共时又具有相对性——毕竟语言是一种动态存在系统，所以，从总体上将其广义地概括为历史研究的方法。

现行汉语研究，就是在这种历史研究方法指导下系统展开的。与思想方法相应，研究的基本模式概括为历史研究，进一步连贯地表述为：首先，建立一个以时间过程为纵轴、以汉语共时核心系统为横轴的坐标系；然后，有选择地对各历史时期汉语核心系统进行共时描写，对共时系统演变过程和规律进行历时概括；最后，概括出与思想方法相应的横向语言理论体系及与理论体系相应的语言系统，概括出纵向发生或发展的过程、规律等内容，服务于当今语言文化生活的一种研究模式。简括为：以时间过程为纵轴的坐标系作为参照的逆向主域研究。

现行汉语历史研究，符合人们感知和认知事物的时间基础，基本满足了此前人们语言文化生活的需求，为汉语研究做出了巨大贡献。

当然，随着时代的发展，历史研究也暴露出了一些因取向本身所带来的基础研究上的不足和应用上的困境。

不足主要表现在三个方面：

1. 纵向关系上

历史研究未能系统地揭示并概括出文明进程角度不同的文明层次，明晰地总结出汉语从无到有、由原始至进步、由低至高的发展过程和规律。而这一些在当今语言文化生活中，尤其是汉语的信息处理中极为重要，是将人文性汉语提升至逻辑语言形式的重要基础，同时，也是语言研究上提升精细度的必然要求。

为了对思想方法及相应研究模式诸内容进行更深入的揭示、更高度的概括和更便利的说明，这里开始广义地启用范畴概念。范畴，广义界定为语言研究过程中对语言本体的把握所总结出的范围和类型，对语言发展过程不同角度的考察所表现出的范围和类型。与以上本体相应的范围和类型进一步界定为本体范畴，包括核心范畴、边缘范畴，包括语音范畴、语义范畴、语法范畴等。与过程相应的范围和类型进一步界定为过程范畴。包括时间过程范畴和文明进程范畴。其中，时间过程范畴，即从时间过程角度对语言不同历史时期的面貌及其发展过程和规律进行研究所表现出的范围和类型。文明进程范畴，是从文明进程角度对人类社会有信史资料记载以来不同文明层次语言系统的面貌及其发展过程和规律进行研究所表现出的范围和类型。而文明进程，概括为以文明程度为依据，沿着由无至有、由原始至进步、由低至高的顺序不断演进的过程。文明程度，即语言系统在文明演进过程中所呈现出的程度特征。

众所周知，现行汉语研究是从时间过程角度进行的，而时间过程范畴历史时期的递进性与文明进程范畴文明层次的递进性不尽一致。从时间过程角度看，历史时期是依次递进的，可相应文明层次的表现，则不是简单的递进，而是呈现出一种复杂的多样化状态，其间，存在着一定的反复性和不同步性。这样，单纯沿着时间过程角度研究，不同文明层次的语言面貌及其发展过程和规律不甚清晰明了，不能够得到系统的揭示和概括。

文明进程在依次递进的时间过程上表现出的反复性，指的是语言发展至一定文明程度之后又再重新发生、发展的情况。

主体角度的表现概括如下：

个体方面。表现在个体语言生、灭过程的反复出现上，即无数个体语言不断重复经历的“儿童语言→成人语言→老化语言”的过程，尽管反复的要素不尽相同。

群体方面。表现为方言或特殊群体所使用的语言在文明进程中一定程度地出现的反复。如“儿”虚化为词尾以后，在湖北省丹江口市重新生成了一个功能类似名词“儿”的方言词“娃儿”，并且，正经历着类似“儿”虚化时的变化过程，开始用于部分非动物名词后，表示“细小”的词汇意义，并兼有标记名词的功能。例如，“树娃儿”、“凳娃儿”、“布娃儿”、“钱娃儿”。又如现今网络、手机语言中象形符号的使用，在文字发展至抽象符号的今天，重又返回到原初的象形时期了。例如，“^o^：呵呵傻笑”、“^◎^：呵呵大笑”、“^÷^：得意的笑”。

全民方面。表现为共同语在文明进程中一定程度地出现的反复。因客体语言角度的主体就是全民，故这种表现与客体语言角度的表现具有一致性，在此从略。

客体语言角度的表现概括如下：

个体单位或现象在文明进程中出现的反复。如强程度副词，原有副词强程度磨损后，新的强程度副词的更替。上古“甚、孔、极、绝、最、至、尤”①，中古新生“奇、煞、生、非常、分外、极其”②，近古新生“到大来、怪、好、好生、很、老、十分、忒”③。

---

① 向熹：《简明汉语史》，北京，高等教育出版社，1993，第76～77页。

② 向熹：《简明汉语史》，北京，高等教育出版社，1993，第258～259页。

③ 向熹：《简明汉语史》，北京，高等教育出版社，1993，第413～418页。

类型性单位或现象在文明进程中出现的反复。如近古句末语气词对上古以来“矣、焉、哉、乎”等的更替。潘允中说：“由古汉语发展而来的句末语气词‘么’、‘吗’、‘呢’、‘哩’、‘呀’，在近代书面语言里已广泛出现，它们通过典范的文学作品(《水浒传》、《红楼梦》、《儒林外史》等)，推广到全民语言中去，使汉语的书面形式越来越规范了。”①

语言系统在文明进程中出现的反复。古白话之于文言，一定程度上具有反复的性质，而仅就文言而言，随着唐宋和清代文学创作上复古运动的出现，文言内部文明层次上亦一定程度地出现了反复。

文明进程在依次递进的时间过程上存在着的不同步性，指的是语言发展存在着范围的区别，不同范围的演进速度往往快慢不一。简括如下：

不同语体、文体间的不同步。口语与书面语间的不同步较为典型。例如，在通常所概括的上古商代汉语中即产生了反映复杂逻辑思维的复句形式。多层联合复句、偏正复句例②：

(1)戊申卜：己其雨？不雨，启，少。③

(2)丁丑王卜贞：其振旅，延[屮步]于盂，往来亡灾？④

(3)戊辰卜：在画犬中告麋，王其射，亡灾，擒？⑤

而在现代口语中，则还有大量原始性独词句的存在，并且使用非常普遍。如同行一些人看到蛇后可能说出的话：“蛇。”“啊。”“打。”“别。”

特定地域、特殊群体语言与主体语言之间的不同步。全民语言的发展与人类文明进程同步，部分地区、部分群体，由于经济文化等原因的制约，则存在着滞后的情况。如“数(量)·名”的表达，整体上存在着由散至整的文明发展过程⑥。例：

(1)遽白还乍宝尊彝，用贝十朋又四朋。⑦

① 潘允中：《汉语语法史概要》，郑州，中州书画社，1982，第18页。

② 张玉金：《甲骨文语法学》，上海，学林出版社，2001，第309～313页。

③ 郭沫若：《甲骨文合集》，北京，中华书局，1978，20990。

④ 郭沫若：《甲骨文合集》，北京，中华书局，1978，36426。

⑤ 郭沫若：《甲骨文合集》，北京，中华书局，1978，27902。

⑥ 郭攀：《汉语涉数问题研究》，北京，中华书局，2004，第20～28页。

⑦ 中国社会科学院考古研究所编：《遽伯还簋》，《殷周金文集成》，北京，中华书局，1984，第7363页。

(2)肇十有二州，决川。①

(3)未时落雨，申时雨止，却只得三千零四十点。②

然在湖北楚语区，在部分“数(量)·名”的表达上还一定程度的处于散式层次。如一个半小时，常说成一个小时半。部分数量形式的表达亦然。如一百多次，常说成一百次多。

2. 横向系统上

历史研究提供的信息不甚充分。

由于历史研究共时维一般设定的研究内容为语言系统的核心部分，也就是核心范畴，所以副语言、副文字等边缘范畴的内容未得到充分的关注。而边缘范畴关注不够，概括共时语言系统所需信息不甚充分，最终将一定程度地影响到结论的得出。

副语言范畴未充分关注的内容，如词际音长特征。例如双音节词中二音节音长比存在一定的模式，这种模式有的与词性存在一定关系，有的则具有方言特征。如普通话中的“跳绳”，作为述宾结构表行为义时，没有特殊的音长特征。作为定心结构表事物义时，“跳”音要拉长，且相对略轻。长音例：我买了一根跳绳。短音例：他在跳绳。又如称双音节名，湖北潜江话，前音节重而长，后音节轻而短。湖北浠水话则往往相反。

又如句中核心词语语音的曲折表义。例如无标记被动句口语层面核心动词通过内部曲折对被动意义的表示。相比较西方语言而言，汉语被动句的个性化特点主要是存在着一类无标记形式。但是，无标记是否是事实呢？在阅读中，我们发现这样一则报道。《世界科技报道》2007 年 9 月 17 日《揭秘湖北七岁“透视神童”的真相》：湖北省汉川市有一 7 岁男童“龙龙”，其母亲说其具有透视功能，能透视纸牌、硬币背面的数字。后经魔术师、心理学家、计算机专家共同测试、研究得出结论，透视功能是假。龙龙能知道数字，是对他母亲喊其小名“小三”声音波形感知的结果。龙龙透视前，其母总要先看数字，然后，喊“小三”回答，在喊“小三”时，将所见数字发音时的调型下意识赋予给“小三”的读音了，“小三”敏锐地感知到了这一点，故能够准确说出其“透视”的具体数字。这一事件从语言方面说明了语音曲折深度变化的存在。由此不难联想到无标记被动句的标记问题，即到底有无标记？若有的话，在哪些层面标记？书

① (汉)司马迁：《史记·五帝本纪》，北京，中华书局，1959。

② (明)吴承恩：《西游记》，第十回。

面语还是口语？句调还是核心词语的音高、音长、音强诸要素？带着这些问题，我们对湖北浠水方言作了针对性调查，发现浠水方言中通常所说的无标记被动句口语层面其实存在着一定的标记。主要通过核心动词音长的延续进行的标记，音长延续的长短，同表达者与事件之间的关联度相关，关联度大，赋予的同情等因素即多，延续的时间即长，反之则相对较短。相对而言的长和短，分别用"～～"和"～"标示。例：

(1)甲：一些鸡把我的菜下都吃了。你的吃～冒没有？
乙：吃～～了喔。
(2)甲：一点儿菜下都把被虫搞了哇。你的搞～冒没有？
乙：搞～～了哇。

再如动词时长的变化对行为过程的摹拟。相比较上述"吃～～了"而言，浠水方言中还有另一种延音形式的"吃了"。例：

甲：吃饭冒没有？
乙：吃了～～哇。

两种形式的"吃了"，尽管所延之词不同，但存在着一个共同点，即延音都具有一定的摹拟性。其中，"吃～～"是对行为进行态的摹拟，"了～～"是对行为完结态的摹拟。

副文字范畴未充分关注的内容，如问号、感叹号、句号等标点符号单独表义心理意义的现象[①]。例：

司长："老高，你们的目的看来是要跨河东进，建个新车间，彻底改变目前生产的布局，是吗？"
"是的！"高树回答得很干脆。
"能不能气魄更大一点？"
"……"高树愕然。
"搞一个配套的大工厂，使你们厂翻一番！"
"！"高树怦然心动。
"不过，国家不给你们人民币。"

① 郭攀：《标点符号的类文学语言性功能》，《江汉大学学报》2004年第6期。

“?”高树惊讶。

“你们可以用美元!”

“!!”高树的呼吸急促起来。①

3. 研究路向上

历史研究难以揭示出早期语言系统的真实面貌，更反映不出不同文明层次语言系统的具体面貌。

列维一布留尔认为，以集体表象为根本特征的原始思维是神秘的思维，原始思维所遵循的逻辑是互渗律，而不是文明思维中的同一律和矛盾律。为此，列维一布留尔明确反对把原始思维和现代人的思维视为同一类型，反对用同一种逻辑来解释原始思维②。原始思维与现代思维存在的差别，总体上讲，思维的依托，一是表象，一是概念。归类的依据，一是原始的主观关联，一是较为科学的区别性特征。思维的逻辑，一是互渗律等，一是同一律、矛盾律等。这一些，反映到语言现实上，即不是简单的先天构造模式相同，只是完善程度有别，而是语言系统的内部结构及其运作机制都存在着区别。由此不难得出结论：不同历史时期，往往有着不同的语言面貌；不同的文明层次，更是一定有着不同性质的语言面貌。

基于此，逆向研究，就没有了语言系统性质相同的客观基础。在这种情况下，使用同一种模式所进行的逆向研究，自然难以切实概括出符合客观实际的早期语言理论系统，就是个体性语法化研究，因为缺乏早期切实的整体系统的参照，个别现象的追溯，亦难以找到合适的定位，容易流于简单的比附。至于不同文明层次语言系统的具体面貌，更是难以真实地得到反映。

困境，主要表现在以下两个方面：

1. 语言习得和学习上，未能严格地概括出符合不同年龄、不同文化层次特征的语言层次系统来，从而引发了重复、迷惘和倦怠等现象

今天，儿童语言的习得，缺乏真正科学意义上既符合文明层次规律又利于后续发展的习得体系。

学习阶段，尽管有小学语言知识、中学语言知识、大学语言知识的提法，却并没有对不同层次知识作出严格意义上的层次区分，往往层次混杂，小学学过了的知识，如汉语拼音，中学、大学还再重新学习；或

① 张小兵：《事业之树》，《新华文摘》1982年第12期。

② 〔法〕列维一布留尔：《原始思维》，中译本，北京，商务印书馆，1985。

者相反，大学生都弄不懂、说不清的语法知识，小学阶段就开始学习。其结果，或者因重复而倦怠，或者因无法理解而迷惘。或许，这也是造成国民汉语素质不断走低的一个重要原因。

2. 计算机信息处理上出现了因错位等原因而带来的瓶颈问题

计算机信息处理上存在着的问题，总体概括为供求关系上不尽对应。一方面，历史研究主要面向人的以感知为基础的语言文化生活，主要提供符合时间过程范畴感知需求的语言知识；另一方面，计算机信息处理对应的主要是人的以认知为基础的语言文化生活，需要提供的主要是符合文明进程范畴认知需求的语言知识。这样，供求关系即不完全对应，或者说一定程度地错位了。其结果，必然带来“求”无所“供”等诸多问题。在今天，一个突出的表现是，基础性的句的确认成为计算机信息处理的瓶颈问题。

在已有的历史研究中，句的确认，主要是针对人的使用而作的原则性的、柔性的说明，是一种柔性确认。句在写作时体现出的柔性确认，从近些年来人们对转折关系内部意义总量大致相当、逻辑结构关系基本相同的文本形式的不同标点上可见一斑。标题中意义总量大致相当、逻辑结构关系基本相同的文本形式或处理为复句，或处理为句群的不同标点。例：

(1)电子信息技术对传统产业具有很强的带动作用，但是，我们也必须认识到，它的带动作用是长期的战略任务——不能只盼着点石成金。①

(2)天保工程初战告捷。但是，真正使砍树人变成护林人，急需推进二次创业——走下“独木桥”。②

(3)经过专项整顿和严厉打击，各地乱采滥挖河砂的势头有所遏制，但是非法开采河砂的现象还远未禁绝，下一步的重点是——河砂开采：依法、科学、有序。③

(4)上半年大规模走私活动得到有效遏制。但是“蚂蚁搬家”式的走私仍然屡禁不止，价格瞒骗、走私犯罪活动明显上升——打私斗争别松劲。④

同一作者在同一小段内将逻辑结构关系基本相同的文本形式或处理

① 《人民日报》2003年12月6日。

② 《人民日报》2003年8月9日。

③ 《人民日报》2003年9月3日。

④ 《人民日报》2002年7月9日。

为复句，或处理为句群的不同标点。例：

王宪举：今年俄美“非敌非友”的关系仍然以缓和为主，但是相互之间的矛盾在增长，裂缝在扩大。

今年俄美关系表面上保持平静和稳定，各种来往比较活跃。但是，良好的气氛并不能掩盖俄美关系中不断增大的裂痕，它们的矛盾在增长。俄罗斯国防部长伊万诺夫把俄美关系框定在“不是敌人，但也不是盟友”的位置上。俄美关系中问题和麻烦增多，利益碰撞加剧。①

逻辑结构关系基本相同、在文本框架结构中地位亦基本相同的文本形式或处理为句群，或处理为不同段落，例：

从纵向看，我国水电装机容量突破1亿千瓦大关，是我国电力建设史上一个重要的里程碑。我国的水电建设从新中国成立之初的几十万千瓦到5000万千瓦，大约用了46年。而从5000万千瓦达到今天的1亿千瓦，仅用了9年。可见近年来我国水电的发展速度的确突飞猛进。但是，孙玉才同时也认为，与我们的水电资源比、与国外发达国家比，1亿千瓦的水电装机并不算多，我国的水电开发还远远不够。

我国的水能资源丰富，理论蕴藏量6.76亿千瓦，经济可开发容量3.78亿千瓦。不论是水能资源蕴藏量，还是可能开发的水能资源，我国都居世界第一位。

但是，与发达国家相比，我国的水力资源开发利用程度并不高。到2003年底，我国水力资源开发利用率按经济可开发容量计算仅为24%左右。水电装机容量也仅占全国总发电装机容量的24.24%，而发达国家远高于我们。②

计算机对句子确认的要求是硬性的，强调的是可操作性。这种需求，历史研究难以提供，故目前的现状是，或采用短语结构语法理论只对短语进行分析，或以主观性极大的标点符号为据进行处理，严重阻滞了汉

① 《大国关系：稳定中有分歧》，《人民日报》2003年12月11日。

② 冉永平、吴江：《中国水电建设何去何从——访中国电力企业联合会副理事长孙玉才》，《人民日报》2004年11月1日。

语句及后续更大言语单位的信息处理工作。句的确认，因此成为推进汉语应用乃至于整个汉语研究的瓶颈问题。

为弥补历史研究的不足，探索解决研究困境的新思路，为新时期语言研究提供一些新的参考。我们认为，在不简单否定现行思想方法、在继续展开现行历史研究的同时，有必要探索一些新的思想方法，一些新的思想方法指导下的研究模式。为此，拟尝试提出一种历层研究的思想方法，一种与该思想方法相应的历层研究模式，并依此展开系统的历层研究。

第二节　已有历层性质研究简评

历层性质包括两类情况[①]：一是与历层研究类似的情况；二是同历层研究部分存在交叉的情况。前者主要表现在国外，后者主要表现在国内。

国外的研究。大致表现在两个方面：

一是通过语言文字类型的比较，对人类语言文字发展规律所作出的初步概括。如历史比较语言学家们从形式上将人类语言的发展分为三个阶段，孤立语、黏着语、曲折语[②]。又，发展语言学以儿童语言为基础对语言发展模式的一些概括。又，文字学界对文字发展规律的概括。泰勒：图形符号～语言符号～音节符号～字母符号。格尔伯：语词和音节文字～音节文字～字母文字[③]。

二是对汉语性质的初步评价。如梵语的结构优于汉语的结构，希腊语的结构优于阿拉伯语的结构[④]。

这些研究，具有一定的创新性，揭示了文明进程范畴的一些表层规律。但是，一方面与本文所指侧重点、内容、目标均不相同，只是总体理念相近。另一方面，也存在不少问题。总体上讲，由于研究没有系统

---

① 从研究基础上概括，如果将已有研究方法方面的研究看做学术基础，将现实需要看做社会基础的话，那么，还有思维基础值得一说。思维方式的发展，大致可概括为“直观思维(直观动作、情感、经验)→想象思维(形象、艺术)→逻辑思维(公理化、形式化、辩证)”(陈中立等：《思维方式与社会发展》，北京，社会科学文献出版社，2001，第193～216页)。其中，中国传统研究多从事的是公理化研究，现代西方已开展一些形式化研究，而最前沿、最值得开展的是与辩证思维相应的研究。历层研究即力图将辩证研究作为思维的基础。

② 高名凯：《语言论》，北京，商务印书馆，1995，第559页。

③ 周有光：《人类文字的历史分期和发展规律》，《民族语文》2007年第1期。

④ 〔德〕洪堡特：《论人类语言结构的差异及其对人类精神发展的影响》，中译本，北京，商务印书馆，2004，第298页。

展开，尤其是没有深入到本质层次，故得出的结论往往是形式上的、片面的。如高本汉就认为“早先的学说把中国语分列为‘初等’的语言，以为它还未进到变形的阶段，这种学说恰好和真理相反。事实上，中国语正和印度欧洲语言演化的轨迹相同，综合语上的词尾渐渐亡失了，而直诉于听受者(或朗读者)纯粹的论理分析力。现代的英语，在这方面，或许是印欧语系中最高等进化的语言；而中国语已经比它更为深进了”①。而针对汉语的研究，则更多停留在感受层面。如黑格尔说：“一种语言，假如它具有丰富的逻辑词汇，即对思维规定本身有专门的词汇，那就是它的优点。但中国语言的成就，据说至今还没有，或很少达到这种地步。”②

国内的研究，亦可从两方面进行概括。

一是理论上的相关概括。如在谈到汉语史的分期时王力说：“必须从语言发展的内部规律去定出语言的历史分期。”③向熹说：“语言史应当根据语言本身的发展特点和规律去分期，不能与社会史的分期等同起来。”④又如在对汉字发展规律的概括。王凤阳：衍意文字～衍音文字。周有光：形意文字～意音文字～表音文字⑤。

二是个体实例考察。王力对汉语判断句系词产生及其发展的研究较有典型性。其将判断句的产生及其发展分为三个阶段：上古无系词阶段→上古利用兼含系词义的“为”、“维”等词表示判断阶段→中古及以后用系词“是”表示判断阶段。随着时间的发展，判断句的系词经历了一个从无到有、从不完善到相对完善的过程⑥。例：

(1)隼者，禽也；弓矢者，器也。⑦

(2)知之为知之，不知为不知。⑧

(3)周虽旧邦，其命维新。⑨

(4)余是所嫁妇人之父也。⑩

---

① 〔瑞典〕高本汉：《中国语与中国文》，中译本，北京，商务印书馆，1933，第27页。
② 〔德〕黑格尔：《大逻辑》，序言，北京，商务印书馆，2004。
③ 王力：《汉语史稿》，上册，北京，中华书局，1980，第33～34页。
④ 向熹：《简明汉语史》，北京，高等教育出版社，1993，第40页。
⑤ 周有光：《人类文字的历史分期和发展规律》，《民族语文》2007年版第1期。
⑥ 王力：《汉语语法史》，北京，商务印书馆，1989，第183～197页。
⑦ 《周易·系辞下》。
⑧ 《论语·为政》。
⑨ 《诗经·大雅·文王》。
⑩ (汉)王充：《论衡·死伪》。

这些研究，具体、实际，揭示了不少文明进程方面的现象，但是，其对文明进程的关注，是一种以时间过程范畴为主体将文明进程寓于时间过程之中的混合性关注，由于思维和认识发展的原因，关注程度显得不够。

(1)理论上，未严格意义揭示出打破时空因素的本质特征，未能完全意识到时间过程与文明进程之间的区别，未能有意识的、系统的将二者区别开来，分别进行针对性探索。

(2)实践上，未贯彻落实。还是以时间过程为依据进行分期，进而展开历史研究。

已有历层性质的研究，一方面为历层研究打下了基础；另一方面，也一定程度地启发了我们的思考。即鉴于已有历层性质研究存在着的问题以及时代性反思部分论及的必要性，必须推进这种性质的研究，将其在初始基础上进行提升。具体地讲，一是要从现行历史研究中将历层研究严格意义地分离出来，提升为一个与历史研究模式并行的独立研究模式。二是无论理论上还是实践上都要力争做到系统化。以下历层研究即是下意识地基于此而展开的。

第三节　汉语历层研究的基本模式

同历史研究模式相对，历层研究模式，是历层研究思想方法指导下的一种研究模式。

历层研究的思想方法，总体概括为：建立一个以文明进程为纵轴的坐标系，设定研究内容和路向，展开系统研究的方法。亦主要包括两方面内容。

一、坐标系的构建

(一)纵向

创建一个文明进程范畴，作为坐标系的纵轴。

文明进程范畴，是前及相对时间过程范畴而概括出的一种过程范畴，由三个子范畴依次组合而成。三个子范畴所指及其内在具体反映文明程度的文明层次、诸层次在文明进程中的层级等内容。简及如下：

第一，语言进化范畴及其内在文明层次、诸层次在文明进程中的层级。语言进化范畴，是通过动物语言与人类语言相似性的比较分析从动物语言至人类语言客观进化过程上概括出的一个逻辑范畴，是深入认识汉语、有效把握汉语的一个参照性范畴，一个侧重于找寻启示和借鉴的范畴。[1]

动物语言，是语言的比喻说法，指的是同人类语言性质、功能上具有相似性的动物声音表义系统。

今天，动物语言研究的条件较前相对成熟。数十年来，生物学界专门针对动物语言或附及动物语言的成果很多。如《黑猩猩在召唤》[2]、《金丝猴部落》[3]等。另外，还有大量音像资料。如《探索频道之自然生态》等。心理学界尤其是西方心理学界动物语言研究亦取得了较多成果[4]。这一些，为动物语言较系统的概括创造了条件，使动物语言的研究成为可能。

人类语言，因有了一些个人性认识，故拟重新界定。大致表述为：一种分音节的声音表义系统及其人文形体转换表记系统。关于该系统，继续说明两点：

其一，系统的内部结构，包括静态本体结构单位和动态运作机制两个部分。

1. 本体结构单位

这里的本体结构单位指的是直接参与语言系统运作的单位。概括为两类。一是下层语言单位，即处于下位层次的语言单位，沿用现代语言学术语就是词。该单位具体表现为系统中的符号实体，一种承载有在言语交际中获得的最小单位意义且具有一定固定性、可自由运用的符号实体。二是上层语言单位，即处于上位层次的语言单位，沿用现代语言学术语就是句。该单位具体表现为系统中组织符号实体表达最小单位交际意义的一种抽象结构模式。包括三类具有对应和依存关系的下位结构模式：意义结构模式、声音结构模式、功能结构模式。值得进一步说明的是：

(1)在结构单位的排序上，依据使用语言表义的心理过程，句应该放在前面。但是，考虑到句概念的表述，一部分要以词作为基础，故在词与句的排序上，权且依照“词→句”顺序。

(2)句子表义模式填入符号实体以后即成为言语句。话语中，比言语句大的还有段落和语篇。这些单位也存在着表义模式，但是，仍不将其作为语言单位看待。因为一方面它们不属于思维中表达最小独立交际义的基本模式，尽管可看做是心理认知系统基本单位的模式；另一方面，模式与

---

① 刘广和：《历史语言学的若干研究方法评议》，《汉语学习》2000年第5期。

② 〔英〕珍妮·古道尔：《黑猩猩在召唤》，北京，科学出版社，1981。

③ 古清生：《金丝猴部落》，北京，中国言实出版社，2007。

④ 邵郊：《生理心理学》，北京，人民教育出版社，1987。

意义间对应性不十分明显和固定，其模式是属于较单纯的形式范畴的。

(3)现代语言学中，结构单位还有语素和词组，我们一方面继续沿用此名称；另一方面又将其排除在语言基本结构单位之外。其理由是：语素，属词的次级单位，不直接入句充当填充句子表义模式的符号实体。词组，内中固定性较强的大致可归为词，临时性组合的则可看做是句内完整或非完整的功能单位，一种介于句与词之间且表现为抽象结构形式的功能单位。

2. 运作机制

运作机制即语言系统运行的工作原理，主要表现为人使用语言静态结构单位表义所遵循的运作原则、规则和方式。这里没有沿用语法、语用的说法，而用运作机制加以概括。与语法、语用之间的主要区别如下：

(1)运作机制与语法之间的主要区别是立足点不同。语法的立足点是现行说法中作为认知对象的语言，运作机制的立足点是人对这种语言的使用。

(2)运作机制与语用之间的主要区别是侧重的范围不同。语用侧重的是言语的表义，运作机制侧重的是言语的生成。

静态基本结构单位和动态运作机制两部分之间的关系，在一定情况下也可理解为关联关系上的互动关系。运作机制是结构单位生成的原因之一，结构单位也反作用于运作机制。

其二，该系统的概括所蕴含的二分结构体系，就是我们所主张的普通语言理论体系。

进化论告诉我们，人类语言是由动物语言进化而来的[①]。进化过程，因为动物语言和人类语言是公认的两大语言层次，同时，据考察，在两大层次之间还存在着一个过渡层次，故总体概括为三个层次构成的系列。如下：

动物语言层次→准人类语言层次→人类语言层次。

三层次涉及的相关内容说明如下：

其一，从根本上讲，三层次是依特定评价系统综合评价的结果。

评价系统所设参项。一级参项两项：基本交际度、语言提纯度。语言提纯度内部，根据上述对语言系统二分的理解，语言单位部分再设二级参项三项：单位清晰度、声音段化度、意义明晰度。各项下还再酌情设立第三级。运作机制部分设立总体呈现度，其下再设二级参项两项：方式固化度、规则成熟度。

① 李景源：《史前认识研究》，长沙，湖南教育出版社，1989，第109页。

据参项特征评定的三大文明层次。语言进化过程，具体落实到参项上，都不同程度地表现出了一定的层次特征。动物语言、准人类语言、人类语言三大文明层次就是据这些特征综合评价的结果。以下是三文明层次中诸参项层次特征主要表现的简要说明。

1. 动物语言层次

基本交际度，以非用于交际为主，其语言绝大多数情况下只是一种生理性声音反应或情绪自我宣泄的声音。

语言提纯度，语言系统未严格意义地提取，基本处于言语状态。

单位清晰度上，不清晰，词句基本为一体。主要表现是，其声音既可看做句，亦可看做词。

声音段化度上，不高。具有超音段特征①，但音质上又具有一定的固定度。

意义明晰度上，属低度明晰类。无论是情绪性内容还是报警等行为，皆有一定的类型化成分，但缺乏析分和提升，细化程度不高。

运作机制总体呈现度上，低度呈现。较固定呈现的只有复叠方式。

2. 准人类语言层次

基本交际度，表现有二：一是量度上以用于交际为主。非用于交际的有哭声、笑声、咳嗽声，等等。二是存在着用于交际、非交际两属的情况。如浠水方言中有一种偶尔用做情绪性“唱和”的叹词，例如，“阿嗬[$o^{25}xo^{51}$]”。尽管其亦在热烈的劳动场合中竞相争“啸”，互相鼓励，但其常见使用功能则是自我面对大自然抒发兴奋之情，不求回应。童谣中至今还保留着对其进行的负面描述：“跛子跛，跛到阎王去烧火，三碗汤，四碗×，跛子吃了打阿嗬。”

语言提纯度，语言系统一定程度地得到了提取，大致处于准语言状态。

单位清晰度上，半清晰，词句半分半混。其表现：

一是部分独用，部分组合使用。据调查，浠水方言中存在着本源上可归入该层次的独用情况。如以下简单交际例：

甲：“啊！”看见一条大蛇后不禁惊奇地大叫一声。

乙：“喂？”站在不远处的乙警觉地询问，并满怀兴致地凑了过来。

---

① 伍铁平：《思想和语言孰先孰后?》，《北方论丛》1980年第1期；冯增俊：《关于语言和思维的同步性与可分性的探讨》，《海南大学学报》1984年第4期。

甲："嗯。"甲边拉着乙边用手指指示道。

本源上可归入该层次的组合使用在汉语中则更常见。古文献中保存有大量表示情绪的词语与其他词组合使用的材料，这些材料反映的就是该类情况。参考例：

(1)式微式微，胡不归。[①]

(2)麟之趾，振振公子，于嗟麟兮![②]

(3)猗嗟昌兮，颀而长兮。[③]

(4)人生实难，死如之何？呜呼哀哉![④]

二是对常见性、规律性、模式化内容有所提取，如常见音质形式、初始性组合规则、模式化的复叠方式等，并一定程度地有所固化。

三是表现出了将以生理上呼吸节律为基础的音段与以心跳为基础的音段区分开来的倾向。这从韵句的起源上可窥知一二[⑤]。

声音段化度上，处于准音段化状态。其表现：

一是音段特征方面音节化程度较高。当然，不甚分明的情况也客观存在。我们对浠水方言中该层次的原始性动词和叹词做过初步研究，证实了这种客观存在。如表示"驱赶牛及类似动物"的"抵噢[tio^{51}]"，即介于一个音节与两个音节之间。

二是音质之外的他表义要素的多寡方面存在着音高、音强、音长、语速诸表义要素[⑥]。

三是他表义要素的侧重点方面侧重于音高和音强[⑦]。

意义明晰度上，属中度明晰类。其表现：

一是类型化程度较高。据对浠水方言的考察，该层次的代表性词类主要为三类：原始性叹词、原始性动词、原始性泛指代词。其中，原始

---

① 《诗经·邶风·式微》。

② 《诗经·周南·麟之趾》。

③ 《诗经·齐风·猗嗟》。

④ （晋）陶潜：《自祭文》。

⑤ 郭攀、夏凤梅：《中国古代语言学句观念的演进》，《古汉语研究》2009年第3期。

⑥ 徐世荣：《叹词注音时能够使用字调符号吗?》，《中国语文通讯》1983年第3期；刘宁生：《叹词研究》，《南京师大学报》1987年第3期。

⑦ 动物往往可据本能、据音强判断出发音动物形体的大小、身体状况如何、具体方位等，故音质以外，音强为侧重点。人类则侧重声音的区别功能，而音高、音长又具有较强的可操作性，故侧重音高和音强。

性叹词表示的是笼统的情绪；原始性动词表示的是混沌的类型性行为，如“召唤”、“驱赶”等；原始性泛指代词，表示的亦是笼统的方向①。例略。

二是有一定的析分度。尤其是句义，部分反映出了主体在接受刺激以后对刺激对象、刺激行为、刺激感受等内容的反应，在原始混沌性反应基础上有所析分。这从浠水方言“叹词·呼应性等值形式”中两个部分意义析分度的比较上可见一斑。例：

(1)嘻！好！

(2)哈。你呀。

(3)个的这样的呀。哈。

运作机制总体呈现度上，中度呈现。其表现：

一是方式固化度上，存在着固化程度较高的区分意义程度的强化和弱化方式。除类动物语言性的复叠方式之外，同发音时使用力度的大小及其轻重变化相应：强化，表现为加重音强或使音段的语调呈现出由弱至强的升调。弱化，表现为减轻音强或使音段呈现出由强至弱的降调。

二是规则成熟度上，存在着具有一定模式化特征的简单的加合规则。包括相同或相近意义类型的加合。部分形式仍保留在后续方言中。例：

(1)噫吁嚱，危乎高哉！②（噫吁嚱，古蜀方言。宋庠《宋景文公笔记》：“蜀人见物惊异，辄曰‘噫吁嚱’。”）

(2)那些兵们嗓门圆润洪亮，都是唱山歌的好材料，他们躲在柳棵子后，一边放枪一边高喊：哎哟嗨～～～啪！啪！狗杂种呀你过来呀吗嗨～～～啪！啪！有种你就走过来呀哟～～～呼嗨～～～啪！啪！哟呼嗨嗨哟呼嗨～～～啪啪啪！③

3. 人类语言层次

基本交际度，皆用于交际。

语言提纯度，语言系统从言语中得到了提取，处于严格意义上的语言状态。下位诸参项的具体层次特征因业已常识化而从略。

① 陆镜光：《汉语方言中的指示叹词》，《语言科学》2005年第6期。

② （唐）李白：《蜀道难》。

③ 莫言：《红高粱》。

其二，在文明进程范畴中，动物语言层次、准人类语言层次、人类语言层次三大文明层次处于多级层次关系中的最高层级，为便于系统概括和说明，故称之为一级文明层次。

其三，在三大一级文明层次中，动物语言层次和准人类语言层次是语言进化范畴专属层次，准人类语言层次是该范畴研究的核心层次，人类语言层次具体内容则有语言系统发生和发展范畴研究。

其四，将准人类语言层次概括出来的目的，主要是为了更好地完善文明层次系统，有效地概括和说明人类语言系统中最基础的以独用和摹拟为特征的部分。

第二，语言系统发生范畴及其内在文明层次、诸层次在文明进程中的层级。发生范畴是从语言系统发生所及内容一层层由里至表递相作用，语言诸要素在递相作用过程中相继萌发、相互融合，最终形成语言系统的整个发生过程上概括出来的一个逻辑范畴。全面地讲，三大一级文明层次都存在着发生过程，但是，一方面因发生机制相同，无需重复；另一方面，前两个文明层次发生内容最终都积淀、拷贝到了人类语言层次，且人类语言层次发生过程涉及的内容多而现实意义大，所以，发生范畴仅限定为人类语言层次的发生过程。

除去语言使用过程中的系统化因素之外，语言系统的发生，连同其所及基础性内容主要可据意义生成、外化的阶段性将其过程广义地概括为三个层次①。诸层次间的递相作用主要表现为前层为后层提供条件和基础，后层在前层基础上由里至表外向推进。以下简及各层次的初步情况。

其一，基础层次。

基础，是主体方面生理基础与客体方面现实对象基础的总和，简括为“生理＋对象”。其中，生理基础主要为主体生理结构及其运作特征和能力。包括左右对称结构，心跳、脉动特征，各感官的感知能力，大脑综合认知能力、抽象思维能力等。现实对象，指的是客观现实生活中涉及的各类通过感官及其综合能力可感知、认知到的对象。

上述基础，是语言系统发生的客观条件和前提条件。

其二，心理反应层次。

心理反应，是语言系统发生过程中主体的一种内在心理活动，一种以主体生理条件为基础自觉不自觉地对现实对象所作出的带有主观性的反应。包括感知和认知两个具有接续性层次关系的次位层次，简括为“感

① 沈家煊：《三个世界》，《外语教学与研究》2008 年第 6 期。

知→认知”。

感知，是感官接受刺激以后所出现的一种初始性心理反应。感知的结果，一方面，生成一定的情绪类型和关于现实对象初步的整体感受，亦即以感知性内容为主的意义或意义的初始形式，统称为感知义。另一方面，生成意义的对应性伴随形式。这些伴随形式大致与感官相应，其中，主要是视觉性表象和听觉性声音形式。

认知，是继感知以后出现的接续性心理过程，是在感知基础上形成的对刺激现象本身及其对感知者而言有所意味诸内容的一种理性认识。认知的结果，一是生成了意识中有关刺激对象、结果及其所意味诸内容的认知义，亦即在感知义基础上提升的意义。二是在具体意义基础上抽象出了意义结构模式。三是意义与伴随形式之间形成了较固定的认识。

其三，外化表达层次。

外化表达，是以主体生理条件和社会性交际需求为基础，将内在心理反应的结果通过声音和形体媒介在外在世界中呈现出来的一种主观性行为。包括声音表达和形体转换表记两个有着接续性层次关系的次位层次，简括为“声音表达→形体转换表记”。

声音表达，是生理基础和心理反应结果结合的产物，是意义及其结构模式生成后，在社会需要和生理发音能力、节律、呼吸等因素共同作用下，在自然的伴随性声音形式诱导下所产生的一种将内在心理意义及其结构模式用声音形式传达出来的表达行为。具体表现为意义及其结构模式与声音形式的一种结合，一种以音、义二者间固有的自然关系为基础的顺应、转化和改造性的结合。这种结合，从声音要素角度大致可概括为三类情况①：

1. 提升

提升针对的是意义产生时存在着感知者所发出伴随音的情况。其结合表现为以意义为先在性固定要素，以伴随音为基础性组配要素，对伴随音加以顺应和人文性转化，以致达到由动物性声音至分音节声音的理性提升。如今天所概括的叹词“唉、哟”的生成就属于这种情况。

2. 认同

认同针对的是意义产生时存在着意义关涉对象所发出伴随音的情况。其结合表现为一种以意义为先在性固定要素，对关联性伴随音作为组配

① 高名凯：《语言论》，北京，商务印书馆，1995，第337～372页。

要素的认同。如“猫、鸭”的命名，唤狗去咬人的行为表达为“唆”或“嗾”，雷声摹拟为“轰”，流水声摹拟为“哗”等就属于这种情况。

3. 利用、改造

利用、改造针对的是意义产生时没有与之对应性伴随音存在的情况。其结合表现为基于时代性认知机制的以固有音、义关系为基础对已有分音节声音形式的人文性利用和加工改造。如对假借构词和变调构词的约定等属于该类情况。

声音表达的结果，生成了与认知性意义内容相应的声音实体形式和结构模式，同时，产生了有别于动物语言的分音节声音符号系统，亦即口语。

形体转换表记，是口语出现之后，为打破其时间性局限，继而出现的转换为书面形体表达或记录的行为。这种转换表记，过程上，表现为以口语所概括意义内容和单纯以形体为凭借获得的意义内容作为意义要素，以意义生成时心理感知和认知上相应的视觉表象、意象为形体要素的一种自然关系的顺应、转化和改造性的结合。从视觉要素上亦大致存在着与口语类似的“提升”、“认同”、“利用、改造”三类情况，不赘。

形体转换表记的结果，产生了文字和口语的转换形式——书面语。

以上层次递相推进关系，构成了范畴内部层次关系系列。集中系列如下：

基础层次→心理反应层次→外化表达层次

发生范畴和后续反展范畴有重合之处，所以，其所属文明层次的层级确认与后续发展范畴一起进行，此处从略。

第三，语言系统发展范畴及其内在文明层次、诸层次在文明进程中的层级。语言系统发展范畴是从语言发生之后整个系统所历经的由原始至进步、由低至高整个人类语言发展过程上概括出的一个范畴，是与人的认知和思维发展进程相应的一种典型的过程范畴。

发展范畴内部反映文明程度的次位文明层次是具有一定主观特征的理性评价的结果。其概括，分两个步骤进行。

其一，建立起一个总体评价参项体系，并先对语言发展过程中体现出的总的规律进行初步评价。语言系统的评价，不能仅以某一方面要素为依据进行[①]，而应放眼整体，所以，必须从语言要素、语言要素内外在关系等方面设定一个系统的参项，建立起一个总体评价参项体系。先

① 高名凯：《语言论》，北京，商务印书馆，1995，第550～574页。

评价规律，主要是基于由粗至精、由易至难、循序渐进的考虑。相比较具体的文明层次而言，规律相对较为粗放且易于把握，而规律评价出来之后，以总体规律为参照，便于对文明层次进行宏观划分和定性。规律评价的依据，一是已有相关研究成果，尤其是时间过程范畴语言历史的发展规律；二是自己所作较为系统的研究。下面即沿着“语言要素→语言要素与发生性基础之间关系→语言与他学科之间关系”的顺序，设定一个参项系统，并对总体规律进行初步评价。

1. 语言要素方面

(1)总体方面

①完备度。即意义概括是否精细、语言表达是否充分和清晰、表达和接受过程可操作程度是否高。规律，完备化。

②使用范围。即是单纯口语还是口语、书面语综合使用。规律，多语体综合使用。

③融合度。即是否与他民族、他国家共同语融合。规律，国际化。

(2)语言基本单位方面

①元素数。即词句内部结构元素的多少。这里的元素，指的是语言单位内部基本的标志性构成成分。它是据本能心理结构模式或现实经验悟得的[①]。其中，词，指的是不同角度的标志性成分“音节”、“语素”等。句，指的是发生范畴心理层次依本能直接感知到的刺激引发的性状、行为类反应及其相关的现实对象诸基本成分。这种元素与论元相关，但不完全对等，因为有的元素不能简单归入论元结构。如“那场火灾幸亏消防队来得快”，“来”的论元只有“消防队”一个，“火灾”位于论元结构之外。其中，部分元素就等同于学界业已习惯的句子成分。元素数发展的规律，是由少至多。

②层级数。即词句及其元素内部结构关系上体现出的层级的多少。规律，由少至多。

③抽象度。即词句抽象化程度。抽象与否，主要是通过两个方面表现出来的。一是形式与内容在发生范畴层次序列中所处层次上的一致度。

---

① 元素这一名称选用的理由，一是现有语言单位名称中已有“音素”、“义素”、“词素”、“语素”等，还有词的二要素、字的三要素等概括形式，可尽可能保持语言范围内部单位名称的一致性。二是元素适用于任何结构单位，便于打通不同学科，求得最大范围的一致性。另外，为突出部分元素的重要地位和顺应已有习惯说法，有时将其称之为“要素”。

其中的一致，指的是形式与内容皆处于表达层次。不甚一致，指的是形式完全进入表达层次，具有社会化和固定化特征，而内容则由于生理、文化等原因，多以具有模糊、不定等特征的具象作为意义的心理依托形式，多处于本能化和个性化的感知为主、认知为次的社会约定程度不高的心理层次。二是内容本身的性质。词句在本参项中的发展规律，是抽象化。

④复合度。即词句复合程度。规律，复合化。

⑤单位结构性质。即词句单位在零散与整合、混沌与分元素、公理化与语法化诸方面体现出的性质。规律，由散至整、由混沌至分元素、由公理化至语法化。

(3)语言运作机制方面

①自主度。即语言系统在与现实世界间的关系上体现出的自主程度。规律，自主化。

②固定度。即固定程度，包括运作机制的立足点转换至语言本体单位以后所表现出的语言形式及其功能的固定程度、部分常用语的固定程度等。规律，固定化。

2. 语言要素与发生性基础之间关系方面

关联度。因为以人类情绪、理性兼具为依据的语言要素可分为情绪、理性两个方面[①]，所以关联度指的是语言理性、情绪两方面诸要素与发生范畴基础层次两个要素间的关联程度。其发展规律，是淡化和社会约定化。

3. 语言与他学科之间关系方面

单纯度。即学科关系上体现出来的单纯与否的程度。规律，单纯化。

其二，发展范畴内部文明层次的划分、定性和初步概括。

文明层次的划分、所划分层次的定性和初步概括，参照上述语言发展过程中体现出的总体规律进行。具体依据，是上述参项在语言发展过程中存在着的具有区别性的层次特征。据此，语言系统发展范畴，大致可划分为三个文明层次，依次定性为准具象性文明层次、准抽象性文明层次和抽象性文明层次。三层次关系中，同抽象性文明层次相对的是动物语言性的“具象层次”。准具象性文明层次和准抽象性文明层次是具象和抽象两个层次中间过渡性层次，二者间的总体区别是：具象特征为主

---

① 郭攀：《书面化内容和方法的变化与标点符号的嬗变》，《高等函授学报》2005年第4期。

者为准具象性文明层次，抽象特征为主者为准抽象性文明层次①。下面是各层次语言系统以部分参项的层次特征为依据的初步概括。

1. 准具象性文明层次。以准具象为基本特征的逻辑层次

(1)抽象度

具有准具象特征。其中，形式与内容层次上的一致度方面，有较大出入。形式业已进入社会化的表达层次，而内容，多处于个人性的心理层次。内容本身性质方面，词义，往往是指称对象和概念的兼属体，姑且称之为准具象概念。如“鸭”，指的是发出“鸭”的叫声的动物，有一定概括性，但有声音形象，还连带引出形体形象。句义，往往表现为现实情景的过程性感知和认知模式。这种模式，从古人对可纳入准具象性文明层次现象的相关论述中可见一斑。《春秋》：“僖公十六年春，王正月戊申朔，陨石于宋五。”《公羊传》对其中“陨石于宋五”基本语序形成的解释：“曷为先言陨而后言石？陨石记闻，闻其磌然；视之则石，察之则五。”字义，较词义具象性更强，主要是心理层次伴随性意象。据考察，准具象性文明层次的字，大致对应原始性图画文字和《说文解字·叙》中“依类象形”的“文”。例不赘。

(2)固定度

语言形式具有一定固定性，这一点，在动物语言阶段即是如此。日常用语中起着联络感情、协调关系作用的问询、问候语开始固化。如甲骨文中的“无它”②。例：

戊寅子卜：无它？③

但是，语言单位的功能却具有较大灵活性。依现行说法，类型功能方面，存在着诸如早期文献中下列诸例所反映的名词可充当全部句子成分、名词与句子成分之间缺乏对应关系的情况。

主语例：贞：父乙弗害王？④

---

① 三大一级文明层次连贯起来需再补充说明的是：准人类语言层次的语言，因其后拷贝、提升至人类语言层次且存在于人类语言的基础部分了，故理当归入准具象性文明层次。

② 郭攀：《问候语说略》，《语言文字应用》2003年第1期。

③ 姚孝遂：《殷墟甲骨刻辞类纂》，北京，中华书局，1982，21825。

④ 郭沫若：《甲骨文合集》，北京，中华书局，1978，10601。

宾语例：贞：唯王往伐邛方?[①]

兼语例：庚子卜：令吴省廪?[②]

定语例：癸酉卜，㱿贞：妇井不其受黍年?[③]

状语例：王不今日出?[④] 又，其西逐，禽?[⑤]

谓语例：晏婴，齐之习辞者也。[⑥]

补语例：坎坎伐檀兮，置之河之干兮。[⑦]

个体单位功能方面，如属于准具象性文明层次的今儿童语言中的“椅”，既可表示椅子这一对象，又可表示“要椅子”、“椅子挡着路了”。又，甲骨文中的“雨”，既可作名词用表示“天上降下的雨水”，又可作动词用表示“降雨”行为，还可作形容词用，表示“雨降下”的情状[⑧]。又，字的表记功能亦大致如此。一个字往往可表记众多词义。这从甲骨文中存在着的古今字以及占常用字总数70%左右的假借字上不难看出[⑨]。

(3)关联度

密切相关。

理性上，语言诸要素与发生性基础两个要素间的关联程度高。一方面，生理特征中的心跳、脉动、呼吸等节律直接制约了语言单位的长度；另一方面，词的声音形式与现实世界自然音响之间、词的形体转换表记形式与现实世界自然物象之间、句义结构模式与现实世界自然关系之间存在着较大的对应性。

情绪上，关联是神圣的。这种神圣主要源自对创造者的精神崇拜。

2. 准抽象性文明层次。以准抽象为基本特征的逻辑层次

(1)抽象度

具有准抽象特征。其中，形式与内容层次上的一致度方面，有一定出入。形式处于外化表达层次，内容则处于一种仍一定程度地以具

---

① 郭沫若：《甲骨文合集》，北京，中华书局，1978，614。

② 郭沫若：《甲骨文合集》，北京，中华书局，1978，33237。

③ 郭沫若：《甲骨文合集》，北京，中华书局，1978，9976。

④ 郭沫若：《甲骨文合集》，北京，中华书局，1978，4321。

⑤ 郭沫若：《甲骨文合集》，北京，中华书局，1978，28791。

⑥ 《晏子春秋·内篇杂下》。

⑦ 《诗经·魏风·伐檀》。

⑧ 吴孟复：《训诂通论》，合肥，安徽教育出版社，1983，第104页。

⑨ 吴峤：《汉字要论》，武汉，武汉出版社，2000，第126～128页。

象作为意义的心理依托形式的感知为次、认知为主的心理层次。内容本身性质方面，词义，往往是概念和指称对象的兼属体，姑且称之为准抽象概念。如“干戈”，在《论语·季氏》“而谋动干戈于域内”中，业已抽象为类化概念“武器”，但在个人经验或联想作用下，仍能够获得一些指称对象的意象。句义，主要表现为由现实情境的感知和认知模式提升至初步的公理性逻辑表达形式了。如判断句由无系词至有系词形式的提升。字义，限于单独记词的字义，较词义具象性要强，心理层次伴随性意象仍较明显。据考察，准抽象性文明层次的字，大致对应原始性图画文字以后的古文字，包括《说文解字·叙》中“形声相益”的“字”。例不赘。

(2)固定度

日常用语中固化、模式化言语形式范围增大，数量增多。除口头问候语之外，还增加了书面问候语以及俗语、格言、成语、套语、警句等。同时，语言单位的功能亦表现为具有初步的规定性。各级单位开始有了初步的定类和定职。这从词类活用动因上可见一斑。准具象性文明层次的“活用”，是为了满足一般性表义需要的非严格意义的活用，准抽象性文明层次的活用，则是为了满足提高表达效果需要的较严格意义的活用①，而活用的前提，是一般性用法的相对固定。字的初步规定更加明显，从“书同文”、“文”有固定的小篆的使用上不难看出。

(3)关联度

间接相关。

理性上，语言诸要素与发生性基础两个要素间的关联程度淡化。一方面，生理特征中的心跳、脉动、呼吸等节律改造成了人文性韵律；另一方面，词的声音形式与现实世界自然音响之间、词的形体转换表记形式与现实世界自然物象之间、句义结构模式与现实世界自然关系之间的初始对应关系，因使用上操作需要、因语言理据由自然性至社会性的转换而被改造。

情绪上，依然保持其神圣性。

3. 抽象性文明层次。以抽象为基本特征的逻辑层次

(1)抽象度

具有抽象特征。形式与内容层次上的一致度方面，基本一致，皆处

① 陈望道：《修辞学发凡》，上海，上海教育出版社，1979，第190～193页。

于外化层次，即内容如同形式一样，不是个人或集团性主观意志，而是公开的、社会化的、有一定固定性的、可操作的意义。内容本身性质方面，词义，主要是抽象概念和意味。意味，是单纯情绪义和虚词义的概括形式。句义，主要表现为高度形式化的意义表达模式。人们注重的是在社会化交际中能否较好地使用，而不管句义依托的是什么，从哪里来的。字义，基本丧失了其具象性乃至于指称性。据考察，抽象性文明层次的字，大致对应笔画化了的今文字，这使其基本丧失了具象性。而越来越多的词字非一一对应关系的出现，使处于这种关系中的字丧失了独立的指称性。

(2)固定度

日常用语中固化、模式化言语形式众多，尤以模式化为特征。有模式化的结构、风格，但同时，模式又提供了大量个性化空间，以使形式不至于呆板。如口头问候“早上/中午/下午/晚上……＋好”，书面问候“祝＋好/安/祺/福……”等。词句单位的功能，亦表现为具有固定性。基本单位获得了系统赋予的功能性角色，并在整体运作中承担起相应的社会集体意识赋予的独立或配合职责。词，有定类、定职，活用极少。句，形式与内容较单纯、较有序地对应。字，有了明确规定的记录对象，并且，社会在制度上将通假字、古今字、异体字等类型用字的使用规定为非规范使用。

(3)关联度

单维情绪性相关。

理性上，语言诸要素与发生性基础两个要素间的关联程度完全淡化。一方面，生理特征中的心跳、脉动、呼吸等节律的作用没有明确的标志性表现；另一方面，词的声音形式与现实世界自然音响之间、词的形体转换表记形式与现实世界自然形象之间、句义结构模式与现实世界自然关系之间的关系，表现为高度的社会约定性关系。

情绪上，仍然存在一定的关联，即民族文化情感。不过，这种关联，随着人性中情绪比例的递减，将日趋淡化。

以上层次关系，集中序列为：

准具象性文明层次→准抽象性文明层次→抽象性文明层次①。

---

① 三文明层次值得进一步说明的是：

(1)同一层次的内部关系

原则上具有同一性。无论何时何地，无论群体个人，只要属于同一层次，即具有基本层次特征。但是，同中亦具有一定的相对性。由于一方面，层次内部程度上有一定的跨度；另一方面，时间过程角度不同历史时期的语言主体内外在条件不尽相同，所以，层次内部亦存在着一些非本质的区别。这些区别，有待进一步研究。

(2)各层次代表性语言单位举例

音节：如“龙”的音节形式。原始汉语构拟音：s－mbruN(尉迟治平：《说“龙”》，《语言研究》1993 年第 2 期)→《广韵》构拟音：lǐwoN(郭锡良：《汉字古音手册》，北京，北京大学出版社，1986，第 289 页)→今音：luN。

字：举例说明。“妾——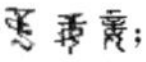；表示‘傻眼’的火星文 ——⊙＿⊙”→“逆——；女书‘下’——；太极图符——”→“隶书‘妾’——；假借字‘申’——；标注号——＊/※/＊”。

词：子→架子→花架子。

句：侯洗。→侯爷高兴地洗了脚。→侯爷高兴地洗了脚，抽了支烟，就上床睡觉了。又，句义相等情况下阶段内包孕关系三层次的例子：七块钱一斤，鳊鱼，梁子湖的。→梁子湖的鳊鱼，七块钱一斤。→梁子湖的鳊鱼一斤的价格是七元人民币。

(3)三层次，是研究得出的结果，而不是凭空推演

其中，有自己对具体语言事实的初步调查和分析。已初步完成了对准具象性文明层次语言系统的研究，还初步完成了对汉字和汉语音节、复叠等现象三层次发展的研究。另外，还借鉴了国内外多学科的研究成果。仅生理、心理方面的证据选列如下。

人类思维发展阶段性方面的证据：无论人类还是个体历史，皆大致由前至后经历如下思维方式：由直观(直观动作、情感、经验)思维→想象(形象、艺术)思维→逻辑(公理化、形式化、辩证)思维(陈中立等：《思维方式与社会发展》，北京，社会科学文献出版社，2001，第 193～217 页)。

个体生理、思维、语言发展阶段性方面的证据：“不管是种系发展还是个体发展，思维的发生和发展都要经历直观行动思维→具体形象思维→抽象逻辑思维这样三个阶段，并在儿童青少年的成长发展中，表现出一定的年龄特征。”(朱智贤、林崇德：《思维(惟)发展心理学》，北京，北京师范大学出版社，1986，第 21 页)。

“中国被试脑发展有两个显著加速的时期，或称两个‘飞跃’。5 至 6 岁是第一个显著加速时期，它标志着枕叶 α 波与 θ 波之间最激烈的斗争。13 至 14 岁是第二个显著加速时期，它标志着除额叶以外，几乎整个大脑皮质的 α 波与 θ 波之间斗争的基本结束。同样有意思的是，我们在自己的研究中看到，5 至 6 岁，13、14 岁(初中二年级)正好是儿童与青少年思维发展，特别是逻辑思维发展的关键年龄。”(朱智贤、林崇德：《思维(惟)发展心理学》，北京，北京师范大学出版社，1986，第 109 页)。

“在幼儿期，儿童已经基本上掌握了言语交际的能力，他们能够运用比较丰富的口头词汇来正确地造句，来表达自己的思想。但是，他们还不善于独立地、按照一定的逻辑顺序进行连贯性的讲述，他们的词汇还很有限，他们的言语还很不完整，他们的内部言语还很不发达，他们还不善于掌握书面言语，这一切都说明，幼儿言语能力还是不完善的，还有待于进一步发展。”(朱智贤、林崇德：《思维(惟)发展心理学》，北京，北京师范大学出版社，1986，第 386～387 页)。

中小学言语的发展，较典型的如句子。

“中小学生分析句子，对仅含有主谓或主谓宾结构的简单单句无甚困难，成绩良好；对扩充了句子成分的复杂单句和改变了词性的复杂单句，困难亦不大，能达到及格水平；而对连谓、兼语句式的复杂单句和改变了词序的复杂单句，尤其后者，那就困难重重了。”(朱智贤、林崇德：《思维(惟)发展心理学》，北京，北京师范大学出版社，1986，第 394 页)。

语言系统发生、发展范畴都隶属人类语言层次，为追求语言知识应有的系统、健全的境界，其所含文明层次及其在文明进程范畴的层级归属还当集中在一起进行更为细致的整理和补充。

需整理的是业已概括出来的文明层次的层级归属。进一步深入地研究发现，文明进程范畴内部文明层次是一多级的层次系统。因为人类语言是一级文明层次，所以，据相互间的逻辑关系，语言系统发生、发展范畴业已概括出来的文明层次在整个文明进程范畴中整理出的层级关系是：准具象性文明层次、准抽象性文明层次、抽象性文明层次为人类语言层次所属二级文明层次。基础层次、心理反应层次、外化表达层次为准具象性文明层次所属三级文明层次。

需补充的是进一步延伸且具有现实意义的两类文明层次及其在文明进程范畴的层级归属

1. 双范畴对照中概括出来的文明层次及其在文明进程范畴的层级归属

双范畴，指的是文明进程和时间过程两个广义范畴。双范畴对照，指的是双范畴对比性观照，即以一范畴内部特定层次为立足点，以另一相对范畴全部同级层次为着眼点，进行以立足层次特征为依据的着眼层次之于立足层次所具有对应关系的评价。对照，在两个范畴之间的关系是相互的，但对照结果的利用具有一定的倾向性。因为我们的研究目的是要揭示更多、更深层的文明层次，所以，在此倾向于将对照结果用于历层研究①。相应的，做法上分两步进行。

(1)双范畴相互之间的对照

考察发现，两个范畴之间对照的结果主要可概括为两点：

①粗略程度上两个范畴内部层次间存在着大致的对应关系。因文明进程范畴内部层次为二级层次，故时间过程亦大致比照性确认为二级层次。为便于更好地比较和说明其对应关系，以文明进程中“准具象性、准抽象性、抽象性”三个层次的概括为参照，以不同文明层次开始出现的时间为依据，拟从宏观上对时间层次重新进行概括，概括为与文明层次大致相应的三个时间层次：准具象性时间层次、准抽象性时间层次、抽象性时间层次。因为，语言内部不同类型要素的发生往往不同步，所以，这种概括的时间层次与通常性历史时期的概括之间的关系难以严格对应，

① 进一步深入地讲，过程范畴内部存在着一个时间过程与文明进程相互关系问题。这一问题可以从时间过程范畴出发展开研究并归入时间过程范畴，亦可从文明进程范畴出发展开研究并归入文明进程范畴。在此是从文明进程范畴出发所展开的部分研究。

总体上不严格的、参考性的对应如下：

准具象性时间层次——商代及以前

准抽象性时间层次——周秦时期

抽象性时间层次——汉代至今

②相对精细程度上两个范畴内部层次间存在着不对应关系。具体体现为延伸关系和蕴含关系。

以上对照结果，现集中进行说明。操作上，采用双范畴一主一副、一显一隐的对比模式进行。其中，“主”为立足性范畴，“副”为同步关注的对应范畴，“显”为主范畴内所论及的层次，“隐”为论及层次所对应的副范畴相关层次。

以文明进程为主范畴的对照，大致可进行如下概括。其中，粗线为显性层次，细线为隐性层次。“——”表示粗略程度上的对应关系，即据文明程度的评价存在着一定的对应性。“→”表示延伸关系，即据文明程度的评价存在着一定的对应性，但据时间过程的划分却不对应，是时间过程范畴相对应层次的延伸层次。因同一文明层次的内容在时间层次上可延伸至后位层次，故延伸关系客观存在。

准具象性文明层次——准具象性时间层次→(准抽象性时间层次＋抽象性时间层次)

准抽象性文明层次——准抽象性时间层次→(抽象性时间层次)

抽象性文明层次——抽象性时间层次

相应的，以时间过程为主范畴的对照大致可依上文进行如下概括。其中，“←”表示蕴含关系，即据时间过程的划分存在着一定的对应性，但据文明程度的评价却不对应，是文明进程范畴相对应层次的蕴含层次。因同一时间层次的内容在文明层次上有的蕴含有前位文明层次的内容，或者说，文明演进后，前位文明层次的内容因生理性演变极为缓慢等原因而并未消失，多积淀在相关后位文明层次的底层①，故蕴含关系客观存在。

准具象性时间层次——准具象性文明层次

---

① 以上蕴含关系，从大脑进化重演性的研究上得到了一定的证明和说明。人的大脑的进化具有重演性。海克尔提出的生物重演律指出：在胚胎发育中动物趋向重复和重演其祖先在进化中所遵循的部分程序。马克林关于大脑进化的见解，就是关于覆盖在脊髓、后脑和中脑上面的另三层连续堆积及功能的物化。脑的每一步进化都保留原有部分，但其功能必须为新层所控制，同时具有新功能的新层又增殖起来。在人类的胚胎发育中，胎儿的脑趋向重复和重演我们人类祖先在脑进化中所遵循的部分程序，也是由内向外发展的。如果脑的进化遵循全域重演律，那么，脑的深层和古老部分可能仍在起着某种作用(郭爱克：《关于脑的工作原理》，《自然杂志》1987 年第 11 期)。

准抽象性时间层次——准抽象性文明层次←(准具象性文明层次)

抽象性时间层次——抽象性文明层次←(准具象性文明层次＋准抽象性文明层次)

(2)双范畴对照中深层文明层次的概括及所概括层次的层级归属

在此仍沿用前述文明层次概括的模式，设立评价参项，据参项所反映出的文明程度进行层次评价和概括。不过，因总体研究角度已由单纯文明进程转至文明进程与时间过程之间的关系，故评价参项表现为对照项，即以主范畴内部特定二级层次为立足点的副范畴全部二级层次，评价表现为对副范畴二级层次之于主范畴内部特定二级层次所反映出的文明程度的确认。据此评价的结果，因主范畴可转换为两个而概括为两类：

第一类，与主范畴特定二级层次相对应的存在着延伸关系的副范畴诸层次。包括：

①与文明进程范畴准具象性文明层次相对应存在着延伸关系的准具象性时间层次、准抽象性时间层次和抽象性时间层次。

②与文明进程范畴准抽象性文明层次相对应存在着延伸关系的准抽象性时间层次和抽象性时间层次。

这些存在着延伸关系的时间层次，实质上可看做是二级文明层次的次位层次，即时间层次关系上体现出来且以时间层次为标记的文明层次。因为其延伸过程中，生理基础、心理基础、文化基础等方面或发生了改变，或一定程度地有所提升，从而带动了语言系统整体文明程度一定的提升。

第二类，与主范畴特定二级层次相对应的存在着蕴含关系的副范畴诸层次。包括：

①与时间过程范畴抽象性文明层次相对应存在着蕴含关系的抽象性文明层次、准抽象性文明层次和准具象性文明层次。

②与时间过程范畴准抽象性文明层次相对应存在着蕴含关系的准抽象性文明层次和准具象性文明层次。

这些存在着蕴含关系的文明层次，其层次关系显而易见，不赘。

以上双范畴对照中概括出来的文明层次在文明进程中的系统定级是：主范畴特定二级层次所属三级文明层次。

2. 心理发展过程上体现出的文明层次及其在文明进程范畴的层级归属

语言系统发生范畴心理反应层次对意义的反应通常概括为两种类型：一是基于感官的感受本能直接作出的笼统的反应；二是基于对感受本能

基础有所提升的综觉能力曲折地作出的分析性或概括性反应。前者属于感知层次，后者属于认知层次。两个层次均属心理反应层次的次位层次，在文明进程范畴中的系统定级均为：心理反应层次所属四级文明层次。

基于以上整理和补充，人类语言层次内部单纯文明进程范畴的各文明层次及其层级关系大致可总体系列为：

准具象性文明层次{基础层次→心理反应层次(感知层次→认知层次)→外化表达层次/准具象性时间层次→准抽象性时间层次→抽象性时间层次}→准抽象性文明层次{准抽象性时间层次→抽象性时间层次}→抽象性文明层次。

综合以上语言进化、语言系统发生、语言系统发展三范畴及其内部层次、层级诸内容的具体概括，我们对文明进程范畴所作出的进一步具体的概括形式是：

文明进程范畴是由语言进化、语言系统发生、语言系统发展三子范畴有机整合的一种过程范畴。整合后，其内部层次、层级关系，可总体系列为：动物语言层次→准人类语言层次→人类语言层次『准具象性文明层次{基础层次→心理反应层次(感知层次→认知层次)→外化表达层次/准具象性时间层次→准抽象性时间层次→抽象性时间层次}→准抽象性文明层次{准抽象性时间层次→抽象性时间层次}→抽象性文明层次』。

(二)横向

因涉及不同性质的一级文明层次，故首先必须说明的是，这里立足的是人类语言层次横向系统的概括，是汉语系统的横向概括。动物语言层次和准人类语言层次比照人类语言层次语言系统处理。

就汉语系统而言，拟借用一个副语言范畴，创建副文字、情绪义诸范畴。将这些边缘范畴与汉语核心范畴整合为一个全域汉语系统，作为坐标系的横轴①。对这些边缘范畴简述如下：

第一，副语言范畴。

副语言，通常被定义为有声音而没有固定意义的语言②。副语言范

① 生物时空有序结构，存在着泛系全域重演律。生物体的相对独立的局部子泛系是整体或群体在空间、时间有序结构的泛系模型。空间的泛对称即为泛系全域性，时间上的泛对称即为泛系重演律。一些实验证明，大脑是按全域的方式工作的。光全域图最重要的性质是信息的分散存储。全域图的任何一部分，只要它的面积超过了某个允许的最小值，就能再现原始物体的全部景象。大脑也有类似的分散存储信息的性质和工作原理(郭爱克:《关于脑的工作原理》,《自然杂志》1987 年第 11 期)。这里的横向全域系统，除了朴素的系统化观念之外，也是依与大脑的同构、同谐关系而建立的。

② 李杰群:《非言语交际概论》,北京，北京大学出版社，2002，第 255 页。

畴，从声音四物理要素上，可广义地理解为利用边缘性音质、音高要素以及至今尚未充分关注的音长、音强要素表义的语言范畴。

第二，副文字范畴。

副文字，是同文字主体相对的处于副从地位、以文字属性为主绘画为次、标义较笼统抽象且理据性不甚强的文字。副文字范围就是副文字范畴。其主体是标点符号，包括标示语言方面的停顿、语气、音的延续等成分的标点符号，标示文本方面的外在形式、一些特殊的未用语言外化和需要说明的内容的标点符号。其他还如替代性符号，如语言学、逻辑学中标示结构关系类型的“SVO/SOV”、标示重叠类型的“AA/AABB/ABAB”、标示排除一切条件的条件复句中“条件”和“结果”的“X、Y/A、B/p、q”、标示合取关系的“∧”、标示析取关系的“∨”。应用于数学中的“＋、－、×、÷、＝”。应用于国际货币流通领域的“＄(美元)、￡(英镑)、￥(人民币)”。应用于判断对错的“×、√”①。

第三，情绪义范畴。

以人类情绪、理性兼具为依据，语义可分为情绪、理性两大类型②。情绪义范围就是情绪义范畴。

情绪义，是人接受刺激后尚未形成较清晰的逻辑性认知或伴随逻辑性认知同现但难以用理性控制的一种本能的心理反应，是语言层次或用现代语言学中叹词、语气词，或用重叠等语法手段，或用独词感叹句，或用副语言中语调、语气、语速、音量、节奏等方式表示出来的意义。大致具有以下特点：

范围上，包括心理学中通常所说的情绪、情感、心境等同理性相伴随的部分因素和表述者体现在句义中的主观意图等内容③。借用社会心理学中有关语言交流的概括说明，大致包括语言中的情绪性内容，类语言中的叹息以及部分哭声、笑声等所表示的内容，副语言中的语调、语气、语速、音量、节奏、变音转调、犹豫踌躇等所表示的内容。

内部结构上，具有整体性。难以精确地对基本情绪单位进行析分。但是，内在还是存在一定的系统性。参照理性义单位，亦大致可分为情绪性词义和情绪性句义。其中，情绪性句义是以句级单位的大小为尺度

---

① 郭攀：《标点符号的名与实》，《语言研究》2004 年第 4 期。

② 郭攀：《书面化内容和方法的变化与标点符号的嬗变》，《高等函授学报》2005 年第 4 期。

③ 自然情绪，分类较多的如伊扎德，分为十类：兴趣、快乐、惊奇、痛苦、恐惧、愤怒、羞怯、轻蔑、厌恶、内疚。而施洛伯格则分为三个维量：愉快－不愉快、注意－拒绝、激活水平(睡眠－紧张)(〔美〕斯托曼：《情绪心理学》，沈阳，辽宁人民出版社，1986，第 17～18、312～313 页)。

概括出来的句级情绪性内容。有两种存在形式：一是逻辑上最早产生的独立存在形式；二是理性句义的基调或附着内容。

表达形式上，具有依托性。一般是依托其他词语或词语的组合形式表示出来的，除现代语言学中叹词和语气词之外，皆没有专门的对应性表示词语或词语组合形式。

与理性义间的先后关系上，情绪义是较理性义先产生的一类意义①。作为一类整体，无论从个体“刺激”事件还是人类意义发生进程上，都较理性义先发生。这种先后关系，可从下面两个维度上进行认知。

生理维，人的大脑分为先后生成、功能上亦有所分工的三个部分。最早生成且位于最里层的是动物脑，主要掌控行为动作。继而生成且位于中层的是缘脑，主要掌控情绪。最后生成且位于最外层的是新皮层，主要掌控理性。

心理维，同生理发展相应，人在感知阶段，即有了感性心理活动，获得的主要是情绪性意义。进入认知阶段以后，心理活动逐步深入至理性层面，获得的主要是理性意义。

二、研究内容和路向的设定

研究内容，同坐标系纵、横轴相应，包括共层、历层两个维度。

共层，同坐标系横轴内容的概括相类似，人类语言层次为全域汉语系统。动物语言层次和准人类语言层次比照人类语言层次据其各自特性对应性设定。

历层，大致表现在两个方面。

一是不同层次语言系统的基本面貌。

其中，因一级文明层次内部性质和地位有别，故基本面貌概括的侧重点有所不同。人类语言层次是核心层次，是重点概括的对象。所概括内容为以上全域汉语系统。动物语言层次，是起参照作用的层次；准人类语言层次，主要是起溯源性说明作用的层次，它们皆是非重点概括的对象。所概括内容，主要为人类语言研究所需的对应性参照或溯源性说明的内容。

二是不同文明层次共时系统的发展过程和规律。

研究路向，在此主要设定为顺向研究。即以动物语言层次为起点，沿着文明进程范畴内部“动物语言层次→准人类语言层次→人类语言层次

① 李景源认为，尽管在人类形成的初期，某种超音段成分已经产生并具有传递信息的功能，但它们不是词的语言。这种超音段成分并不是指称具体事物的，而是对某种情景的情绪表达(李景源：《史前认识研究》，长沙，湖南教育出版社，1989，第115页)。

『准具象性文明层次{基础层次→心理反应层次(感知层次→认知层次)→外化表达层次/准具象性时间层次→准抽象性时间层次→抽象性时间层次}→准抽象性文明层次{准抽象性时间层次→抽象性时间层次}→抽象性文明层次』"的顺序对各层次语言系统的基本面貌及其发展过程和规律展开研究的一种路向，一种不套用某一已有体系，而将各文明层次概括语言系统的理论体系建立在客观现实基础上的路向。

因为以上思想方法的主要特征是以文明进程为纵轴，同时，共层又具有相对性，所以，从总体上将其广义地概括为历层研究的方法。

历层研究思想方法指导下的研究，就是历层研究模式。这种模式，进一步连贯地表述为：首先，建立一个以文明进程为纵轴、以语言共层全域系统为横轴的坐标系；然后，对所设定的各文明层次语言系统依次进行共层归纳，对共层系统的发生、发展过程和规律进行历层概括；最后，概括出与思想方法相应的各文明层次横向语言理论体系及与理论体系相应的语言系统，概括出纵向进化、发生、发展的过程、规律等内容，服务于当今语言文化生活的一种研究模式。简括为：以文明进程为纵轴的坐标系作为参照的顺向全域研究。

为便于更好地把握历层研究模式，下面将其与历史研究模式并列在一起，对二者的主要内容以纯图的形式进行对比性直观描绘。其中，全域或主域性内容以斜线涂黑的形式标示，路向，用箭头标示。图 2-1 为历层研究模式，图 2-2 为历史研究模式。

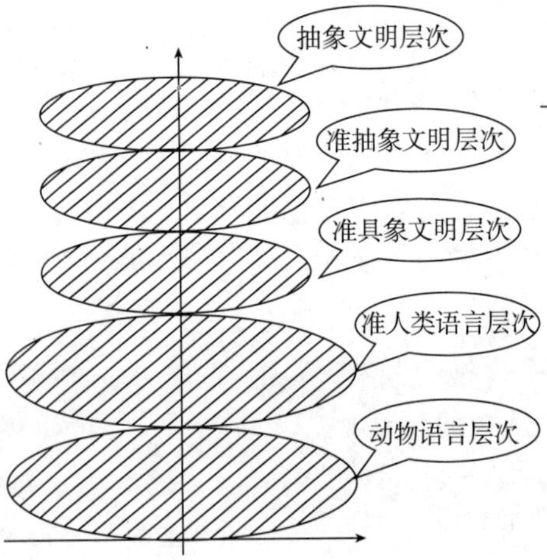

图 2-1　历层研究模式

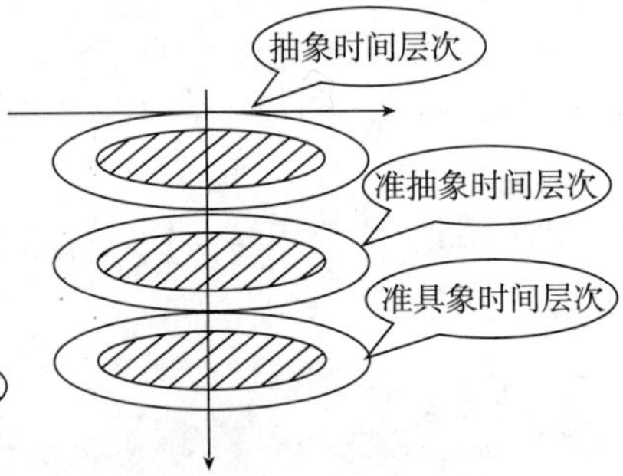

图 2-2　历史研究模式

第四节　相关问题的大致说明

一、历层研究与历史研究之间的关系

历层研究与历史研究之间的关系，前及历史研究模式和历层研究模式的对照性阐述中有所论及，在此集中总结性地说明几点。

一是逻辑关系。在研究模式上彼此并列，服务于不同的研究目的。

二是异同关系。从前及思想方法及即将论及的研究材料、对象等内容上可知，二者有同有异，相互交织。在汉语研究上往往可以相互对照，相互补充。

三是渊源关系。历层研究是历史研究发展至一定程度以后从其内部分离出来的一种研究模式，与历史研究之间有着同源关系。

二、历层研究所涉及相关问题的大致说明

为顺应人们历史研究的思维习惯，相关问题的说明尽可能与历史研究对照进行。

(一)研究目标

同前述研究内容和路向的设定相应，主要体现在三个方面：

1. 基础理论

总体上，力图提出一种历层语言学理论。如果将历史研究的思想方法指导下的语言研究理论统称为历史语言学理论的话，那么，历层研究的思想方法指导下的语言研究理论即大致称之为历层语言学理论。分开来讲，则又包括两个方面：

一是思想方法上，针对汉语言文化生活现状，探索一条解决汉语问题、开发利用汉语资源的历层研究的思想方法。通过进一步论证和检验，使该方法成为一种具有创新性且行之有效的方法。

二是语言理论体系上，逐步建立起一个多体系分层叠加的总体理论体系。因动物语言研究的作用主要是提供参照，准人类语言，一方面，其作用主要在于溯源性说明；另一方面，其内容大多拷贝、提升至准具象性文明层次了，故这里的“多体系”指的是人类语言各级文明层次的理论体系，其中主要是二级文明层次语言理论体系。总体理论体系的建立，是叠加、整合。与研究路向相应，每一层次皆建立起一个与具体语言特征相应的理论体系，至最后，即叠加、整合成了一个

既体现了文明进程的连续性又突出了不同文明层次区别性特征的分层叠加的总体理论体系。

2. 基本事实

(1)以上述理论体系为框架，概括出一个多系统分层叠加的总体语言系统，一个既体现了历层发展性联系又突出了不同文明层次区别性特征的总体语言系统[①]。

不同文明层次语言系统的共层概括。又可再进一步析分为两个次位方面。

一是同层语言系统总体概括。即用理论体系统帅语言系统，将属于同一文明层次的历史上出现过的语言进行分门别类的归纳。只要符合某一层次特征的即归入其层次的语言系统，而不管其是否属于时间过程上反复出现的，也不管其在时间过程上发展速度的快慢。

二是同层语言系统内部的再概括。主要是同一层次内部文明程度上存在着非本质性差异情况的概括。

(2)概括出各文明层次语言系统纵向发生、发展的过程和规律等内容。

3. 应用

以理论化、系统化的汉语知识为基础，对汉语言文化生活中涉及文明进程的应用问题进行系统解决，对汉语资源进行系统开发。

(二)材料来源及其层次判定

从语言主体角度概括为两个方面：一是参照性动物语言材料。二是古今汉民族语言材料。后者又包括社会主流语言材料；文化相对落后地区人群，生理、工作性质、教育程度等因素造就的特殊群体语言材料；个体生命存在过程中发生阶段儿童语言材料和退化阶段老人语言材料。

在各级文明层次内部汉语系统的概括中，这些材料判定的依据是文明程度，具体表现为语言系统发展范畴所概括的评价系统。因为文明进程与时间过程角度之间研究对象和目标等方面存在着交织关系，而人们的一般感知角度又是时间过程，故从时间层次与文明层次语料对照关系上再作两点说明。

---

① 20世纪30、40年代“中国文法革新”的大讨论中，曾对文言与语体是否可用一个语法框架进行过讨论。但是，由于讨论基本处于务虚层面，难以证是证非，结果不了了之(邵敬敏：《汉语语法学史稿》，北京，商务印书馆，2006，第104～106页)。现在，概括出了文明进程范畴及其内部层次结构，有了学界近百年的知识积累作为基础，扎实地做下去，分层概括是可行的。

一是两个过程范畴内部层次所用语料存在一定对应关系。如准具象性时间层次的语料与准具象性文明层次所用语料大致相同。

二是两个过程范畴内部层次存在不对应的关系。又可分为两类情况：一为后位时间层次的语料对应前位文明层次的语料。如抽象性时间层次特殊人群、特殊地域及儿童语言材料“火星文”等，对应的是准具象性文明层次的语料。二为前位时间层次的语料对应后位文明层次的语料。如准具象性时间层次范围内甲骨文语料中的多重复句对应的是抽象性文明层次的语料。当然，这一点也不难理解，甲骨文尽管是我们今天所知道的最早的文字，可相比较数万年的语言历史而言，它所反映的语言，是很晚才出现的年轻语言。

(三)表述特征

与研究目标和材料来源相应，表述时，尤其是材料的表述时，要打破时空界限，依层次的不同而分层概括。但同时，因层级内部时间过程上仍存在一些非本质性差异，故层级内部材料的排列上，仍大致以时间的先后为序。

(四)总体研究思路

先构建出一个总体研究模式，然后，依模式展开系统的研究。历层研究的总体模式前已大致构建出来，进一步的研究分三个步骤进行：

1. 准具象性文明层次基础内容的共层研究。又包括两个方面：一是准具象性文明层次语言单位和运作机制的概括，其中，语言单位的概括因与发生范畴具有交织关系，故重在其由里至外的逐级生成。二是准具象性文明层次语言理论体系及其相应语言系统的综合概括。这一步骤的研究工作，本书将重点进行。

2. 较为基础或应用上较紧迫内容的历层研究。这一步骤的研究工作，本书将有选择地进行。

3. 全部一般性内容的系统研究。

(五)研究方法

因为历层研究需要以历史研究作为基础，故基本方法与历史研究相同。须着重说明的研究方法：

一是比较法。对语言现象的文明程度进行比较，作出文明层次等方面的确认。

二是提炼法。从纷繁复杂的语言现象中提炼出具有代表性和基础性的语言系统。

三是验证法。研究结论出来之后，从书面语和口语材料、从已有研究成果以及动物语言的观测等方面进行验证。

四是实验法。通过实验手段，得出一些较有说服力的结论。如句子模式的发展，由"情绪式"至"情绪·等值理性形式"的可靠程度，可通过"乌呼，天祸卫国也夫"类句子前后两部分语调调式数据相似度的比较得出。

须着重强调的研究方法方面的综合特征是：主要使用"归纳→论证"的方法，唯理性的"归纳→推演→论证"属于其次，它只是为求概括度的大化而部分适度地穿插使用。

（六）研究价值

主要体现在以下方面：

1. 提供一种新的研究理论，推进汉语相对薄弱的宏观理论研究。

2. 揭示出非常规角度汉语的基本面貌，丰富汉语基础知识。

3. 帮助解决现行研究中难以解决的一些问题，尤其是历史研究因取向本身所带来的瓶颈问题。如基础研究中语言理论的选用问题①，应用研究中的汉字地位规划、不同程度教科书的编写、词句确认等问题。

① 吕叔湘曾从时间过程角度就当时汉语研究状况说："第一个问题是一般语法理论与汉语实际的问题。过去，中国没有系统的语法论著，也就没有系统的语法理论，所有理论都是外来的。外国的理论在那儿翻新，咱们也就跟着转。""第二个问题是现代汉语语法和古代汉语语法的关系问题……这样，现代汉语语法的面貌跟古代汉语语法的面貌就有相当大的差异，以致用现代汉语语法的架子，不管是哪一家的，去套古代汉语语法，都不那么合拍。就在古代汉语语法内部，时代的差异也没有受到应有的注意。"（龚千炎：《中国语法学史稿》，北京，语文出版社，1987）直到今天，这些问题仍未得到根本性解决。

第三章　准具象性文明层次词级语言单位

第一节　准具象性文明层次基本结构单位的概括所及外围问题

准具象性文明层次基本结构单位指的是词和句。为便于对词和句进行专题论述，在此先对准具象性文明层次基本结构单位的概括所及诸外围问题先集中作一些说明。

1. 有关动物语言及其进化过程的总体认知

准具象性文明层次共层概括主要涉及文明进程范畴中两个一级范畴：语言进化范畴和语言系统发生范畴。其中，进化范畴是起参照作用的一个范畴，为使参照性内容不至于来得太唐突，在此先集中对动物语言及其进化过程作一认知性说明。

接受刺激以后，动物往往会产生情绪性感知，作出相应的反应，并常常伴随着一定的声音。声音的类型，从长度上可分为短声叫和长声叫①。这种不同类型的声音，就是动物性言语。这些声音蕴含的依托性符号系统就是动物性语言，其中，内部结构单位为短声叫和长声叫两类。

动物语言进化的过程，是一种量的不断增加、积累和质的逐步更新的过程。当量增加、积累到一定程度，质更新到一定程度，同早期动物语言有了较大差别以后，我们就把其言语叫做人类言语，将其语言叫做人类语言，其中，内部结构单位由动物的短声叫和长声叫进化为人类语言的词和句了。最初，短声叫和长声叫并无太大区别，只是反映情绪强弱程度上略有差异，都是作为句级交际单位出现的。但是，由于长度大自然易于容纳较多意义内容，同时，短声叫多叠合为一个类似于长声叫的较大停顿单位，具有整体单位内部次级结构单位性质，所以，发展到一定程度以后，声音的长短即逐渐体现出了表义单位上的区别。短声叫逐渐演化为语词模式，进化为人类的词。长声叫逐渐演化为句子模式，进化为句。

---

① 从音质同异关系上，还可分为同质性复叠与异质性非叠两类。另外，音高、音强上也存在着类型性差别。长声叫、短声叫是不计音高、音强之别，仅就非叠形式而言的。

2. 材料来源

基于历层研究模式，准具象性文明层次基本结构单位的概括是打破了常规时空界限，单纯从文明进程角度进行的，是以动物语言为参照，通过“基础层次→心理反应层次→外化表达层次”的递相生成过程而最终实现的，所以，材料来源除动物语言之外，还包括较能反映准具象性文明层次语言生成过程和基本特征的早期文献语言材料、现存原始性语言材料、婴幼儿语言材料、退化性老年人语言材料、语言障碍者障碍语言材料等。

3. 文明进程范畴内部相关层次在准具象性文明层次语言单位概括过程中所起作用的分别说明

包括一般作用和概括时的操作情况两方面。

其一，动物语言层次。由于准具象性文明层次基本单位隐而难断，而动物语言系统相对简单，本质较明确，从中可一定程度折射出人类语言的本质，所以，可以将其作为把握准具象性文明层次基本单位的参照，一定程度地由动物语言基本单位帮助推演准具象性文明层次相应单位。

其二，基础层次。生理基础，是语言单位生成的客观条件，在语言单位概括中的作用主要是前提性和制约性说明。现实对象，是语言生活的物质环境，与语义所指之间是一种交叉关系。作为语义要素的部分背景，现实对象在语言单位概括中的作用主要是对照说明。不过，限于篇幅，在具体概括过程中，该层次内容只能有选择地进行。

其三，心理反应层次。心理感知和认知的结果主要是生成意义。这里的意义，与作为语言单位要素之一的语义之间是一种交叉关系，即使用分音节声音形式表达出来的部分是语义，用他符号形式表达出来的为他类符号义。作为语言单位意义要素的生成层次，心理感知和认知在语言单位概括过程中的作用主要是对单纯意义要素的生成进行说明。在具体操作上，因是语言单位形成的实质性起点，故当具体论述。

其四，外化表达层次。包括声音表达层次和形体转换表记层次。

声音表达层次。作为语言单位声音要素的生成层次，声音表达在语言单位概括过程中的作用主要是对单纯声音要素的生成及其与意义要素的整合进行说明，进而对口语范畴语言单位进行具体概括。

形体转换表记层次。作为语言单位形体要素的生成层次，形体转换表记在语言单位概括过程中的作用主要是形体要素的生成、形体要素与意义和声音要素的整合、形体要素对声音要素的反作用等内容进行说明，进而对书面语范畴语言单位进行有选择地概括。

值得说明的是，准人类语言层次因其主要作用是对准具象性文明层次中复叠、摹声等现象进行溯源性说明，同时，其发生情况与准具象性文明层次类似，与准具象性文明层次语言单位的整体发生关系不大，故在此未列入所说明的相关层次。

4. 准具象性文明层次语言理论体系和语言单位系统

后文将综合论述。不过，表述时若难以回避，即据研究进程、涉及程度等因素先进行一些局部非系统的概括。

第二节　汉语词级语言单位的确认

同人类社会组织结构相类似，一个语言系统必定拥有一种类似个体职位的下层语言单位。对这一单位的确认，借助与现行语言知识的比较，分两点阐述。

一、柔性理论

柔性理论上，确认为与现代语言学中的词基本一致的实体单位。

（一）对应关系上，下层语言单位与词大致对应

1. 在现行研究所及可能成为下层语言单位诸相关实体单位的比较中，现代语言学中的词相对合理

（1）单位层级的性质方面。依现代语言学的概括，主要有音素、音位、词素、词、词组等实体单位。但是，这些单位在与意义的对应关系上所体现出的层级性质是不一样的。其中，音素和音位不对应较便于分析的意义，词素不对应可自由运用的独立性意义，它们都是词的内部结构单位，没有达到语言下层单位层级，不能够以其为单位对语言系统的运作进行直接的说明。词组对应的是言语性组合义，属于言语范畴。相比较而言，只有词，对应最小的可自由运用的意义，属语言下层性质单位。

（2）单位的构成情况所体现出的性质方面。以发生范畴层次系列为参照，从不同层次要素的构成角度可概括出“义音”、“义形”、“（义音）＋形”和“义音形”四类实体单位。其中，“义音”，是“义”和“音”两个要素的结合体，即现代语言学所谓词。“义形”，是“义”和“形”的结合体，是在感知义伴随性形体形式基础上直接外化的形体符号，包括原始文字符号、“卍”类文化符号等，可统归为副文字。“（义音）＋形”，大致是“义音”结合为词之后再与“形”结合，同时侧重于指称“形”的结合体，大致为现代语言学中的

字，记为字^1。"义音形"，大致是"义音"结合为词之后再与"形"结合而构成的"义音形"一一对应的结合体，即汉语中典型意义的字，记为字^2。

四类单位彼此间是一种交叉关系，除本身固有的要素不尽相同之外，在范围上也存在着差异。

表现在发生上存在着先后关系。其中，词、副文字主要可看做是由心理层次至语言层次外化过程中同时发生的，时间大约在距今四五万年前的旧石器时代晚期。字^1、字^{2}则是相对晚起的一类单位，一类以词之"义"和副文字之"形"为基础逐步形成的单位。时间，已知最早的汉字产生于距今四千余年的殷商。

表现在使用上，存在着语体、地域、群体等范围差异。词，口语单位，全民使用。副文字、字^1、字^2，书面单位，主要在相对发达地区和知识群体中使用。

比较四类单位作为汉语下层语言单位的合理程度可知：

副文字，是准书面语单位，由于其一方面数量有限；另一方面同词之间缺乏严格对应关系，不能够覆盖全部语词，所以，不足以成为汉语下层语言单位。

字^1，作为较单纯的形体形式，同样不能够作为汉语下层语言单位。

一方面，在时间以及语体、地域、群体等方面涉及的范围较词要晚、要少，同词之间基本是一种逻辑上的包含关系，字^{1}包含在词的范围之内。对于被包含以外部分，字^{1}不能够进行有效的说明。

另一方面，包含部分，字^{1}与词之间对应关系复杂，主要表现为词与字^{1}在一些可比较的基本单位个数上不尽对应。这种不尽对应的比较可从词与字^{1}两方面双向进行，这里仅从词的角度进行比较和说明。

从外化表达层次基本的个体单位词位和字位的比较上看，词位数与相应记录形式字位数之间的个数对应关系，准具象性文明层次，由于人文改造的结果，大多数为一对一，但是，也存在着或然性不对应的一对二和一对多的情况。一对二除了后文将及联绵词之外，主要表现在古今字、异体字与其所记词间的对应关系上。如表"高兴"义[yɛ]的记录形式有"说"和"悦"两个字位。一对多则主要表现在多对一类通假字与其所记词的对应关系上。如"矢"和"逝"都与"誓"相通，其结果，表"立誓"义的词[ʂʅ]就对应三个字位"誓"和"矢"、"逝"。后续层次，随着人类思维能力的提升、社会现实生活的改变，基础性概念单位常常发生外部整合性变化，所以，原有一对一关系的比例逐渐减小，出现了更多的一对二乃至于一对多的情况。如连整体思维状态下的"皮"，范围限于动植物表面层，"肤"范围限于人体的表面层。后来，"皮"和"肤"范围上整合了，整合后以两种概念形式出现：一是独立的"皮"，通表人及动植物的表面层；二是整合概念"皮肤"，专表人体表面层。其中，"皮肤"，词是一个，可记录用字却变成了两个，对应关系变成了一对二①。

从外化表达层次基本单位内部所含有的音节的比较上看，词的音节数与相应记录形式字位的音节数之间的对应关系，准具象性文明层次，基本上应为一对一，但是，也存在着部分二对一或多对一的情况。后者，从准具象性文明层次部分字位二音节或三音节的音读形式上可见一斑。二音节音读形式，"如楚人呼虎为於菟，吴人称笔为不律，齐人谓椎为终葵，大概古语中这些字都是双音。后来许多联绵字和多音字都用借字或另造本字，于是形成一字一音"②。又如"凤凰"，在甲骨文中最初只是一个文字符号，后来才产生两种异体：一个加有凡声符，一个加有兄声符，可见最初是二音节音读。这种情况的例子还很不少。如：睨——俾倪、靡——披靡、写——披写、瓠——瓠芦、吴——句吴、阑——句欗、矇——童矇、棣——唐棣、突——唐突、蝉——马蝉、蝗——蚂蝗、蛭——马蛭、蜩——马蜩、号——号啕、混——混沌、空——空同、涵——涵澹③。三音节音读如"果"。"果"是摹声词，描摹树上果子落下后在地面滚动时所发出的响声[kuoluoluo]，三音节，同形体形式"果"结合后，改造成[kuo]了④。后续层次，随着词逐渐双音节乃至于多音节化，随着旧有词与字位关系的改变，音节对应关系上更趋于二对一和多对一。如前述[p'i]、[fu]，两个词，各对应一个音节。整合成[p'ifu]以后，一个词的音节数即由一个变成两个了。而记录用字，两个字位，每个字位的音节数仍然是一。这样，对应关系即变成二对一了。

另外，还有一些更为复杂的情况。如字母词反映出的对应关系。字母词是将外来语的词和字直接引进，或引进后经过加工改造，或以改造形式为模型进一步创造，并取得了合法地位的词。字母词改变了汉民族现实对

---

① 如果从字[1]的角度看，则还存在着一个字[1]对应两个词的情况。如今所谓复合字。甲骨文中"二千"、"三千"、"四千"的复合形式是为例。合音字。"诸"、"盍"、"叵"等是为例。还存在一字[1]只对应半词的情况，如"参差"、"窈窕"等联绵词的记录用字与所记词间的对应关系。

② 余知真：《汉字的优越性及其发展前途》，《江西师范大学学报(哲社版)》1995年第1期。

③ 金理新：《古汉字与古汉语的音节结构》，《语文研究》1999年第3期。

④ 朱炳祥：《论汉字与汉语的原始关系》，《江汉论坛》1995年第3期。

象、概念、词、字四者间的关系，不能够用现有词字关系进行分析。如“CALL机”是一个词还是两个词？是两个字还是五个字？词字间是一种什么关系？都难以依现有词字理论进行分析，亦使单位对应关系更趋复杂①。

这样一种复杂的对应关系，以后起的字[1]作为汉语下层语言单位是难以说清楚的。

字[2]，表面看来是概括力最强、最经济的符号单位，它从后位对口语、书面语作了一体性概括，但是，这种概括存在着的问题很多。一方面，“义音形”一一对应的情况在下层语言单位中所占的比例太小，不足以说明全部下层语言单位；另一方面，“义音形”一一对应的情况不好把握，因为三要素的变化涉及程度的界定，而发展又难有绝对的同步。

相比较而言，词立足于“义音”的结合，能够对最大使用范围、起着最根本作用的口语范畴进行较清楚的说明，满足人们对语言的基本认识和应用需求。在需要扩大说明层次时，以词为参照，可以对副文字进行有效说明；以词为基础，沿着声音表达层次至形体表达层次的自然顺序，不难对字[1]、字[2]进行说明，而且，这种说明较字[1]相应的说明更便利、费时更少。

综合以上分析不难看出，词作为汉语下层语言单位相对合理。

2. 以现代语言学中的词作为汉语下层语言单位拥有一定的现实基础

通常认为，词是舶来的，以词作为汉语下层语言单位缺乏现实基础。其实不然。分析发现，现代语言学中的词，在汉民族集体观念乃至于现实语言中的确存在。主要表现有二：

(1)借用字[2]来称说的词。依常理，作为观念上如此重要的下层语言单位，应该为其造出一个相应的专有名称予以称说。但现实并非如此简单。在汉民族语言文化中，人们最初并没有为下层语言单位创造专门名称，而是借用字[2]来称说。这种情况主要是以下三项因素所决定的。

一是形体形式出现早且在文化生活、尤其是早期文化生活中地位重要。一般而言，视觉因素在心理上承载着量度上占绝对优势的信息。据

① 这一点，从音节结构的总体演变上亦可看出。规律：由繁至简。各期共同语表现：音质上，声母，上古一般认为有复辅音，中古以后即因分化而消失了。韵母，上古、中古都有入声韵，近古即基本消失，现代音中彻底消亡。阳声韵，中古、近古还有[m]韵尾，现代音中彻底消亡。[ŋ]韵尾亦逐步丢失。音高，中古为平上去入，近古即变为阴阳上去了。音长，由汉魏训诂资料中徐言、长言、缓言、急言等说法可知，上古有音长因素的表现，但中古以后即逐步不明显了。为什么音节结构呈简化趋势呢？解释是，上古时期，先民们主要通过音节内部要素及其变化以表义，尤其是区别意义。中古以后，区别意义的方式逐步替换为音节的复合了，故音节结构无须太复杂。这种变化说明两点。一是字[1]对应的只是准具象性文明层次之词。二是随着别义方式的变化，词与字[1]间原有的对应关系破坏了。

研究，人的认识与人的感官的关系是：味觉 1%，触觉 1.5%，嗅觉 3.5%，听觉 11%，视觉 83%①。而在汉文化中，前汉字发生的时间，可追溯至几万年以前，大致与词的发生同时。

二是字^{2} 的典型地位。字^{2} 所反映的义、音、形间的一一对应关系，不仅出现时间早，而且具有典型性，可看做是义音形诸对应关系中的原型性对应关系。

三是借代手法的常见性。甲骨文中大量假借字的存在足以说明这一点。

借用的表现，徐通锵在阐述字本位思想时曾经有过相关考察。其谓："字首先是说的，用书写形体写下来的方块字是第二性的，只是把口说的字书面化而已。比方说要人家说话说得慢一点，只能说'请你一个字一个字慢慢说'，绝不会是'你一个词一个词慢慢说'。这一点无论是山村老妇，还是语言学的泰斗，都得这么说，概莫能外。这就是说，字是汉语社团中具有心理现实性的结构单位，是用来'说'的，在文字发明以前，汉语社团就是用字说话的……《文心雕龙》的'夫人之立言，因字而生句'的'字'则是指音义结合的语言结构单位。"②的确，这里的字，实质上要称说的就是词。不过，就归属而言，它不能够看做是字^{2}，而应该看做是借用字^{2} 对词的一种称说。

(2)观念里存在，有时用省略或借用代词的方式表达的词③。相比较借用字^{2} 来称说而言，使用省略或借用代词方式称说往往限于非知识群体或语词与字在音节数上不对应的情况。如非知识群体，尤其是皆不识字地区，要人家说话说得慢一点，就往往不说"请你一个字一个字慢慢说"，而一般用的是虚化或省略不清楚内容的笼统表示法，说成：慢点说，都听不清。或用模糊指代的方法指示听不清楚的内容。说成：你中间说的什么(那个)，我没听清。

(二)具体所指，加入书面语词更加完善

语言研究不能为求简便而将书面语置之不顾，尤其是形体转换表记

---

① Li shihong："Computer Education and Reform on Physical Teaching"，*Physisc Journal*，1996(6).

② 徐通锵：《说"字"》，《语文研究》1998 年第 3 期。

③ 意义在观念里产生以后，用省略、借用等方式进行表达的情况，不乏其例。上古他称代词产生较晚，观念里存在的他称义，一般即用省略和代词等方式进行表达。如《史记·廉颇蔺相如列传》："廉颇曰：'我为赵将，有攻城野战之功，而蔺相如徒以口舌为劳，而∧位居我上，且相如素贱人，吾羞，不忍为之下。'宣言曰：'我见相如，必辱之。'相如闻，不肯与∧会。"例中"∧"标示处为省略，加点词，为借用指示代词表示形式。

层次与声音表达层次存在着明显交叉关系、形体转换表记层次比重极大的汉语，所以，从更加完善的角度讲，汉语下层语言单位，确认为现代语言学中的词及其形体转换表记形式，即“口语词＋书面语词”。在“口语词＋书面语词”统一体中，由于所及发生范畴义、音、形三层次要素间的对应关系不尽一致，而义形结合的前汉字难以清晰地描述，所以，口语词与书面语词之间的关系，总体看做是以口语词为起点的表记与被表记关系。书面语词，是以发生范畴层次序列为参照的口语词的形体转换表记形式。表，即表现；记，即记录。存在着发生性理据的为表现，否则，为记录。

词的范围扩大后，大致具有如下基本特征：

1. 个体特征

表现为：

实体性。是一种可通过感官直接感知到的形式和内容兼备的符号形式。

完整性。形式内部结构相对完整，义、音、形三要素基本具备，至少具备义、音两个要素。

独立性。形式外部与他形式之间具有离散性，是一独立存在的符号实体。

基础性。是可独立存在的符号实体中最基础的，不能再析分出他类可独立存在的符号实体。

2. 系统特征

表现为：

系统性。不同个体相互依存，共同以系统的形式存在。

使用性。在语言系统运作过程中，可以以独立身份自由使用，独立填充句子结构位。

功能性。在语言系统运作上，具有相对稳定的类型性岗位功能及与他形式相互配合和呼应的功能。

基于以上特征，词大致可柔性地概括为：一种基础、完整和独立的符号实体，一种可自由使用的功能实体。

二、硬性操作

硬性操作上，由于确认汉语词的既符合汉语客观事实又具有可操作性的依据，现在尚无法给出，所以，硬性确认尚难以做到。即哪种语言单位是词，哪种语言单位不是词，还不能作出准确的是非判断。已有对词确认依据、尤其是词和短语区分依据的柔性研究，主要体现在五种单一角度上。述评如下：

(一)意义角度

王力《中国现代语法》："语言的最小意义单位，叫做词。"①书中从意义角度给出了词的鉴定标准：只有一个意义，就叫做一个单词。并以举例的形式讲述了什么是"只有一个意义"，归纳起来主要有以下几种情况：

(1)构成成分的意义与双音节的意义无关，那么双音节是词，如"糊涂"；

(2)构成成分的意义相同或者相似，那么双音节是词，如"身体"；

(3)构成成分之一为"子"、"头"之类的记号，双音节的意义等同于另一构成成分的意义，那么双音节是词，如"桌子"、"石头"；

(4)构成成分之一为"么"记号，双音节的意义不同于另一构成成分的意义，双音节也是词，如"这么"、"那么"；

(5)"小类名＋大类名"的双音节，是词，如"芥菜"；

(6)双音节的意义为构成成分之一的意义，双音节是词，如"妻子"；

(7)双音节的意义大于构成成分的意义之和，双音节也是词，如"火车"、"图书馆"。

崔复爰《现代汉语构词法例解》："词是语言里最小的、能够自由运用的意义单位。"②

意义，是理解过程中较便于感知，同时也是缺乏可操作性的一个角度。词的出现源于意义，词的存在，需落实在意义上，但作为确认的依据，意义却远远不够，尤其是单一意义角度。

(二)结构角度

陈望道《文法简论》："词的定义，必须从组织、功能的观点来下，即从词在组织中的活动能力上寻觅词的界限。凡是可以在组织(句子)中活动的，都可以算做一个词。凡被认为一个词的必定是当作一个统一体记在心头。从组织出发，经常合一的是词，不是词组；经常分离的不是词，是词组。"③

吕叔湘《汉语语法论文集》："词的定义很难下，一般说它是'最小的自由活动的语言片断'，这仍然不十分明确，因为什么算是'自由活动'还有待说明。最好是用具体事例来给词划界。词在两头都有划界问题：一

① 王力：《中国现代语法》，北京，商务印书馆，1985，第15页。

② 崔复爰：《现代汉语构词法例解》，济南，山东人民出版社，1957，第4页。

③ 陈望道：《文法简论》，上海，上海教育出版社，1997，第18～22页。

头是如何区别单独成词的语素和单独不成词的语素；另一头是如何决定什么样的语素组合只是一个词，什么样的语素组合构成一个短语。一个语素是词不是词，要考虑的只有一个因素：能不能单用。语素组合的问题就复杂了，大致涉及五个因素：第一，这个组合能不能单用，这个组合的成分能不能单用；第二，这个组合能不能拆开，也就是这个组合的成分能不能变换位置或者让别的语素隔开；第三，这个组合的成分能不能扩展；第四，这个组合的意义是不是等于它的成分的意义的总和；第五，这个组合包含多少个语素，也就是它有多长。这五个因素不是互不相关，可是不相一致，常常有矛盾，问题讨论起来够复杂的。”①

结构，包括两个方面。一是外在结构特征，即在句中体现出来的结构特征，也就是通常所说的自由与否。二是内在结构特征，即词内部要素的凝固性程度，是否是作为一个凝固的整体出现的？内在要素黏着程度如何？要素之间是否可以扩展？这一些，学界做过很多研究，充分认识到了操作性不强的柔性特征。

（三）语音角度

曹炜《现代汉语词汇研究》：“词是最小的有相对固定的语音形式和适度词长的能独立运用的语言单位。”②

李宇明、李晋霞在2003年教育部重大课题《二十世纪书面汉语的统计与分析》结项报告《词与短语区分的理论与实践》中作过系统总结。认为，从韵律的角度研究词，以冯胜利、王洪君为代表。

冯胜利③从韵律学的角度规定“词”，提出了“韵律词”、“标准韵律词”、“超韵律词”等概念。韵律词必须至少是一个音步，汉语的“标准韵律词”只能是两个音节，单音节词不足一个音步，因而不合韵律词的标准，不能造成韵律词。三音节的组合大于标准音步，可以构成一个“超音步”，成为“超韵律词”。不可能出现比超音步更大的韵律词，大于三音节的组合，譬如四音节形式，必然是两个音步（因此是两个标准韵律词）的组合，大于四音节的组合则是标准韵律词跟超韵律词之间的组合。并从韵律学的角度解释了为什么成语等四字格不像词、为什么两个单音节成分组合的短语经常发生固化以至词化的现象。对于三音节形式来说，冯胜利④认为：“单－双”式结构不是韵律词跟复合词的构造模式，“单－

① 吕叔湘：《汉语语法论文集（增订本）》，北京，商务印书馆，1999。

② 曹炜：《现代汉语词汇研究》，北京，北京大学出版社，2003，第3～11页。

③ 冯胜利：《汉语的韵律、词法与句法》，北京，北京大学出版社，1997，第2～4页。

④ 冯胜利：《汉语的韵律、词法与句法》，北京，北京大学出版社，1997，第14～17页。

双”式偏正结构的合法形式不是没有，但是非法的结构似乎比合法的更普遍；只有[2+1]式超音步可以成词。冯胜利①进一步明确提出：韵律不仅是人们词感的来源，而且是区分汉语词和短语大界的重要依据和标准，韵律必须视为语法理论中的一个必不可少的运作层面。

王洪君②从韵律的角度区分了韵律词与韵律短语。韵律词指语法上凝固的、节律上稳定的单音步或凝固的复二步，韵律短语指有规则性语法结构的、停延和音步的音域展敛可以用规则控制的可能多音步。韵律词包括基本韵律词和合成韵律词，基本韵律词包括：

叠变式：啪啪、劈啪、啪啦、啪嗒、啪啦啦。

复合式：工厂、雨伞、活鸡、理发、买米、笔直、威震、抓紧、打死、地震、爸妈(不包括“指代/数量+名”、“助动/心理动+动”、“连接/否定/时体/范围/频次+动”等两字组)。

后轻式：黄瓜、帘子、活络、气派、看见、抓住、妈妈、姥姥。

后加式：雨伞厂、保险锁、保险锁厂。

合成韵律词如：噼里啪啦、稀里糊涂、哆哆嗦嗦、絮絮叨叨、漂漂亮亮、乱七八糟、劈啪劈啪、啪啦啪啦、干干净净、取长补短、眉开眼笑、远走高飞、一衣带水。

韵律短语又分类词韵律短语和自由韵律短语两类。前者如：大房间、纸雨伞、铬镍合金、常务委员会、新天地广告部、人民代表大会、纸张粉碎机、认真学习、中华人民共和国全国人民代表大会常务委员会委员长。后者如：又唱又跳、这书、俩饼、削苹果皮的刀、想买、敢买、种大蒜、也去、不干、曾想、都说、刚走、早想买、天气晴朗、心情愉快。

比较冯胜利和王洪君的研究可以看出，二者都认为双音节为韵律词，王洪君还特别指出双音节中的“指代/数量+名”、“助动/心理动+动”、“连接/否定/时体/范围/频次+动”等两字组不是韵律词，这与从语法角度定词的一般认识相同。

同时，他们还认为三音节中的“2+1”定中式为韵律词；对于三音节中的“1+2”式，冯胜利认为多数不成词，王洪君认为定中式的“1+2”是类词韵律短语，动宾式的“1+2”是自由韵律短语。也就是说，就词感级别而言有如此序列：“2+1”定中式(词)>“1+2”定中式(类词)>“1+2”动宾式(短语)。

---

① 冯胜利：《从韵律看汉语“词”“语”分流之大界》，《中国语文》2001年第1期。

② 王洪君：《汉语的韵律词和韵律短语》，《中国语文》2000年第6期。

对于四音节而言，冯胜利认为一般不是韵律词，王洪君认为有些是合成韵律词，如中缀形式、重叠形式以及拟声的四音节形式和成语，可见，从韵律的角度定词，成语也被看做了韵律词，这与词汇学的一般认识不同。

语音角度词长和韵律是确认词的重要依据，但也存在着一些缺乏可操作性的因素。一方面，音节数的多少，因时、因地、因文体、因人而异；另一方面，语音结构与语法语义结构之间存在着不一致的问题。

（四）频率角度

尹斌庸、方世增《词频统计的新概念和新方法》："抽样一定数量的语料，计算其中各个不同词语的出现次数，这就是词频统计工程最主要的方法，或称频度(或频率)的方法。每个词语的出现次数，叫做这个词语的频度。每个词语的频度与总频度和之比，叫做频率。例如：在1300000词次的语料中，'社会'这个词出现1840次，则'社会'这个词的频度是1840，而频率则为1840/1300000＝0.001415。因为频度和频率成正比，所以在同一语料中，采用频度或频率去进行比较，结果都一样。

把频度或频率作为一个标准来进行词汇的统计和分析，已经有了悠久的历史。早在公元9世纪，评注《圣经》的希伯来学者就已经知道利用频度来计算不同版本的经典中的用词情况。但大规模使用频度来进行词汇统计的，是德国人凯定(F. W. Kaeding)。凯定于1989年出版的《德国词频词典》共抽样10910777词次的语料，截取频度在4次以上不同的词一共79716个①。

事实上，频率依据既直观又便于操作，但是，频率的划界往往并不能充分反映词的本质特征，另外，频率低的，并不一定不是词，反之，频率高的，并非绝对就是词。

（五）词感角度

王立对大众词感，亦即以汉语为母语、具有若干语言学知识的大众在语言习得过程中所逐渐形成的对"词"的感知作过调查。结论是②：

(1)双音结构呈显著词化倾向，无论定中、数量、名方、动补(动趋)、动宾、状中等都呈现出显著的词化倾向，说明汉语社团的成词心理即以"双字格"作为构词范式。并且，体词性双音结构词化程度略高于谓词性双音结构。

---

① 尹斌庸、方世增：《词频统计的新概念和新方法》，《语言文字应用》1994年第2期。

② 王立：《汉语词的社会语言学研究》，北京，商务印书馆，2003，第234～247页。

(2)三音结构词化倾向性不均衡：定中式、带数或量成分的组合式显现出基本一致的三音词化倾向；动趋、动补结构呈准词化倾向；名方、动宾、状中结构明显地倾向于按内部组合层次切分为2个词。

(3)四音结构呈三种趋势：定中组合如"爱国主义、'四化'建设、县委大院"呈词化倾向；主谓组合"交通拥堵、开发成功"则呈"2+2"两两离散的双音词化倾向；状中、动宾组合则根据其内部可能的组合方式呈现多种切分结果。

由于词深层上是一种心理实体，所以，与频率相类似，词感是确认词的重要依据，但同时，也正因为心理的不定特征，所以，词感依据可操作性不强。

关于词确认的依据，集中说明两点：

1. 依据的几点认识

第一，依据的再概括。分析可知，意义、结构和语音属于语言声音表达层次的依据；频率，属于语言生活中使用层次的依据；词感，属于语言生活中理解层次的依据。除已概括出的这些层次的依据之外，通过对语言发生、使用整个过程诸层次相关要素的系统分析不难看出，至少还有以下层次相关要素可作为依据进行开掘：

生理层次可能存有的生理要素。

心理层次可能存有的心理要素。

语言形体表达层次可能存有的形体要素。

第二，由于"语言特性—语言生活—语言研究"序列中，"语言特性"起决定作用，所以，不同文明层次所用依据应该有所不同。文明程度越高，距离必然性依据越远，越强调社会性变异的依据，所以，在依据的链条序列"生理层次→心理层次→声音表达层次→形体表达层次→使用层次→理解层次"中，选用的依据越靠后。

2. 上述五角度，是从单一角度所作的概括，实际确认工作，则皆是多角度依据同时配合使用

这样，尽管还是未能改变汉语词确认的柔性特征，但效率明显地有所提高。例如：葛本仪《现代汉语词汇学》列举性归纳出属于词的诸类情况：①单音节，有意义，能独立运用造句的成分是词。②两个或两个以上不表示意义的音节，组合在一起后能表示特定的意义，并可独立用来造句的结构是词。③一个或一个以上不表示意义的音节，和一个表示意义的音节组合在一起，表示特定的意义，并可独立地用来造句的结构是词。④表意的成分和已虚化的成分相结合，表示特定的意义，并可独立

用来造句的结构是词。⑤一个不能独立运用造句的表意成分，重叠后可以独立用来造句了，这一重叠后的新结构是词。⑥一个表示意义的成分重叠以后，表示了新的意义，可以独立运用造句，这样的重叠结构是词。⑦两个表示意义但不能独立运用造句的成分相结合，形成一个新的结构，表示新的意义，并能独立运用造句的是词。⑧一个表示意义又可独立运用造句的成分，和一个表示意义但不能独立运用造句的成分组合在一起，形成了新的结构，表示新的意义，并能独立运用造句的是词。⑨一个表意但不独立运用的成分，在具体的语境中，如果被独立运用造句时，也应视为词。⑩两个或两个以上表示意义的又可独立运用的成分相组合，形成新的结构，表示新的意义，并能独立用来造句的是词。[①]

基于以上柔性确认现状，我们形成的关于汉语词确认的初步意向是：依据文明进程范畴对层次的概括，区分不同的文明层次，据不同文明层次的特征分别概括其确认依据，分别进行针对性确认。

第三节　基点词确认的依据及其基本模式的概括

一、基点词确认的依据

词确认的依据，不同文明层次是不一样的。尽管汉语普通意义上词确认的依据现在还无法给出，但据考察，准具象层次还是大致可以确定的。

准具象性文明层次语言系统之词，称之为基点词。基点词确认的依据，因其与动物语言接近，所以，主要为生理特征及其外在表现。即“生理——语音”。生理特征是心跳、脉动等基本节律，外在表现是基本节律在语言上对应性表现出来的原始节奏单位。其量度的称说，口头通常用的是“下”，书面上有时用的是本体及其量度单位兼含的“字”。“字”的用例前文已及，不赘。“下”的使用，参照性动物语言与准具象性文明层次人的语言是一致的。例：

(1)那狗叫了几下就不叫了。

(2)请你一下一下慢点说。

① 葛本仪：《现代汉语词汇学(修订本)》，济南，山东人民出版社，2001，第38～49页。

二、基点词基本模式的概括

基点词的主体模式是其基本模式。据基点词内部结构特征，依主次关系，大致将基点词基本模式概括为两类。具体操作，基于外围问题的说明，沿着“动物语言层次→（基础层次→心理反应层次→外化表达层次）准具象性文明层次”的顺序进行，依序对词内部诸要素的逐级叠加性生成进行概括，最终概括出基点词的基本模式来。

（一）单核式

词内部义音形诸要素基本皆存在着一个独立的单一核心，词外部同他词间存在着一定的区别性特征，并因此而呈现出离散状态的一种模式。

1. 动物语言层次类词性质基本单位内部单核模式提供的参照

考察发现，接受刺激以后，狗、羊、猫、鸡、鸭、喜鹊、乌鸦、麻雀、斑鸠等动物往往会产生具有倾向性的情绪感知，作出相应的反应，并常常伴随一定的单核式短声叫，即以单音节性简单自然音为依托的一种短促性叫声。这种短声叫，有如下几点值得我们关注。

第一，生成途径。主要有二。一是裂变，即由长声叫“A～～～”→“A～A～”→“A～A～A～”→“A～B～”→“A～B～C～”的变化。二是自然生理节律的声音映射。过程上，先一般为复叠形式，后则由叠而略生变化。前者如狗的短声叫“汪、汪、汪”，麻雀的短声叫“唧、唧、唧”。后者如鸡的短声叫。母鸡复叠式为“咯、咯、咯”；变异式为“咯嗒、咯嗒、咯嗒”或“咯咯嗒、咯咯嗒、咯咯嗒”。公鸡呼唤同伴共享食物时的复叠式为“咯、咯、咯”；变异式为“咯～、咯～～、咯～～～”，不仅音长变了，音高也发生了变化，大致为“22、23、25”。

第二，形式特征。外在，声与声之间有明显可感知到的间隔，处于离散状态。内在，具有一定的单核特征，一般近似一个音节。如喜鹊的叫声“戛”、乌鸦的叫声“哑”。这些短声叫，从发音器官上可分为口音、鼻音、喉音等类型。音质上亦大致可以分析出元音、辅音来。口音往往较响亮，大致可感知到模糊的元音和辅音，例如鸭、猫的叫声。鼻音、喉音较弱，元音特征不明显，例如牛马的鼻声，狗跑动时所发出的喉音。

第三，内在属性。具有节律特征，往往表现为一口气内部受节律控制的离散性节奏单位，且多对应具有一定固定性的意义内容。

基于人类早期出现的词与动物语言中以心跳、脉动等基本节律为单位的类词性原始形式之间的近亲关系，基于词与“类词原始形式”量度单位都称之为“下”的汉民族心理现实性，我们大致即可将短声叫看做是人类早期出现的词的源头形式，以其作为一个方面的参照，对单核式基点词基本模式进行概括。

2. 据准具象性文明层次诸三级、四级层次的表现所获得的单核式的基本面貌

第一，基础层次。

其一，生理方面，为单核式基点词的生成提供的基础主要有二：

一是心跳、脉动等律动特征对单核式词音的限定提供的客观条件。

二是大脑的感知、认知能力为单核式词义的获知乃至于单核式基点词的最终生成提供的运作前提。心跳、脉动等律动特征对单核式词义的原初性切分也应该存在着一定的关系，具体情况，有待进一步的研究。

其二，现实世界方面，为单核式基点词的生成提供的基础大致有三：

一是词义基础。现实世界、尤其是物质世界中，无论是事物本体、性状，还是与事物相关的行为动作等对象，往往存在着一些凭借本能即能够感知到的笼统的个体性区别特征。这些特征，使不同的个体对象之间互相区别开来，表现出一定的单核特性，构成了准具象性文明层次单核式词义生成的主要基础。如本体不同类属方面的“金”、“木”、“水”、“火”、“土”。本体不同量度、不同形态方面的“木”、“林”、“森”，“海”、“池”、“江”、“河”。本体性状方面的“赤”、“黑”、“白”。行为动作方面的“走”、“奔”、“跃”。现实对象这种单核式感知基础，可概括成一种可能模式：笼统的单核区别特征。

二是词音基础。部分现实对象发出的是单核式声音，其声音形式为单核式基点词词音的生成提供了借鉴。

三是词形基础。部分现实对象是有形的单核式视觉对象，其形体形式为单核式基点词词形的生成提供了参照。

第二，心理反应层次。

其一，感知层次。以上述生理基础为前提，通过对单核性现实对象的感知，出现两方面的结果：

一方面，获得了初步的单核感知性词义。词义内容主要是与句义一体的单核性情绪，即个别性情绪类型。如“喜悦”、“悲哀”、“兴奋”、“平静”。

另一方面，生成与感知义相应的伴随形式。声音方面，往往是主体在接受刺激时发出的或主体对他类刺激旁观性感知到的伴随音。如人的笑声“嘻”、鸭的叫声“嘎”、猫的叫声“喵”。形体方面，主要是刺激性情境留下的视觉表象。

其二，认知层次。同感知结果相应，认知也分两方面概括。

(1)词义。单核性词义的认知，过程上，可在感知基础上进一步细化如下：以本能感知为基础对笼统的单核区别性特征的整体认知→对区别性特征分析归纳基础上所概括出的清晰性单核特征→通过联想、类推使单核特征的概括范围扩大至精神范畴，形成心理层次单核式意义系统。方式上，主要有二。一是自我反应的内省，即主体对自己接受刺激以后产生反应的体认、分类和综合概括。如被刺扎后有关“痛”的内省，虫爬后有关“痒”的内省①。二是意味义的群体约定。刺激除了产生直接反应之外，还可形成特定的意味。如多人一同出行，当某人被蛇咬，发出伴随性惨叫声以后，对同行者即产生一种意味，即危险，跑。这种意味，以伴随性惨叫声为依托，经群体约定即形成意味义。早期文献中“唆”或“嗾”的“唆使”义，即可看做经此方式获得的。早期文献例：

> 秋九月，晋侯饮赵盾酒，伏甲将攻之。其右提弥明知之，趋登曰：“臣侍君宴，过三爵，非礼也。”遂扶以下。公嗾夫獒焉，明搏而杀之。②

认知的结果，使感知内容发生了较大变化。主要表现在两个方面。

一是感知性词义提升为概括范围更大、区别性特征更加明晰的单核理性词义了。这些词义的综合表现如下：

A. 外在具有独立性。体现为一个在心理上可同他意义形式自然离析开来的独立整体，同其他意义形式之间一般没有缀合关系。

B. 内部具有完整性和难以离析性。它是一种最小的可独立运用的词义形式。

C. 地位上具有关键性。它是同人们现实生活密切相关的事物的概括形式，是人们语言生活中起着关键作用的意义内容。

D. 风格上具有严肃性、神圣性和稳定性。由类人猿“哨兵”报警声意味着的重要性可知，这种意义往往概括的是一种严肃的内容，并极易因此而赋予其神圣性。与之相应，它往往还有着极大的稳定性，在社会群

---

① 据《探索频道之自然生态》介绍，动物亦能够通过内省获得某些认知。北美椋鸟在孵蛋时，懂得将一种香草采入窝里。这种草的功能是帮助消毒，提高免疫力，提高小鸟的孵化率、身体素质等。非洲黑猩猩用舌头卷一种树叶吃，治胃部消化不良。南美蜘蛛猴吃一种当地黏土消毒。

② 《左传·宣公二年》。

体中成为一定的习惯而不轻易改变，不轻易延展和转移。

二是在单核理性词义基础上提炼出了相应的词义结构模式，一种单一核心的结构模式。模式由单一的单核性词义构成，大致概括如下：

×＋单核性词义＋×

模式中“×”表示无范围或深度上类属、特性等说明性内容。

(2)伴随形式。词义结构模式与感知性伴随形式之间形成了较固定的认识，伴随形式同步模式化，同时成为其心理表征或意味模式。

第三，外化表达层次。

其一，声音表达层次。

单核性词义的声音表达，以感知过程中获得的伴随音为基础，使用第二章发生范畴外化表达层次的总论所及三方式进行。

(1)提升。提升方式全面反映在声音的四大物理要素上。其中，音质的社会约定性提升是其主要表现。如对人的笑声“嘻”的约定。音高、音长也存在提升问题。如“嘻”，由于情绪的不同，实际的伴随音在高低、长短上表现出了太多差异，对其进行时代要求的约定也是提升的表现。

(2)认同。现行说法是摹拟。我们认为摹拟侧重于先有使用伴随音外化对事物本体的认知的需求，后有外化行为，而实际情况刚好相反，即先有对事物本体与其伴随音之间关系的自然认同，后来才逐渐生发出二者关系的理性约定，所以，改摹拟为认同。认同的范围，主要包括事物本体与其伴随音之间的关系、形状特征与其表达方式之间的关系。前者如猫与其叫声“喵”、狗与其叫声“汪”或“嗷”、鸭与其叫声“嘎”诸对应关系。后者如“大”与发音时口腔的张大、“圆”与双唇向外聚拢形成的圆形、“扁”与双唇闭合形成的扁形诸对应关系①。

(3)利用和改造。主要反映在同源关系范畴。如“专、传、转、圆、抟”一组词中，后四词对“专”的利用和改造②。

声音表达的结果，首先生成了较严格的词音形式。大致具有如下特点。

(1)整体上表现为分音节音段，至少相对动物语言而言，音节性要分明。

(2)同意义发生上的基础性相应，词音形式是汉语音节系统逻辑发展过程中最早进行概括并因此而处于基础地位的音节，是同汉文明初期汉

① 董为光：《话说“音义初始”》，《语言研究》1997 年第 1 期。

② 杨五铭：《文字学》，长沙，湖南人民出版社，1986，第 101 页。

民生理条件和思维、认识水平相应的音节。类似于今声母含[b]、[m]，韵母含[a]、[u]、[o]诸音节。

(3)同心理感知义的单核性相应，总体上具有单核性质，且多表现为单音节。如斑鸠的叫声“咕”、猪的声音“哼”、猴的叫声“吱”。但亦存在着非单音节的单核形式。如前述“果”的声音形式是[kuoluoluo]。其中，[kuo]是[kuoluoluo]的核，[o]是[kuo]的核。

(4)声音内部因素复杂。除音质外，音高、音长、音重诸方面，均有所体现，且具有不定性。音高因素不赘。音长、音重方面的体现，训诂学部分材料可一定程度加以说明。《公羊传·庄公二十八年》：“《春秋》伐者为客。”何休注：“伐人者为客，读‘伐’，长言之，齐人语也。”《淮南子·地形》：“其地宜黍，多旄犀。”高诱注：“旄，读近绸缪之缪，急气言乃得之。”

其次，生成了同单一核心词义结构模式相应的单一核心性词音结构模式，一种涉及物理诸要素的以单核音节为主的声音符号模式。仅就音质要素概括如下：

词位层：(非核心音节)＋核心音节＋(非核心音节)

音节层：(辅音(次位元音))＋核心元音＋((次位元音)＋辅音)

模式中，“()”表示或然情况。非核心音节以一个为典型，一般不超过两个。

最后，词义与词音二合，生成了口语范畴基点词实体形式。模式上，单一核心词义结构模式和单一核心词音结构模式相互关联，相互制约和影响，凝固为一类口语性单一核心基点词模式，即口语性单核式。进一步综合概括如下：

“×＋单核性词义＋×”＋“(非核心音节)＋核心音节＋(非核心音节)”

其二，形体转换表记层次。

口语性单核式基点词的形体转换表记具有两大特点：

(1)使用表意方式，即以感知环节伴随性视觉表象为基础，基本采用同意义相应的现实对象的表象、意象及其类推形式将口语性单核式基点词的意义表达出来。例常见，不赘。

(2)总体上体现为形体形式对口语性单核式基点词的记录，实质上具有“义形”结合的前汉字与“义音”结合的口语性单核式基点词糅合的性质。

糅合过程，从意义表达形式的性质及其发生、发展上大致分析如下①：

A. 不同表达形式能产度大小的不平衡促使形体、声音成为意义表达的主要形式。意义被感知和认知以后，主体往往自觉不自觉地要用一定的符号形式将其表达出来。人类表义的符号形式，以感觉类型为参照，可概括为五类：视觉类形体形式、听觉类声音形式、触觉类触感形式、嗅觉类气味形式、味觉类口味形式。因受表达本能影响，意义表达形式在本能阶段能产度的大小即存在差异。嗅觉、味觉和触觉性感受，难以本能地将各自的感知形式直接外化，因而，人们只能根据它们在具体感知过程中或多或少贯通性留下的听觉或视觉性印迹，借助其印迹中的典型形式加以表达。这样，尽管人类感知意义的感官有听觉、视觉、嗅觉、味觉和触觉五种，但表达上主要只有视觉性形体形式和听觉性声音形式两类。这种局面，在文化符号表达形式生成之后，由于难以创造出同嗅觉、味觉和触觉性感受具有对应或关联性的文化符号形式，所以，其不平衡更为突出。

B. 表义方式的不同，使得声音、形体两个形式的表义潜质存在着一定的差异。声音形式的表义，主要是通过意义获得时的伴随音及其加工形式的提示和诱导，借以唤起人们对与该声音形式相关联的事物、事件、性质状态、行为动作等对象的体认的一种表义方式。由于声音形式一方面可以不是意义的直接关联者；另一方面，它与事物、事件等表示对象的关系，因感受的声源不同或对同一声源主体感受结果不同而往往表现为或然的、多对一的关系，所以，它同意义之间的关系，逐步具有象征特性。这种关系，对意义的束缚较少，提供变化的空间较大，便于纷繁复杂的意义较自由地得到表达，同时，声音形式自身的变化亦相对灵活，便于拓展和调整。形体形式的表义，主要是通过意义获得时的伴随性视觉表象和意象的提示和说明，借以表现或记录与表象、意象相对应、相关联的事物、事件、性质状态、行为动作等对象的一种表义方式。相比较而言，形体形式由于它所呈现的表象和意象往往是意义的直接体现者，加之所具有的具象性和难以改变性，所以，它同意义间的关系，往往是直接的、具体的和较为固定的。这种关系，对意义的束缚较大，不便于意义较自由地得到表达，同时，形体形式自身变化困难，不便于拓展和调整。

① 文字发生理论中的附庸论和独立论，是站在功能和发生前两个层次上讲的，用文明过程范畴的观点看，都是以偏概全。文字的发生，应从不同文明层次的状况及其演进规律上观照（王凤阳：《汉字学》，长春，吉林文史出版社，1989，第22～65页）。

C. 声音、形体两个形式发展速度带来的不平衡促成了前汉字和口语性单核式基点词自然糅合。人类表义，需要声音、形体两个形式大致处于一种平衡状态。这是人类对表义形式时间性和空间性兼具的必然要求。但是，声音、形体两个形式发展的速度导致相互间逐步处于一种失衡状态。本能形式阶段，由于一般使用动作思维和形象思维，而这种思维皆为具象性质，形体是思维的运作单位，声音主要是伴随性反映，所以，形体形式发展较快，处于主导地位。文化符号形式阶段，由于生理上的进化、思维的发展以及声音、形体两个形式表义潜质的作用，情况不仅发生了逆转，而且出现了失衡的局面。一个值得关注的事实是，声音形式快速发展，其中表达分析性理性义的口语在过渡过程中有了质的飞跃：语音逐步音位化、音节化，逐步发展出了较为完善的音位系统，音节数量有了极大的增加，口语表现力极大地增强。相比之下，形体形式只在前汉字状态徘徊，远远跟不上口语发展的步伐。

这样，声音、形体两个形式之间的关系就处于一种矛盾境地。一方面，要满足人类对声音、形体两个形式大致平衡的需求；另一方面，声音、形体两个形式之间距离太大，并且，形体表义，若依传统纯粹用形体提示和说明意义的方法永远跟不上业已迅速发展的口语表义。在当时情况下，解决这一矛盾最智慧、也是唯一的办法，只能是糅合前汉字和口语性单核式基点词两类符号形式。大致做法：一是整合意义，建立更加广泛的义音联系。即根据形体和声音形式在所表意义上的共通性和关联性，将两类意义整合为一个较为统一的系统，并与处于主体地位的声音形式之间建立起对应关系。二是改造原有形体符号，使之在一定程度上抽象化和记号化。三是利用改造过的形体符号，直接表记业已与声音形式建立起了对应关系的整合过了的意义内容。而这样做的结果，正促成了前汉字和口语性单核式基点词的自然糅合①。

形体转换表记的结果，主要表现在三方面：

其一，生成了表记口语性单核式基点词的较严格意义的词形形式。这种词形形式脱去了原始绘画和未定型的复合词形等因素，且反过来对口语性单核式基点词产生了较大影响。

(1)对词义的影响。主要表现在两方面。一是强化了视觉因素。本来，视觉因素在诸感知途径中即有着突出地位。人类获取信息来源的途径，80%以上来源于视觉。通过形体形式对口语性单核式基点词词义转

① 郭攀：《汉字记录汉语的必然性和因果性》，《武汉教育学院学报》2000年第2期。

换表记之后，形体对感官的作用，促使视觉因素在心理层次得到进一步的固化和强化。二是强化了单核性。心理反应层次，主观性意义内容单核性仍具有一定模糊性，通过形体表记过程中对其内容视觉形体的人文构建之后，同视觉特征相应的单核特征即有所强化。

(2)对词音的影响，主要表现为用视觉类强势单核特征对词音形式进行了有效的同化。

A. 对义为单核、音为单核多音节形式的同化。如前述“果”，义为单核，摹拟音是[kuoluoluo]，为多音节，但存在一核心音[kuo]，经字同化后变为[kuo]了。类似情况还如[xuŋluŋluŋ](轰隆隆)之于[xuŋ]、[fəŋluŋ](风隆)之于[fəŋ](风)[①]。

B. 对单核形式中存在着附缀情况的同化。附缀，是核心义声音表示形式前后无独立义的连带成分，包括前附辅音、后附无声调的滑音性元音尾。前者如复辅音。学者们一般认为上古时期存在复辅音。至少三类：①牙音诸纽加来纽，记作[kl－]。②舌头音诸纽加来纽，记作[tl－]。③唇音诸纽加来纽，记作[pl－][②]。后者如今类似的儿韵尾。对含附缀情况的同化，实质上是弱化乃至于砍去附缀部分[③]。

C. 对义为单核、音基本为无核形式的同化。在原始言语结构单位的前后或中间，存在着一些拥有单核性情绪义但无核心性声音的言语结构的连带成分，准具象性文明层次文献中发语词“夫”，衬音助词“言”、“说”、“载”等大致属于该类情况。以字的单核性为参照，逐步将它们同化为单核性词了。

D. 对结构上多维混成状态的同化。形体结构是三维立体的，同化的目标，是将词音改造成三维立体结构。词音的物理因素有音质、音高、音长、音强四个方面，其中，音质是主要的区别性因素，既可理解为线，亦可理解为面，音质外加一个因素即构成了三维立体结构。而在音高、音长、音强诸因素中，音长、音重一般表现在不同音节之间，只能选择跟音高配合。这样，以形体的立体性为参照，以既有音高因素为基础，通过改造和完善音高因素，即建立起了音节的立体结构，实现了形体结构的同化。

其二，生成了同单一核心词义结构模式相应的单一核心性词形结构

---

① 黄荣志：《汉语音节的原始模仿性》，《华南师范大学学报》1997 年第 2 期。

② 周克庸：《是“复辅音声母”还是“多音节字”》，《东岳论丛》2006 年第 6 期。

③ 有些方言性口语词，至今还保留有附缀。如武汉方言中“妈”口头叫“姆妈”，“妈”前就有一个附缀[m]。

模式，一种形体符号模式。概括如下：

×＋单一核心的词形要素＋×

模式中的“×”表示起衬托、背景等作用的绘画性要素。

其三，词义、词音与词形三合，生成了书面语范畴基点词实体形式。这种实体，从语言系统发生范畴层次关系角度称之为书面语基点词，依传统说法即叫做字。书面语基点词与字间的对应关系，发生阶段，基本是一一对应，但在发展过程中这种关系很快即被打破了，且关系日益复杂。准具象性文明层次书面语基点词的所指在语言研究中的表述，可两个角度并行。对应口语基点词，可用书面语基点词表述；在需要突出形体要素或从形体表义角度更方便情况下，亦可用字表述。

书面语基点词的模式，口语性单一核心基点词模式与单一核心性词形结构模式相互关联，相互制约和影响，凝固为一类书面语性单一核心基点词模式，即书面语性单核式。进一步综合概括如下：

词义模式＋词音模式＋词形模式

其中，词义模式具体化为：

×＋具象强化了的单核性词义＋×

词音模式总括为典型音节，具有典型特征的单音节形式。主要表现为：

外在具有独立性。生理发音上，能够感受到它是发音器官肌肉的一个张弛周期，形式上它体现为一个在感知层面可自然离析开来的独立的整体。同其他独立音节、非独立性音节之间或者没有缀合关系，或者存在缀合关系但能够剥离开来。

内部具有完整性。以现今所认识到的汉语音节结构为参照，它具有一个汉语音节必备的语音构件。具体化为：

(辅音(次位元音))＋核心元音＋((次位元音)＋辅音)

词形模式具体化为：

×＋单一核心的词形要素＋×

(二)无核式

词内部义音形上基本属一种无核凝固状态，词外部同他词间亦存在着性质或量度上的区别性特征，并因此而表现出离散状态的一种模式。

关于无核式，由于所属词位数量相对较少，地位亦较其次，一般内容类似单核式，所以，只比照单核式对其特征性内容进行简要概括，不面面俱到。

据准具象性文明层次诸三级、四级层次的主要表现所获得的无核模式的基本面貌。

第一，基础层次。

现实世界具有无限复杂性，现实对象除了存在凭本能即能够较明显感知、认知到的个体特征之外，还存在一些模糊的整体特征，这些特征，构成了无核式生成的主要基础。

第二，心理反应层次。

同单核式相反，在感知与认知的关系上，无核式感知的作用较大，或者说，无核式词义，主要是感知的结果。这种感知主要表现为情状的感知，主要具有如下特点。一是存在着一个基础性具象情状作为依托，尽管这种依托在使用过程中适用范围可能出现转移。如“茫茫”的依托形式是雾气的弥漫，“踯躅”是脚步的移动。二是感知侧重整体的一种难以明晰性概括的感受。就对象的部分特征而言，以今天的理性分析，有的似乎较为清晰。如“参差”的长短特征，“凹凸”的起伏特征。但是，准具象性文明层次的感知侧重的不是这些可分析的部分，而是以这些部分为代表的还蕴含有更多不分明、不规整特征共同构成的整体的综合感受。

感知义，经认知环节确认后，生成了心理反应层次无核性词义。这种意义，总体上可概括为模糊的整体情状，一种有具体类属和复杂内容而没有分明内部结构且往往缺乏意义核心的诸多内容组成的凝固整体情状。情状之间的区别，往往表现为类与类间的区别。类型上，静态如“参差”、“茫茫”、“莽莽”所表现的情状。动态如“辗转”、“踯躅”、“依依”所表现的情状。个体内部结构上，表现为下位个体成分不清晰，彼此间连缀成一个整体情状①。这种词义结构，大致可看做两类模式。一是相对一致的个体的整合；二是不甚一致但相互关联的个体的组合。形式化为：

意义⊗意义

模式中“⊗”表示模糊的整体关系，其中，图标的外“○”表示整体关系，内“×”表示不能或无须进行理性分析的具体内容。

第三，外化表达层次。

其一，声音表达层次。

同单核式声音表义方式相类似，无核式也采用提升和认同方式。前者如建立在人所发出伴随音基础上的“唏嘘”。后者如建立在事物本体伴随性声音基础上的“欸乃”、“璞踏”、“滴沥”、“扑扑”、“哗哗”。

---

① 内部结构关系不是表义的侧重点，若要分析的话，则或模糊难辨，或表现为众多相对类似对象的并列，或表现为众多相关行为的反复，或表现为众多模糊而相关对象的交织。

声音表达的结果，生成词音形式。词音，整体表现为既非单一音节又无响度较大核心音的凝固音段，即无核凝固音段。模式类型上，大致可分为与模糊整体状态内部理性分析出的两个词义模式相呼应性的音步性二音节复叠和音节性联绵。其中，前者是相同音质的音步叠合而成的无核复叠状态。如"苍苍"、"萋萋"、"喈喈"、"依依"。后者是不同音质的音节形式组合而成的无核联绵状态。这些音，尽管可看做是两个及两个以上完全非完全音节的组合，但彼此间往往无主次关系、无核心与附属关系可言，且彼此间多为相互连缀的双声叠韵关系。如"荒忽"、"相羊"、"逍遥"、"唏嘘"。又如现代表示"肮脏"的意义，据初步调查，无论普通话还是已知方言中，皆是用叠韵的联绵形式表示的。普通话用"肮脏"，湖北及周边省份用[naisai]、[luŋsuŋ]、[autsau]、[atsa]等，东北话用"埋汰"。这种无核词音模式，形式化为：

叠音式：音节↑↑音节

联绵式：音节⇆音节

模式中"↑↑"表示前后音节彼此间大致存在着的并列和等同关系，"⇆"表示前后音节中声韵要素上一般存在着的相互蕴涵关系。由于受汉文化双音节构成一个音步的取向影响，叠音式的音节数一般为二，而联绵式主要源自外在对象的声音形式，情况复杂一些，理论上还存在着三音节等形式。

无核性词义用词音形式外化之后，即生成口语范畴基点词实体形式。模式上，为词义模式和词音模式的加和，即口语性无核式。进一步综合概括如下：

"意义⊗意义"+"音节↑↑音节/音节⇆音节"

其二，形体转换表记层次。

本来，同意义和声音相类似，形体亦存在着无核状态，但是，由于文化取向的原因，在由多样化形态的原始绘画发展至书面语性基点词过程中，先民们便定格为单核模式了，所以，口语性无核基点词便没有专门创造意义上具有对应关系的词形对其进行转换表记，而是采用借形的方式，借用现成同音的单核式基点词词形对其词音进行记录。受音节数的制约，其词形结构模式大致概括为：

同音单核式基点词词形+同音单核式基点词词形

形体记录实现后，即生成书面语范畴基点词实体形式。模式上，为词义模式、词音模式和词形模式的三合，即书面语性无核式①。进一步综合概括如下：

“意义⊗意义”+“音节↑↑音节/音节⇆音节”+“同音单核式基点词词形+同音单核式基点词词形”。

第四节 基点词基本模式的验证

基点词基本模式概括的依据，除学术界论及上古汉语单音节词所占比例及与后起合成词间关系外，主要是对汉语口语和书面语基点词模式发生的总体认知。其中，口语性基点词模式，是同本能相关的类动物性短声叫模式至人文性声音符号模式演进结果的概括，进化论，尤其是20世纪30年代以来动物学家、考古学家、心理学家和计算机专家有关语言进化的研究对其概括起到了一定程度的验证作用。书面语基点词模式，是以相关人文符号为参照，以可操作的统一尺度为准绳进行的深层改造

---

① 基点词无核式与单核式之间存在着一定的发生关系。其中，叠音类为单核式复叠而致，联绵类是单核式关联性音变的结果。例，《诗·匪风》：“匪风发兮。”毛传：“发发，飘风，非有道之风。”“发”复叠后即为“发发”。《诗·七月》：“一之日觱发。”毛传：“觱发，风寒也。”“发发”中前一“发”的元音自然变异后即为“觱发”(赵克勤：《古代汉语词汇学》，北京，商务印书馆，1994，第52页)。又，词是实体单位，除分类概括之外，还可以进行词位的具体统计，制成词表。汉语基点词的词表尚未完成，在此将单核式和无核式糅合在一起，参考发生先后等因素从意义角度略举几组加以说明。

情绪类：

俞、噫、嘻、嗟、呼、咄、吁、哇、唉、嗟呼、乌呼、噫嘻、哎哟。

性状类：

性状：吉、利、鲁、若、安、宁、大、小、多、高、弘、胀、眩、软、甜、香、美。踟蹰、恍惚、绸缪、逍遥、辗转、滂沱、权舆、犹豫、呱呱、乾乾、巍巍。

心理：喜、乐、说、欢、悲、哀、伤、悼、恐、畏、惮、惧、怨、忌、愠、怒、憎、恶、厌、闵。

行为类：

行走：步、行、来、往、出、入、涉、去、陟、降、复、归、逆、追、及、即、至、从。

战争：征、伐、战、杀、俘、擒、侵、斗、胜、败。

视听：见、望、相、省、监、观、看、闻、听、圣。

言说：言、曰、告、问、占、令、命、说、道。

对象类：

植物：木、林、竹、柳、桑、禾、麦、稻、粱、菽、粟、豆。

畜牧：马、牛、羊、犬、豕、豚、羔、雏。

天象：日、月、星、云、风、雨、雷、霾、每、虹、晕、食、火。

地理：土、山、丘、石、水、川、泉、河。

方位：方、东、南、西、北、上、下、左、右、中。

时间：年、岁、祀、春、秋、月、旬、日、旦、朝、昃、莫、昏、夕、今、昔、翌。

结果的概括，即单核形式单音节化、无核形式双音节化之结果的概括，形体表义形式转换表记过程中对口语性基点词模式产生影响的一些现实，可对其概括进行一定程度的验证。

1. 部分无核式复叠实际声音形式并非二叠

考察动物叫声、婴儿哭笑声或植物、无生命物发出的声响发现，三叠乃至于多叠的情况较多。如鸡的叫声是多叠，杨柳发出的声响是延音形式。这些音，经形体形式记录以后，皆改造为二叠形式了。准具象性时间层次见书面文献。参考例：

风雨凄凄，鸡鸣喈喈。①
昔我往矣，杨柳依依。②

与之相反，多叠或延音，若只停留在口语性基点词阶段，则就不是二叠了。如湖北省潜江方言中斑鸠的名称叫做[ku212ku23ku25]，是对斑鸠实际叫声的三叠认同，属三叠形式。

2. 汉语借词存在着双音节或多音节改造为单音节的情况

一些借词，义为单核性，音为双音节或多音节，最初的汉译为双音节或多音节，后改造为单音节了。如梵语借词 patra，初直译为“钵多罗”，后省译为“钵”。Ksetra，全称为“刹多罗”，后省译为“刹”。Buddha，直译为“佛陀”、“佛图”、“浮屠”、“浮图”，后省译为“佛”。Gatha，直译为“偈陀”、“伽他”，后省译为“偈”③。

3. 联绵词的记录也有一些现象值得关注

最初，联绵词是用借形的方式进行记录的，形义间没有必然联系。后来，受词义的影响，记录形式的偏旁出现了意化倾向。如以下联绵词记录形式，偏旁或逐步统一为能起到表义作用的形旁了，或增加了表意形旁。

荒忽、慌忽——恍惚　　科斗、蝌斗——蝌蚪
展转——辗转　　消摇——逍遥

这种意化倾向，尽管没有动摇联绵词的音节数，却一定程度说明了形体形式与口语性基点词之间互动现象的存在。

---

① 《诗经·风雨》。
② 《诗经·采薇》。
③ 向熹：《简明汉语史》(上)，北京，高等教育出版社，1993，第 542～544 页。

第四章 准具象性文明层次句级语言单位

第一节 汉语句级语言单位的确认

语言从言语中显现出来之后，作为以分音节声音形式表义的符号系统，一个言语义表达的依托系统，历层地拥有了内部结构单位中的上层单位。对这一单位的确认，借助与现行语言知识的比较，分两点阐述。

一、柔性理论

柔性理论上，确认为与现代语言学中的句层级相同的抽象结构单位。

（一）层级比照性定位

层级的比照性定位上，大致对应现代语言学中的句。理据如下：

1. 现代语言学中的句作为语言上层单位，层级上有其较为充分的合理性

语言系统尚未明确感知到的言语、语言混合时期，性质上区别性较为明显的单位，参照现代语言学的概括，排除掉非固定组合形式词组和句组，其基本层级为：语篇、段落、句、词。比较以上层级特征可知：

固定度：由小至大，依次递弱，即，词→句→段落→语篇。

重复度：主要指同一形式重复使用频率。由小至大，依次递少，即词→句→段落→语篇。其中，语篇无重复使用。

完整性：包括意义内容的完整性，即是否能够有效表达一个完整的交际义；句子结构的完整性，即是否拥有一个完整而独立的逻辑结构，如事件、判断等。这一点上，以上层级由大至小，依次递少，即语篇→段落→句→词。其中，词不完整。

不难看出，在基本层级“语篇、段落、句、词”中，“句、词”两个层级浓缩了言语生成所依托的全部个体成员、个体成员相互组合的基本结构关系模式，可看做是言语生成的基本单位，亦即依托性语言系统的基本结构单位。“语篇、段落”，则是依托语言系统生成的言语，属言语单位。其中的“句”，性质上属语言，层级上处于上层，所以，语言上层单位，层级上对应“句”是站得住的。

2. 以现代语言学中的句作为上层单位，有其较为充分的汉语言文化基础

西方现代语言学东渐以前，中国传统语言研究中也客观存在着一个句级单位。这一句级单位，后文将较为详细地加以论述。在此，依时间过程纵向简括如下①：

(1)言句。依原始情绪判定的任何基础性言语停顿单位。准具象性时间层次书面文献中表示“言句”的代表性语词是“言”。例：

> 君子一言以为知，一言以为不知，言不可不慎也。②

有关“言句”的相关论述如：

> 句则古者谓之为言，论语云：“诗三百，一言以蔽之，曰思无邪”，则以“思无邪”一句为一言。左氏曰：“臣之业在扬之水卒章之四言”，谓第四句不敢告人也。及赵简子称子大叔遗我以九言，皆以一句为一言也。③

(2)意句。依意义判定的基础性言语单位。准具象性时间层次书面文献中表示“意句”的代表性语词是“句”。例：

> 自诱之少，从故侍中同县卢君，受其句读。④

有关“意句”的相关论述如：

> 夫经之有篇也，犹有章句也，有章句犹有文字也。文字有意以立句，句有数以连章，章有体以成篇，篇则章句之大者也，谓篇有所法是谓章句复有所法也。⑤

(3)韵句。依社会逐步约定的韵律判定的基础性言语单位。准具象性

---

① 历层研究模式是在历史研究模式基础上经角度的转换而提炼出来的，因两个模式间密切关联，前者要以后者为基础，故在历层研究过程中有时要先对历史过程方面的问题展开研究。

② 《论语·子张》。

③ (唐)孔颖达：《毛诗正义》。

④ (汉)高诱：《淮南子叙》。

⑤ (汉)王充：《论衡·正说》。

时间层次书面文献中表示“韵句”的代表性语词是“句”。例：

杜少陵诗云：“风含翠筱娟娟净，雨裛红蕖冉冉香。”上句风中有雨，下句雨中有风，谓之互体。①

有关“韵句”的相关论述如：

凡诗铭韵语，以韵为句，未至韵皆读。②

以上句级单位，性质上属言语范畴，但是，层级上与西方语言学中的句具有相通之处，而且，在中国古代语言文化中有着基础地位。

（二）具体指称

具体指称上，汉语句，确认为抽象结构模式，即符号系统中组织符号实体表达最小单位交际意义的一种结构模式。

句，作为上层语言单位，有两个问题存在着一些分歧。一是到底隶属语言还是言语；二是抽象句和具体句的区分③。这两个问题都涉及对句本体的看法。依三个平面理论，在具有语义、句法内容基础上同时具有语境内容的句是语用平面具体的句，只具有一般性语义、句法内容而不与具体语境相关联的句，是语法平面抽象的句。这种有无语境内容的区分是有价值的，但仔细分析不难发现，语义方面有无语境内容是不好说清的，毕竟存在着不与具体语境相关联的语义，而且，具体时代性意义也是一种广义的语境义，所以，这里所谓抽象的句子，抽象程度还是不够，还是可以看做言语、语言兼属。基于此，我们拟将以上两个问题结合在一起，提出这样一种看法：语言中的句和言语中的句是依同等大小的单位划分出来的两类不同性质本体的关联性声音表义单位。其中，语言中的句，是抽象的句，是只有意义结构、声音结构和功能结构的模式概括而未落实到词位层面的表义模式。模式内部可进行层面分析，进一步析分为意义结构模式、声音结构模式和功能结构模式。言语中的句，是具体的句，是具体的声音符号实体。相互关系上，抽象句是具体句的函数形式，具体句是抽象句的实化形式，抽象结构模式中构件的抽象概括形式替换成实体性语词以后，即实化为言语的句了。

这样，汉语上层语言单位，初步较柔性地确认为作为符号系统中组

① （宋）罗大经：《鹤林玉露》。
② （元）程端礼：《程氏家塾读书分年日程》，卷二，第 24 页。
③ 陈昌来：《抽象的句子与具体的句子》，《湖南广播电视大学学报》2000 年第 1 期。

织符号实体表达最小单位交际意义的一种结构模式的句。

二、硬性操作

硬性操作上，由于现代语言学关于句的已有确认具有柔性特征，我们区分文明层次系统梳理性研究尚未完成，所以，现在无法对汉语普通意义上的句给出一个具体依据，硬性确认尚难以做到。即哪种语言单位是句，哪种语言单位不是句，还不能做出准确的是非判断。已有对句子确认依据的柔性研究，主要表现在三种单一角度上。述评如下：

(一)意义角度

意义角度，又分主客观两类。

1. 客观角度的依据

表现为理解时感知到的句子客观体现出来的意义，即一个完整的交际义。

马建忠《马氏文通》："凡字相配而辞意已全者，曰句。《文心雕龙》云：'置言有位，位言曰句，句者，局也，局言者联字以分疆。'所谓联字者，字与字相配也，分疆者，盖辞意已全也。句者，所以达心中之意。而意有两端焉：一则所意之事物也，夫事物不能虚意也，一则事物之情或动或静也。"①

黎锦熙《新著国语文法》："就一种事物述说它的动作，或情形，或性质、种类，能够表示思想中一个完全意思的，叫做'句子'，通称'句子'。"②

2. 主观角度的依据

表现为表达时主体的主观意图，即一个完整的表述。

孙汝建《句子的表述性特征》："词典中的'熊猫'不是句子，而动物园中大人指着某种动物对小孩说'熊猫！'这就是句子。'鸡叫了'在'鸡叫了的时候'中不是句子，单独说'鸡叫了！'就是句子了。句子之成为句子主要由句子的表述性决定的。""表述性包括两个方面，一是'表'，指的是表达客观事实，二是'述'，指的是陈述主观意图。表述性是句子在内容上体现出来的重要特征。"③

从意义与句子的相互关系上讲，意义是句子所表达的内容，是内在深层视角。意义是人们较易感知到的，较便于说明和引起共识。不足的是，古人所谓"举其纲，文意断"也好，今天所谓"相对完整"也好，皆源

---

① 马建忠：《马氏文通》，北京，商务印书馆，1983，第24页。

② 黎锦熙：《新著国语文法》，北京，商务印书馆，1998，第15页。

③ 孙汝建：《句子的表述性特征》，《南京邮电学院学报》2001年第2期。

自于主观感受，难以界定，在人和人之间皆难以达成共识。根据意义是否完整来辨识句子会碰到种种困难，诚如弗·帕默所指出的那样：“我们怎么知道什么是一个完整的思想呢？‘洋白菜’或者‘人’是一个完整的思想吗？如果不是，那么为什么不是？‘如果下雨，我就不来’是一个思想还是两个思想联合在一起？”

我们凭什么来鉴别一个句子的意思是不是完整？伍铁平认为：“句子是能够表达完整意思的语言单位……鉴别意思是不是‘完整’，主要看能不能让听话人满足。譬如刚进教室没头没脑地说一声‘电影’，对方一定不满足，还要问一声‘怎么样’？这时的‘电影’就不是一个句子。如果二人对话，甲问：‘你看戏还是看电影？’乙回答：‘电影。’甲就不会再问‘怎么样’，因为已经满足了提问人的要求，这就是一个完整的句子。”“满足”说最早见于吕叔湘《中国文法要略》，吕叔湘早就指出：“倘若我说‘飞鸟’（飞着的鸟），你不会觉得满足，一定等着我说下去，如果我就此不说下去，你一定说‘你这个人怎么的？话只说半句！那飞鸟到底怎么样呢？’我一定要说‘飞鸟尽’，或‘飞鸟归林’，才能让你满意。如果我一开头就说‘鸟飞’（鸟飞了），你就觉得我的这句话完了，不会有悬在半空中的感觉。这就是句和非句的分别。”事实上，“满足”说不能用来鉴别句和非句的界限。比如：“一位农村老大娘目不识丁，她问放映员晚上放什么电影，放映员告诉她‘《瓦尔特保卫萨拉热窝》。’老大娘听了这句话不能理解，当然不能满足，能否因为她不满足，就否认放映员的答话不是句子呢？显然不能。”①

（二）语音角度

语音角度，又分为两类。

1. 韵律

如前及韵句判定所用的依据，不赘述。

2. 句调

即一个基本的句调。

朱德熙《语法讲义》：“句子是前后都有停顿并且带着一定的句调表示相对完整的意义的语言形式。”②

胡裕树《现代汉语》：“什么是句子？简单的回答是：句子是语言的基本运用单位……每个句子都带有特定的语调，表示某种语气，句子和句子之间有较大的停顿。这些都是由交流思想的需要决定。”③

---

① 孙汝建：《句子的表述性特征》，《南京邮电学院学报》2001年第2期。

② 朱德熙：《语法讲义》，北京，商务印书馆，1982，第21页。

③ 胡裕树：《现代汉语》，上海，上海教育出版社，1995，第313～314页。

语音，是把握语言的重要的外在要素。可惜的是，随着思维的复杂化，语音单位与句子结构单位之间常常失去了对应性。这一点，古人早有论述。明朝杨慎在《词品》卷一《填辞句多参差不同》中写道："填辞平仄及断句，皆定数。而辞人语意所到，时有参差。如秦少游《水龙吟》前段歇拍句云：'红成阵，飞鸳鸯。'换头落句云：'念多情，但有当时皓月，照人依旧。'以辞意言，'当时皓月'作一句，'照人依旧'作一句。以辞调拍眼，'但有当时'作一拍，'皓月照'作一拍，'人依旧'作一拍为是也……别如二句分作三句，三句合作二句者尤多，然句法虽不同而字数不少。妙在歌者上下纵横取协尔。古诗亦有此法，如王介甫'一续、亦使我慨然想遗风'是也。"

（三）结构角度

结构角度，又分别为两个次类。

1. 逻辑结构

即仿照逻辑判断中主词、谓词的结构关系，将句子依据确认为具备主语、谓语的逻辑结构。

马建忠《马氏文通》："凡有起词、语词而辞意已全者曰句，未全者曰读。"①

黎锦熙《新著国语文法》："一个人开口说话，总要道个'甚么'，作为他那句话里边的主脑。主脑或是人，或是物，或是事情；表示主脑的人或事物的词，就叫主语……但是一句话里边既有了一个'甚么'作主脑，这个主脑又'怎么样'呢？若单说个'甚么'，不说它'怎么样'，那主脑就只是一个静止的观念，说话的人并没有表示一个活动的思想出来，说的只是一个词（或短语），还不成为完全的句子。所以主语之后，一般要跟着来一个——述语。"②

2. 句法结构

即独立的句法结构。

伦纳德·布龙菲尔德《语言论》："可见任何一个句子都是个独立的语言形式，不用任何语法结构包括到任何较大的语言形式里去，单凭这个事实就可以把任何言语里的句子划分出来了。"③

周法高《中国古代语法·造句编（上）》直接引用的布龙菲尔德的定义，并进一步解释说："在一段话中，前后有停顿可以独立的成份，叫作'句

---

① 马建忠：《马氏文通》，北京，商务印书馆，1983，第385页。

② 黎锦熙：《新著国语文法》，北京，商务印书馆，1998，第22页。

③ 〔美〕伦纳德·布龙菲尔德：《语言论》，北京，商务印书馆，1980，第208页。

子’。假使有一个(或几个)前后有停顿的成份在它所处的环境中不能独立的话，那么它必须和另一个(或几个)在它前或后的前后有停顿的成份合成一个句子。例如：‘万乘之国，弑其君者，必千乘之家。’包含三个前后有停顿的成份，可是都不能独立。‘弑其君者，必千乘之家’虽然可以独立，可是‘万乘之国’却不能独立，它必须和‘弑其君者，必千乘之家’合成一个句子。又如‘学而时习之，不亦说乎?’包含两个前后有停顿的成份，在别的环境中，它们都有独立的可能；可是，在这种环境下，它们却不能彼此独立构成句子。”①

结构的独立性是一重要依据，但若要求主谓齐备，则无法处理独词句和省略、倒装等特殊语法现象。另外，结构独立的标志，还存在着一个再确认的问题，而这种确认，尚无可操作性的依据。已有的标点符号显然是后续的、书面语层次的内容，不能说明口语层次的结构关系。停顿的把握亦存在很多困难。不难发现，在口语中，有一种模仿西方语言表达的特殊停顿现象。具体做法，一是在一句话终结处不予停顿，而将上句句末与下句句首语词连在一起进行停顿。也就是一句话说完之后，迅即连说下一句，以打破句间停顿的常规，给人一种错综的变化。亦即非逻辑性停顿。二是刻意拉长修饰语与中心词或次位成分与核心成分之间停顿的时间，以达到对中心词进行强调的目的。亦即非常规性强调停延。如重庆电视台《拍案说法》主持人谭咏秋的讲说。其中“/”表示非常规性强调停延。

> 你看看，黄勇的///成长过程，有什么值得我们思考的?
>
> ……
>
> 不知道///电视机前的你///对这件事有什么样的///看法。
>
> ……
>
> 他又选择了什么样的///犯罪对象呢?
>
> ……
>
> 马教授，能不能给我们都///讲一讲?②

这类超常停顿现象，凭借一般停顿理论难以把握。

以上三角度，是从单一角度所作的概括，实际确认工作，往往是多角度依据同时使用。尽管如此，还是不能改变汉语句子确认的柔性特征。

---

① 周法高：《中国古代语法·造句编(上)》，北京，中华书局，1989，第1页。

② 《拍案说法·追踪变态杀手》2004年1月7日。

基于以上柔性确认现状，我们形成的关于汉语句子确认的初步意向是：依据文明进程范畴对层次的概括，区分不同的文明层次，主要根据二级文明层次中不同文明层次的特征分别概括其确认依据，分别进行针对性的确认。

第二节 基点句确认的依据及其基本模式的概括

一、基点句确认的依据

句子确认的依据，不同文明层次是不一样的。尽管汉语普通意义上句子确认的依据现在还无法给出，但研究发现，准具象性文明层次还是大致可以确定的。

准具象性文明层次语言系统之句，称之为基点句。基点句，由于同动物语言接近，所以，其确认的依据主要为生理特征及其外在语音表现，即“生理—语音”。生理特征是呼吸的基本节律“一口气”，即一呼一吸的生理过程。外在语音表现是呼吸节律在长度上对应性限定的表述单位所蕴含的结构模式。其量度单位口头表述为“声”，书面通常表述为本体及其量度单位兼含的“言”。“言”的用例前已列举，不赘。“声”的使用，参照性动物语言与准具象性文明层次人的语言是一致的。早期文献参考例：

(1)巴东三峡巫峡长，猿鸣三声泪沾裳。①

(2)使者乃指兽命唤一声，兽舔唇良久，忽叫如天大雷霹雳。②

现代口语中常见表达形式：

(1)那马叫了几声就跑了。

(2)我叫了几声也没见你答应。

二、基点句基本模式的概括

基点句的基本模式包括两层含义：一是就全部可能模式而言，侧重

① 《水经注·江水二》。

② 《海内十洲记·凤麟洲》。

其常用模式。二是就个体模式而言，侧重现代语言学理论中所说到的主干部分。

考虑到准具象性文明层次意义因先发生、管控作用大等原因而地位相对重要，语音只是一般引导性标记，所以，基点句基本模式类型的概括，主要依据句子发生过程中不同次位文明层次相比较所得出的句义类属特征而进行。据此，总体上将基点句基本模式概括为四类模式组成的系列。四类模式排列的顺序，依据的是发生的先后。相互之间的关系，本来可从侧重情绪或理性角度下分出更精细的逻辑层次关系来，但是，考虑到概括出的各类内容容量的整齐性，故四类模式内部不标明情绪、理性二分的次类及理性类型内部上下位层次关系，统括为一个并列的系列。

模式概括时实际关涉到的句子生成的层次，因基础层次和形体转换表记层次关系不大①，一般不予涉及，所以，主要为据重点关涉到的内容重新整合并依次排序的"动物语言层次→心理反应层次→声音表达层次"。

与关涉的层次相应，每类句子基本模式的维度，依次为"句义→句音→功能"，其中，功能是从义音结合后的整体上讲的，是为便于从句子整体上进行把握而加设的。功能涉及的内容，后文将专门讨论，这里不详述，只简单地对模式的结构关系作一些说明。说明分两个层次：一是句内一级功能单位构成的结构模式；二是词级单位构成的结构模式。

以下对基点句基本模式逐一概括。

(一)情绪式

独立存在的情绪性言语句句义的基本表达模式。

1. 动物语言层次类句性质基本单位提供的参照

考察动物行为不难发现，当直接或间接接受到刺激、生成一定情绪类型和关于现实对象的整体性感知以后，牛、羊、马、狼、猿等动物往往会发出长声叫，即以单音节性简单自然音为依托的一种长延性叫声。这种叫声是动物语言中以呼吸为单位的类句性原始形式，大致具有如下特征：

其一，形式特征。外在，声与声之间有明显可感知到的间隔。内在，为一口气所发出的叫声。结构上，是一连续、有与情绪类型相应的调式的整体。

其二，独立的交际功能。现实表现是，可以一句一句地相互呼叫，

① 基础层次，值得一提的是呼吸的时长为句子长度的限定提供的生理基础和事件的过程结构为相关意义的表达在结构模式上提供的参照性基础。形体转换表记层次，主要内容集中在文化符号的独立表义上(郭攀：《标点符号的类文学语言性功能》，《江汉大学学报》2004年第6期)。

以交换信息。如子牛的呼唤与母牛的应答所构成的相互呼叫。子牛叫一声，母牛应一声。听到回应之后，子牛即跑向母牛。

其三，组合特征。长声叫常常复叠，以宣泄一时获得的全部情绪义。复叠后的音段形式，功能类似于人类文章学中的篇章。

基于人类早期出现的句与动物语言中以呼吸为单位的类句性原始形式之间的近亲关系，基于句与“类句原始形式”量度单位都称之为“声”的汉民族心理现实性①，我们大致即可将长声叫看做是人类早期出现的句的源头形式，以其为参照，对早期句进行概括。情绪式及以下焦点式的概括，即是参照动物性长声叫而作出的。

2. 据准具象性文明层次心理反应和声音表达二次位层次的表现所获得的情绪式的基本面貌

第一，心理反应层次。

其一，感知层次。同动物相类似，接受刺激以后，人的心理上最初产生的是一种回应性感知形式。这种感知形式，是一定的情绪性言语句句义，具体表现为一定的情绪类型。与意义相应，声音上，往往还会发出一定的伴随音。因人的生理属性今天仍未发生太大变化，所以，这些伴随音从今人的“哇”、“呜”、“啊”、“嗯”、“哎哟”上仍可得到一定的反映，即类似动物长声叫的单音节或准单音节形式。

其二，认知层次。进入认知阶段以后，感知内容发生了较大变化。变化表现为具有代表性的三个方面。

(1)情绪性言语句句义由一种自在性反应提升为一种具有独立交际功能的理性言语句句义了。

(2)在情绪性言语句句义基础上提炼出了相应的句义结构模式。考虑到情绪的性质以及主体生理、文化诸方面因素的参与，从发生上可将该模式大致概括为一种由生理、固定的文化观念和个性心理定式主导的综觉对刺激的对等整体回应式情绪性句义结构模式。因整体回应即意味着量度上的单一，故从纯结构关系上可进一步概括为情绪性句义单一结构模式。模式由单一的整体性情绪类型构成，大致形式化为：A。

(3)句义结构模式与伴随音之间形成了较固定的认识，伴随音同步模

① 人以句为单位的整体性文章名量单位叫“篇”，动物相应的整体性宣泄没有造专词进行概括。但是，在相关的动量单位上，人与动物又有了相似的心理现实性，都可叫做“遍”。如“鸡啼三遍”。《三国志·魏书·贾逵传》注引《魏略》：“最好春秋左传，及为牧守，常自课读之，月常一遍。”这样，动物语言与人类语言在更大的单位上亦具有一定的心理现实性。

式化，同时成为其心理表征或意味模式。

第二，声音表达层次。

情绪性言语句句义的声音表达，表现为意义内容与其相应伴随音之间的一种自然或社会性约定。表达方式，因属最接近动物语言的一种句子类型的表达，故主要表现为提升，即对人所发出伴随音经品级提升后的一种社会性约定。贯通古今的“啊”是较有代表性的例子。李壮鹰认为[①]，最早的诗歌起于独词“啊”。今天记录为“啊”，古代记录为“兮”、“猗”等。这里的“啊”，是情绪性感知伴随音提升的结果。其次是认同、利用和改造。认同，主要表现为对动物的情绪性意义内容与其相应伴随音之间关系的认同。如《诗经·关雎》中雎鸠的“关关”。利用和改造，从纯理论上讲，存在着借用动物情绪产生时所发出伴随音表达人类情绪的可能。今人自我鼓气时模仿狮吼是不难见到情况。上古汉语中的“於、乌呼”与狗吠前酝酿情绪所发出的“於”音相近。

表达在语言方面所产生的结果，一方面生成了句音结构模式。其特点有二：一是以情绪性意义内容产生时所发出的伴随音为基础的。二是与情绪性句义单一结构模式相对应。具体表现为以某些简单的自然音为依托的高低、升降、曲直、长短的变化形式。大致形式化为：A～～～。

另一方面，与情绪性句义单一结构模式二合为句子基本结构模式，即情绪性句义单一结构模式与句音单一结构模式相互关联，相互制约和影响，凝固成了句子整体结构模式。这类模式，从所表达的言语句句义类属上姑称之为情绪式。

同句义、句音的单一模式相应，义、音两个层面整合后的情绪式句子整体功能结构亦表现为单一模式。分两个层次说明如下：

句内一级功能单位构成的结构模式：因句内一级功能单位为情绪类单一功能单位，故句内一级功能单位构成的结构模式表现为情绪类单一功能单位构成的结构模式。

词级单位构成的结构模式：因词级单位为独用性情绪词[②]，故词级单位构成的结构模式表现为独用性情绪词构成的结构模式。

反映情绪式的用例，今口语中仍大量存在。如不同情绪类型的表达形式：“哇。”“唉。”“哎哟。”接电话时使用“嗯”的简短回答亦可看做该方面用例。“嗯”的情绪类型及其语调特征：

---

① 李壮鹰：《嗟叹与咏歌》，《中国文化研究》2007年春之卷。

② 这里的情绪词是从宏观上作出的概括，大致对应原始叹词。

认同：平而短促。　　否认：抑而短促。
疑问：扬而延长。　　感叹：抑而悠长。
平静的思考：慢延而平。　　撒娇：曲折而延长。

古代文献中参考例：

(1)俞！有求有梦。[①]

(2)噫！天丧予！天丧予！[②]

(3)乌呼！天祸卫国也夫！[③]

(二)焦点式

焦点性言语句句义的基本表达模式。

情绪式是情绪类句义的表达模式，以下诸式为理性句义的表达模式。

焦点式，动物语言层次提供的参照同前。以下简述据准具象性文明层次心理反应和声音表达二次位层次的表现所获得的焦点式的基本面貌。

第一，心理反应层次。

1. 感知层次

主体接受刺激以后，最初生成的是整体性情绪类型。结合人脑生理结构分析可知，这种情绪，只是动物脑、缘脑、大脑皮层三层次结构中缘脑层次引起的回应。在脑部反应高低等次中，只是初级的动物性反应。随着反应的深化，接下来进入的是大脑皮层的反应。在这类反应中，先行出现的，是对刺激即刻作出的一种感知性整体反应，一种由刺激作用于感官所引起的体认和主观评价性反应。反应的结果，是产生感知范畴与刺激相应的整体回应性言语句句义。当然，内心反应的同时，声音上，往往还会发出一定的伴随音。

2. 认知层次

进入认知阶段以后，感知内容发生了与情绪性感知义相类似的三方面变化。

其一，整体回应性言语句句义得到了理性提升。主要表现：一是涉及范围相对清晰和明确，落实到了具体的感官辖域。刺激作用于哪一下位感官所辖范围，即产生与哪一辖域相应的回应性认知。当然，亦存在

① 郭沫若：《卜辞通纂》，《郭沫若全集》，北京，科学出版社，1983，735。

② 《论语·先进》。

③ 《左传·成公十四年》。同情绪词相类似，焦点词亦是从宏观上作出的概括，大致对应原始动词。

着不同感官综合性回应。二是回应具有焦点性质，即只回应与刺激的感官相应的认知，不及其他。提升后的言语句句义，大致可概括为由刺激本身的辖域回应所产生的焦点性言语句句义。

其二，在提升了的焦点性言语句句义基础上提炼出了相应的句义结构模式，即由刺激本身的辖域回应所产生的焦点性句义单一结构模式。模式由单一的整体性焦点构成，大致形式化为：A。

其三，句义结构模式与伴随音之间形成了较固定的认识。

第二，声音表达层次。

焦点性言语句句义的声音表达与情绪式的情况大致相同。其句音模式仍为：A～～～。焦点性句义单一结构模式和句音单一结构模式的结合，生成了句子整体结构模式。这类模式，从所表达的言语句句义类属上姑称之为焦点式。

与情绪式相类似，焦点式句子整体功能结构亦表现为单一模式。

句内一级功能单位构成的结构模式：因句内一级功能单位为焦点类单一功能单位，故句内一级功能单位构成的结构模式表现为焦点类单一功能单位构成的结构模式。

词级单位构成的结构模式：因词级单位为独用性焦点词，故词级单位构成的结构模式表现为独用性焦点词构成的结构模式。

反映该模式的用例，现行汉语中亦不乏其例。如由今天形容词、心理动词充任的独词句。“软。”“甜。”“香。”“美。”“怕。”“胀。”“眩。”早期文献参考例：

(1)陋。如之何？①

(2)美哉！思而不惧，其周之东乎！②

(3)自天祐之，吉，无不利。③

(4)君子几不如舍，往，吝。④

(三)关系式

关系性言语句句义的基本表达模式。

1. 动物语言层次类句性质基本单位提供的参照

动物语言中类句性单位从其内部存在相对独立音质单位数上可总分为

① 《论语·子罕》。

② 《左传·襄公二十九年》。

③ 《周易·大有上九》。

④ 《周易·屯六三》。

两类，借用音乐学中旋律和节奏的术语，分别概括为旋律性单音质结构连续性音段和节奏性综合音质结构的间隔性音段。前者即前及长声叫，后者则如斑鸠叫“咕咕”、“咕咕咕”，鸡叫“咯咯嗒”，布谷鸟叫“快快收禾”。可形式化为“A～A～”、“A～A～A～”、“A～B～”、“A～B～C～”。

相互关系上，上述两类音段总体上存在着相互转化的情况。由旋律性单音质结构连续性音段至节奏性综合音质结构的间隔性音段的转化方式概括为裂分。有的动物的叫声正处于裂分过程中，一定程度上证实了裂分的现实性。例如羊的叫声。长声叫为“咩～～～”，处于裂分过程中的叫声介于“咩～～～”与“咩、咩、咩”之间，而且，叠音“咩”音质上还发生了变化，近于“嘿”，连续形式近于“咩、嘿、嘿、嘿”。由节奏性综合音质结构的间隔性音段至旋律性单音质结构连续性音段的转化方式概括为整合。反映这种整合情况的如狗深夜的间断性叫声与民间所谓哭叫之间的变化。其一般情况是，先以“嗷”为音质，发出“嗷、嗷、嗷”间隔模式的叫声，其后，频率越来越高，渐整合成了哭叫模式“嗷～～～”。

单就节奏性综合音质结构的间隔性音段发生上讲，总体上存在着两种来源，一是前述长声叫的裂分；二是短声叫的自然节律性组合。

考察发现，动物语言类句性质基本单位的发生，总体上表现出这样一种情况。旋律性单音质结构连续性音段和节奏性综合音质结构的间隔性音段的过程关系上，由前类至后类演化。节奏性综合音质结构的间隔性音段的来源关系上，先出现裂分情况，继之出现不同音质的组合情况。这一些情况综合在一起，大致可梳理出这样一个内部结构的发生序列：旋律性单音质结构连续性音段→节奏性单音质结构的间隔性音段→节奏性综合音质结构的间隔性音段，形式化为：“A～～～”→“A～A～”→“A～A～A～”→“A～B～”→“A～B～C～”。

以上发生情况，为关系式及以下事件模式的概括提供了一个方面的参照。

2. 据准具象性文明层次心理反应和声音表达二次位层次的表现所获得的关系式的基本面貌

第一，心理反应层次。

其一，感知层次。在大脑皮层对刺激的反应中，继感知性整体反应之后，是建立在现实世界刺激双方基础上的感知性刺激关系反应，即对由整体裂分的两对象之间初步的刺激关系的反应。由整体至对象之间关系的过渡，是一伟大的飞跃①。促成这种飞跃的因素很多，这里简及关

① 在西方认知语言学中，有人认为基本关系存在于概念之先。我们的看法有所不同(石毓智：《语法的认知语义基础》，南昌，江西教育出版社，2000，第196～198页)。

键性的两点。一是时长变化的影响。整体反应是即刻作出的，关系反应则是相对长时反应。时长变了，有了思维的时间，感知对象即有了整体裂分或转移的条件，从而促使对象量度及其关联关系感知的变化。二是声音模式的启发。感知性刺激关系反应，主体非自我情况下往往也存在着伴随音。如狮子咬杀水牛，伴随有狮子的吼声和水牛的惨叫声。果子坠地，伴随有果子脱落声和坠地声，或坠地声和坠地后的滚动声。由于音与对象间存在着较直接的关联关系，所以，声音模式即能够启发主体对关联着的对象及其相互关系的感知。

关系反应的结果，是产生感知范畴初步的关系性言语句句义。

其二，认知层次。进入认知层次以后，主要发生了两方面变化。

一方面，关系性言语句句义有所提升。主要表现为关系性内容相对明晰，且得到凸现。感知层次感知到的主要是对象，对象间的刺激关系处于直觉的、模糊的状态。认知层次，感受性刺激关系逐步清晰地理性化了，逻辑化了，且关注的侧重点由对象转移到了关系。这些关系主要是对感知主体有所意味的关系类型。如对主体直接作用、间接牵连及蕴含着危险的诸关系类型。

另一方面，在提升了的关系性言语句句义基础上提炼出了相应的句义结构模式，即泛化了的关系性句义两个对象结构模式。这里的泛化，反映在时间范围上，不只限于已然，还包括未然、将然。关系性质上，不只限于物理性质的刺激关系，还包括精神上演绎的类似关系。关系中的对象，代表性地概括为两类：施予性对象和接受性对象。这些对象，涉及两方面问题。一是模式中实际出现的量度数。又有两种情况：两个对象都出现；一个对象出现，另一个隐含。主体自身作为逻辑上刺激的一方时常出现隐含。由于自身往往不在有意识地进行认知的范围内，所以，这种认知中的刺激关系，多表现为只有构成刺激两方面关系中的一方，且往往是施予性对象。如被蛇咬后主体对蛇的认知。二是顺序。由于感知切入的多样性，所以，一般而言，进入认知层次后，施予性对象和接受性对象间的顺序亦具有不定性。如蛇咬青蛙涉及的刺激关系，先认知的对象可以是蛇，也可以是青蛙。但这种不定性，仍可提升出一个基本原则，即作为认知切入点的主要关注对象在前，关联性次位对象继后①。综合以上两方面问题，泛化了的刺激关系性句义两个对象结构模

① 制约主客顺序的因素主要是现实逻辑顺序。这一点，从部分拟声词上亦可一定程度地看出。如“扑通”，物体掉入水中发出的声音，“扑”对应物体一方，“通”对应水一方。“咕咚”，物体掉落地下发出的声音。“咕”对应物体，“咚”对应地面。

式进一步作如下概括。

一般模式概括为：（主要对象）·（关联对象）。

形式化为：（A）·（B）。

模式中，括号表示所括内容可以隐含，模式中两个对象可以隐含其中一个。间隔号表示顺序上的选择关系。

基本模式概括为：主要对象＋关联对象。

形式化为：A＋B。

第二，声音表达层次。

关系性言语句句义的声音表达，较之情绪式和焦点式有其特殊性。

其一，它是严格意义的组合结构模式义的表达，表达方式和结果均有所不同。如前所述，情绪式和焦点式皆是单一句义结构模式，表达方式是与词相类似的提升、认同、利用和改造，表达结果是生成表达形式并提升为单一句音结构模式。关系性言语句句义的声音表达，结构模式义是“主要对象”和“关联对象”的组合形式。表达方式，是以关系性言语句句义为依据，以已有与主要对象和关联对象相应的实体词为前提，据句义结构模式填入与主要对象和关联对象义相应的词音。表达结果，一方面，生成了关系性言语句句义的声音表达形式；另一方面，提升出了与关系性言语句句义模式相应的句音结构模式。

其二，关系性言语句句义结构模式与关系性言语句句音结构模式在发生上存在着一定的辩证关系。即在发生的先后上，除关系性言语句句义结构模式先发生的情况之外，还存在着关系性言语句句音结构模式先发生的情况。这种关系性言语句句音结构模式的来源，同动物语言相类似，为整体性基本单位之音的裂分、整体性基本单位之音的自然节律性组合两类。其中，以前一来源为主。具体裂分过程概括如下：

第一步，简单自然音的延音形式。

第二步，慢曲后出现中断，变为叠性音段。

第三步，曲直长短不同调式的个体叠性音为异质音节取代，出现多异质音节组成的音段。

以上过程，形式化为：A～→A～A～→A～B～。

关系性言语句句音结构模式生成之后，再启发并促成了关系性言语句句义结构模式的生成。

无论声音表达上哪种特殊性，最后皆促成了两方面结果的出现。

一方面，生成了关系性言语句句义声音表达的句音结构模式。这一模式值得进一步说明的：

一是句音结构模式的长度，受生理基础的制约。主要受前及"一口气"的制约。

二是句音结构模式除音质维结构单位之外，还有表现不同意义类型的结构单位之音轻重、快慢、长短等音强维、音长维的变化。

三是句音基本结构模式从音质维总体概括为："A～A～"和"A～B～"。

另一方面，关系性言语句句义结构模式和句音结构模式二合后，生成了新的句子整体结构模式。这类模式，从所表达的言语句句义类属上姑且称之为关系式。

同句义和句音结构模式相应，关系式的功能结构模式亦是一种关系性结构模式。

句内一级功能单位结构模式：因与主要对象和关联对象相应的句内一级功能单位之间的关系是一种主次关系，故句内一级功能单位结构模式为：主要功能单位＋次要功能单位。

词级单位结构模式：因表示主要对象和关联对象的词，功能上皆属混整词，故词级单位结构模式为：混整词＋混整词。

反映关系式的用例，现行汉语中亦较常见，尤其是口语中。如感知蛇吃青蛙后的表达："蛇。""青蛙。""蛇，青蛙。""青蛙，蛇。"。儿童分吃食物时常见表述："我，糖。你，花生。他，豆子。"消防队员救火时常见表述："张三，水。"

早期文献参考例①：

(1)己未邑示四屯，岳，丙。②

(2)品。③（品，史官名。）

(3)牛羊父母；仓廪父母；干戈朕；琴朕。④

(4)此谁也?⑤

(5)君者，舟也；庶人者，水也。⑥

---

① 旧体诗词曲中存在的所谓独语句，尽管可看做是艺术思维的结果，但与关系式更接近一些，亦可从广义上纳入关系式范畴。例："浮云游子意，落日故人情"(李白：《送友人》)；"酒肆人间世，琴台日暮云"(杜甫：《琴台》)；"高风汉阳渡，初日郢门山"(温庭筠：《送人东游》)；"枯藤老树昏鸦，小桥流水人家，古道西风瘦马"(马致远：《天净沙》)。

② 郭沫若：《甲骨文合集》，北京，中华书局，1978，17562。

③ 郭沫若：《甲骨文合集》，北京，中华书局，1978，3035。

④ 《孟子·万章上》。

⑤ 《战国策·齐策》。

⑥ 《荀子·王制》。

（四）事件式

事件性言语句句义的表达模式。

动物语言层次提供的参照同于关系式。以下简述据准具象性文明层次心理反应和声音表达二次位层次的表现所获得的事件式的基本面貌。

第一，心理反应层次。

其一，感知层次。大脑皮层对刺激的反应，继感知性关系反应之后，是感知性事件反应，即对刺激事件所涉及要素作出的初步反应。这种反应主要有两点基础。一是已有感知内容基础，即对情绪、焦点和主要对象、关联对象二者间关系感知认知所获得内容方面的基础。二是感知能力基础。随着感知、认知内容的逐步积累，部分固化内容转化为本能，成为感知能力方面的基础。基于此，感知性事件反应，大致可看做是在新的感知能力支配下对情绪式、焦点式和关系式感知内容的一种加合式整合，即以情绪为基础，以焦点为核心，以主要对象和关联对象为对象要素的一种整合。

其二，认知层次。刺激事件的认知，在事件性言语句句义提升和句义结构模式生成方面的情况与关系式类似，这里简及三点：

一是模式中事件要素的限定。刺激事件关涉到的要素，以今天的研究为参照，有刺激本身辖域回应性行为、主要对象、关联对象、时间、地点、工具、方式等，但准具象性文明层次，基本要素是前三项，故认知模式的概括，只及此三项要素。地位上，因为是事件模式，所以，刺激本身辖域回应性行为是诸要素的核心，主要对象和关联对象居其次。

二是模式中要素顺序问题。一般而言，三要素间的顺序关系是不定的。但亦存在一个基本形式，即“主要对象＋刺激本身辖域回应性行为＋关联对象”。这一点，从准具象性文明层次以下方面的反映可见一斑。

(1)部分动词所表示连整体性意义的细化性析分所透露的结构顺序。在原始连整体思维作用下，有些动词所表示的意义是连整体性的。《论衡·讥日》：“且沐者去首垢也，洗去足垢，盥去手垢，浴去身垢。”后来，“沐”义析分为“洗头”，“洗”义析分为“洗脚”，“盥”义析分为“洗手”，“浴”义析分为“洗身”。其动作与接受对象间的关系，透露了结构顺序方面的一些信息。

(2)古文字所透露的结构顺序信息。会意字中有不少的例字。如“益”，《说文》：“饶也，从水、皿。”李孝定《甲骨文字集释》按语：“益用为饶益，增益之义既久，而本义转晦，遂别制溢字……此字当以泛溢为本义。”透露了施予性主要对象与行为间的顺序关系。《说文》：“逐，追也。”商承祚《殷虚文字类编》：“此字或从豕、或从犬、或从兔、从鹿，从止，象兽走圹而人追之。”透露了施予性主要对象、行为、接受性关联对象三项要素间的顺序关系。

三是具体结构模式的概括。

总体表述为：事件性句义多要素结构模式。

一般模式大致概括为：(施予性对象)·刺激本身的辖域回应性行为·(接受性对象)。

形式化为：(A)·B·(C)。

基本模式形式化为：主要对象＋刺激本身的辖域回应性行为＋关联对象。

形式化为：A＋B＋C。

第二，声音表达层次。

事件性言语句句义的声音表达同关系性言语句句义的声音表达基本相似。不同的是，声音要素在量上有所增加，结构更加复杂化。表达实现后的句音基本结构模式大致为：

“A～A～A～”和“A～B～C～”。

句音模式和句义模式的结合，生成了新的句子整体结构模式。这类模式，从所表达的言语句句义类属上姑且称之为事件式。

事件式的功能结构模式，同关系式类似，也可从两个层次概括。

句内一级功能单位结构模式：因与事件相应的功能单位之间的关系类似现代语言学中主谓关系，故句内一级功能单位结构模式为：主语＋谓语＋宾语。

词级单位结构模式：因各事件要素业已表现出了功能倾向，皆对应一定的功能词，故词级单位结构模式为：准名词＋准动词＋准名词。

反映事件式的用例，现行汉语口语中大量存在，不赘。早期文献参考例：

(1)河求我？不我求？①

(2)己巳卜：狩，逐？②

(3)王伐土方？危伐？③

(4)郑昭。宋聋。④

(5)逐之，三周华不注。⑤

---

① 郭沫若：《甲骨文合集》，北京，中华书局，1978，2415。

② 郭沫若：《甲骨文合集》，北京，中华书局，1978，10612。

③ 郭沫若：《甲骨文合集》，北京，中华书局，1978，39884。

④ 《左传·宣公十四年》。

⑤ 《左传·定公二年》。

第三节　基点句基本模式的验证

人文现象的概括，应求得同一层次中使用普遍、影响深远、较便于把握的相关社会现实的验证。准具象性文明层次基点句基本模式的概括，除同层次一般文献语言材料之外，我们还针对性地挖掘了一些日常生活、文化生活等方面的材料对其涉及的部分内容分别进行验证。

一、句义类属特征及其发生顺序的初步验证

句义是较难验证的句子内部结构要素，因为它不易把握，不易证实和证伪。这里选定两方面内容作一些尝试。

数范畴方面的验证。

事物存在着量度特征，先民们用数对其进行概括。数的类属特征可概括为三类，其发生，相应地概括为三个阶段①。

第一阶段，类动物性多少阶段，亦即模糊性数范畴意义阶段。这从儿童尚未形成明确数观念时用多少表示量度上可见一斑。

第二阶段，数本能阶段，即由一、二、三组成的具有明晰特征的基干数系统阶段。这从一、二、三的系统出现和“三”作为极数的使用上得到了一定的反映。例：

(1)道生一，一生二，二生三，三生万物。万物负阴而抱阳，冲气以为和。②

(2)庶有万分，无恨三泉。③ 唐代李贤等注：“三者数之极……故以三为名者，取其深之极也。”

第三阶段，相对完善的数系统阶段。例较常见，不赘。

数范畴意义是语义的一个下位组成部分，数范畴意义类属特征及其表达发生顺序，对句义类属特征及其发生顺序可以起到一定的验证作用。

传统绘画艺术方面的验证。

中国画的最高境界是不求形似，而求神似。往往不去表现静物或死物，而表现鲜活之物，且往往通过特征，通过人最真实、最本能的感知

① 郭攀：《汉语涉数问题研究》，北京，中华书局，2004，第121～143页。

② 《老子》，第四十章。

③ 《后汉书·黄琼传》。

去表现。这一些，从齐白石画虾三阶段发展历程上不难看出：

摹古阶段，主要摹八大山人之虾，标本式的直直的虾。

写生阶段，将虾的真实面貌照相式描摹下来。

创新阶段，画神。具体表现：

虾腿，先是科学的10对，后改为8对，再6对、5对。

整体色彩，先全黑，后头黑，而其他部位渐淡。

整体性，先静态的整体，各部分都有，后动态，有的部分感知性略去了。如节与节之间，不再是连续体，而是断开了的。

感知夸张，先无，后渐生，如头上的钳子，因主观感知的原因而夸大了、甚至于略有变形。

人的真实感知和认知过程与齐白石画虾的学习历程刚好相反，大致是“神→骨架或基本轮廓→血肉丰满的实体”，是由模糊、笼统的整体至逐步明晰的局部、细节的变化。因为思维演进轨迹上具有共同性，所以以上这一些，一定程度说明了句义类属特征及其发生上由整体情绪义至理性整体义、至整体义逐步裂分的发生顺序。

二、“A～～～”至“A～B～C～”各阶段句音结构模式及其生成过程的初步验证

句音是较便于感知的句子内部结构要素，句音结构模式及其生成过程，可从不同方面得到验证。

参照性动物语言方面：母鸡平静时常见的叫声是“咯”、“咯”。下蛋后躁动的受节律作用的叫声，是“咯、咯、咯……咯嗒。”“咯”重叠的次数及长度随气力而定。

日常生活方面：人类语言中的结巴现象，同动物语言中受生理节律不能自主地抖动性复叠相类似。例：“甲：来了没？乙：没、没……没。”复叠的结果，是单一的自然音裂分为单一自然音的组合音了。

在今天的日常生活中，有一种由个体离散性音节的反复至连续延音的转化现象。如母亲制止孩子做某事，孩子拒绝，一定要做。母亲反复强调，孩子越来越快、越来越多的拒绝，极度愤怒后，多而快的重复性拒绝就变成了曲折的延音形式。这种反复强调和拒绝形式可表示为：

母亲制止。

孩子：要。

母亲再度制止。

孩子：要、要。

母亲气愤的制止。

孩子：要、要、要。

母亲愤怒的制止。

孩子：要～～～～～～～～。

由以上转化受到启示，“A～～～”至“A～B～C～”的变化过程大致为延音倒反的流程。

文化生活方面：训诂学中有急声、慢声等说法。郑樵《六书略·论急慢声谐》：“急慢声谐者，慢声为二，急者为一也……慢声为者焉，急声为旃，旃为者焉之应；慢者为者与，急声为诸，诸为者与之应。”《说文》“乌”下段注曰“古者短言於，长言乌呼，於乌一字也。”换句话说，急声读为“於”，慢声读作“乌呼”，於和乌是同音假借字。这些说法的存在，一定程度上说明了早期汉语中拉长声的单音节与发短促音的非单一性离散音节之间相互转化的存在。

三、句子基本模式及其发生顺序的初步验证

韵句对句子基本模式类型的验证。

韵句，是一种社会逐步约定的韵律性言语单位。反映韵句的代表性著作，选择的是《诗经》。选择理据：一是其古老性，尽管其言语形式今一般认定为周代，但是，一方面，口头传颂的内容来源可能更早；另一方面，即使诗歌为周代创作，反映诗歌、诗句基本结构的乐曲当是千百年来人们提炼、固化的结果，反映的时代应该更早。二是其权威性，即在已知周代社会生活中有着重要作用。三是风诗部分保留了一定的口语色彩。毕竟口语与书面语存在着较大差别，尤其是先秦。

考察发现，《诗经》中的韵句一定程度地验证了准具象性文明层次句子基本模式类型概括的合理性，具体表现为《诗经》韵句结构模式同前述概括的句子基本模式具有较大一致性。下面选择几首句句韵风诗作一些分析，韵的审定，依向熹《诗经词典》①。

木瓜

投我以木瓜(事件式)　报之以琼琚(事件式)　匪报也(事件式)　永以既好也(事件式)

① 向熹：《诗经词典》，成都，四川人民出版社，1997。

（瓜、琚，鱼部。报、好，幽部。又，另二章模式全同，不赘。）

鸡鸣

鸡既鸣矣（事件式） 朝既盈矣（事件式） 匪鸡则鸣（事件式） 苍蝇之声（关系式）

（鸣、盈、鸣、声，耕部。又，另二章模式全同，不赘。）

陟岵

陟彼岵兮（事件式） 瞻望父兮（事件式） 父曰："嗟予子（情绪式＋关系式） 行役夙夜无已（事件式） 上慎旃哉（事件式） 犹来无止（事件式＋事件式）"

（岵、父，鱼部。子、已、哉、止，之部。又，另二章模式全同，不赘。）

当然，由于非韵句的渗入和文人的加工整理，亦存在着不一致的情况，尤其是隔句韵诗和文人创作的雅、颂诗中。杨伯峻曾指出："本应停顿，限于乐曲或者文句的整齐，而不停顿，连成一句，是《诗经》句法的一种现象。"[①]限于篇幅，在此从略。

乐诗分合过程对句子基本模式发生顺序的验证。

原始音乐与诗歌发生上密切相关。反映这种关联过程的材料和结论为数不少。

原始乐诗关系：美国现代人类学家弗朗兹·博厄斯曾对众多的原始部落乐歌进行对比考察，他发现最为古老的爱斯基摩人所唱的歌，从头至尾只是一连串的嗟叹而并无歌词。别的一些稍微开化的原始部落，其歌虽然有词，却异常简单。一般"每句歌词只有一个字，这个字又往往是所歌颂的神的名字"。或者在歌中反复吟唱，"只是在旋律转折时才换上一个字"。从而令人信服地得出结论，"有词的歌曲是从有音无词的歌曲逐渐发展演化而来的"[②]。李壮鹰认为，中国古代典籍中可以更直接的看到这一点。[③]《路史》："东户氏，其歌有乐而无谣。"东户氏为传说中远古帝王之名，从这个传说中正可以窥出遥远蛮荒的古代，其乐歌只有曲调而没有歌词的情况。秦汉前后的典籍中，载有不少上古时代的歌乐，如《左传·昭公二十五年》所载夏禹之乐《大夏》，《周礼·春官·大司乐》所

---

① 杨伯峻：《〈诗经〉句法偶谈》，《中国语文》1978年第1期。

② 〔美〕弗朗兹·博厄斯：《原始艺术》，贵阳，贵州人民出版社，2004。

③ 李壮鹰：《嗟叹与咏歌》，《中国文化研究》2007年春之卷。

载之乐《云门》，《庄子·天下》所载黄帝之乐《咸池》、尧之乐《大章》，《尚书·益稷》所载之乐《九韶》，等等，实质上大抵都是一些有曲无词的歌乐。

《毛诗正义·诗谱序》："弦之所歌，即是诗也。"

乐诗分离，是一逐渐的过程。《毛诗正义·诗谱序》孔颖达疏："大庭以还，渐有乐器，乐器之音，逐人为辞，则是为诗之渐。"陈元锋说："音乐性或歌唱性乃是中国诗歌的灵魂，作为不可或缺的形式因素，一直是诗歌发展演变的潜动力。中国诗歌与音乐经过先秦时期第一度分离之后，在以后的长期发展过程中亦合亦离，始终保持着密切关系。"①

据此不难看出，原始音乐与诗歌之间的关联过程，是一种由共生的整体而逐渐分离的分合过程，大致可进一步概括为三个阶段：

一是一体化阶段。其特点是音乐与诗歌一体两性。因为其外在表现形式是简单的乐音，表示的是模糊而笼统的整体情绪义，所以，其音义结合体的性质，既是乐，亦是歌，即就旋律和节奏的载体与情绪义的结合而言是音乐；就简单声音结构与情绪义的结合而言是诗歌。

二是谐和共处阶段。其特点是，随着器乐的出现，音乐与诗歌已区别开来，但在许多情况下，二者仍相谐共处。《诗经》的存在形式是为代表。

三是分离阶段。其特点是基本可以离开音乐而独立存在。

分析可知，上述三阶段与准具象性文明层次句子基本模式发生的顺序具有一定对应关系。其中，第一阶段大致对应情绪式，第二、第三阶段大致对应焦点式、关系式和事件式。这种阶段性，对句子基本模式发生顺序起到了一定的验证作用。

---

① 陈元锋：《乐官文化与文学——先秦诗歌史的文化巡礼》，济南，山东教育出版社，1999，第236页。

第五章　准具象性文明层次语言系统运作的基本原则

语言系统是一储备性知识系统，储备的目的，主要是为了生成言语以表达交际义。语言系统的运作，就是利用储备性知识系统中的词填充句子结构模式，使语言句转换成言语句，从而表达出一定交际义的一种行为；更全面地讲，是一种以意义的感知和认知为前提，以意义的表达为动力，以句子结构模式为框架，以词为结构模式中关系位的填充实体，以特定的原则、规则和方式为统帅，以言语句的生成为目标的语言系统之于言语的生成行为。其中的原则，是语言系统整体运作所遵循的普遍性法则。规则，是语言系统中词或句内他层级功能单位的运作所遵循的各别性法则。方式，是语言形式获得以后再行利用的方法或形式。

语言系统运作的基本原则，包括两方面运作法则：一是语言系统之于意义的表义性运作法则，即使用什么性质的语言单位、如何表义的法则。二是语言单位运作法则，即不同层级的语言单位如何整合为一体、生成各种言语交际单位以有效表义的法则。

准具象性文明层次语言系统的运作原则，以其所包括两方面内容的基本特征为依据，针对性地依次概括为多维呈现和整体渐细两类。

第一节　多维呈现原则

多维呈现原则，即具象视点多维呈现，指的是使用具象视点性质的语言单位进行多维灵活呈现式表义的原则。因其在语言系统运作内容中属于语言系统之于意义的表义性运作方面，故原则的内涵同使用什么性质的语言单位和如何表义相应。下分两点进行阐释。

一、使用具象视点性质的语言单位表义

这里的意义，限于理性义，情绪义的表示暂且不及。

具象，在此指的是通过视觉、听觉、触觉、味觉、嗅觉诸感官的感知及综合认知获得的语言范畴的具体形象。它是一种建立在客观现实基础上与词音、词形或句子结构模式相应的心理表象和意象，是词义和句

义在个人心理上的一种体现形式。借用“符号三角”理论进一步定位的话[①]，它主要指的是与“符释”相对的“符号对象”。在准具象性文明层次，这类符号对象需进一步说明是，“符释”与“符号对象”的界限不是十分清晰，或者说，“符释”抽象化的程度还不十分高，“符释”与“符号对象”常常相互交织。

具象的类型及在准具象性文明层次的表现：

与感官间对应关系上，包括视觉具象、听觉具象、嗅觉具象、味觉具象、触觉具象、综觉具象。其中，由于人类所获得信息 80％以上源自视觉，所以，具象内容中视觉具象是主要的，准具象性文明层次尤为如此。

与意义类型间的关系上，包括事物性具象、行为性具象、性状性具象、关系性具象等。准具象性文明层次，各类具象都有，其中，对象性具象所占比例较大。

与对象内部结构的对应关系上，包括综合整体、个体、部分、相互关系等类具象。准具象性文明层次，各类具象都有，其中，综合整体和个体所占比例较大。

视点，在此指的是心理上感知、认知意义的着眼点或着陆点，是感知、认知的目标。量度上，是单一的对象。如单一的事物、行为、性状、量度、关系等。视点的类型及在准具象性文明层次的表现：

在抽象程度上，视点可分为具象、抽象两类。

具象视点，即具有上述具象特征的视点。这种特征，又可细分为两类情况。一是直接体现为具象，是事物、行为、性状诸类意义具体的心理体现形式。二是以具象的某项特征为依托，与具象间接关联。如量度、程度等意义的获得，在心理层次往往需要有一个依托，具象的量度、程度性特征便自然成为依托形式的首选，成为其意义的心理依托形式[②]。

抽象视点，是认知过程中，在意象基础上经特征的剥离、言语句组合过程中角色功能的社会赋予而逐步获得的一类视点，包括具象剥离后概括出的范围、频率、方式等概念，语言单位的组合功能、结构模式等抽象的单一对象。当然，这里的具象视点和抽象视点存在一定的模糊地带，尤其是具象剥离后所反映的情况。原则上的区分标准是，当意义概括出来之后再度感知时须凭借具象的情况，其凭借的具象为依托性具象

---

① 陈宗明、黄华新：《符号学导论》，郑州，河南人民出版社，2004，第 5～9 页。

② 量度上表现为范例性依托。抽象程度上表现为经验性依托，即依托于直接经验和间接经验。

视点，相反，则为抽象视点。

由原始绘画和图画文字的解读及现行具象思维的内省可知，准具象性文明层次的视点属具象性质。

基于上述分析可知，具象视点性质的语言单位，大致是以具象视点作为意义的心理体现或依托形式的语言单位。准具象性文明层次，主要是以这种性质的语言单位表义的。

二、使用具象视点多维灵活呈现的方式表义

具象视点性语言单位表义的方式与通过具象视点这一心理体现或依托形式获得意义的方式相应。通过具象视点获得意义的方式，其特征有二：一是多维获得。静态上分析，具象视点是——未经严格界定、可多维开发利用的心理实体。据此，人们获得意义常多维进行。二是灵活获得。动态上分析，意义的获得是一个心理过程，受制于生理、文化等因素促成的心理状态，当心理中介提供了可多维获得的前提、当心理状态提出了多样化获得的要求之时，获得意义常灵活多样地进行。

同通过具象视点获得意义的方式相应，具象视点性质语言单位的表义，总体上表现为多维灵活呈现的方式。即一个语词或句子结构模式对应一个具象视点，以本初或伴有一些音高、音重、音长、语调等内部曲折性变化的词音形式、以基准或存在一些变化的句音结构模式为外在标志，通过对具象视点内在维度的主观心理翻转以呈现出多维变化的具体形象或具象基础上抽象出的关联性特征，表达出多维意义内容，实现语言单位的多维表义功能，以不变或少变适应多变的表义需求的一种方式。其中，涉及的一些核心问题专项说明如下。

1. 语言单位的表层形式是语音形式

为避免问题的复杂化，形体形式这里不予讨论。而就语音形式而言，维度转换之后，语音变与不变具有灵活性，没有强制性要求。

2. 语言单位的心理体现或依托形式是具象视点

基本对应“符号三角”理论中的“符号对象”。具象视点，是多维呈现的落脚点或核心、轴心。

3. 具象视点的维度

一方面，为了照顾词、句间性质上的区别和各自内部的复杂特征，这里作广义的界定，将其界定为与具象视点相应且具有一定区别特征的意义类型；另一方面，为了便于对人文现象进行较有条理地掌握，我们力求作出较为统一的分类概括。分为如下不同层级的类型。

从发生过程上，首先二分为初始切入维度和后续转换维度，其后，维度内部再行下分。

初始切入维度，即语言单位生成时意义最初切入的维度。词方面，大致是事物性对象、行为和性状。维度的判定，权且以记录形式的本义所在范畴为据。句方面，第四章所概括四类句子结构模式对应的言语句句义类型可看做是初始切入维度。

后续转换维度，继续二分为纵横向两个维度。

纵向维度，是意义上具有关联关系的不同类型。其中，词方面，较有参考价值的是亚里士多德提出的“十范畴”：实体、数量、性质、关系、地点、时间、位置、状态、行为、反映①。具体则表现为第四章所及词的意义类型。句方面，待表达意义类型上大致体现为相互关联但属于不同范畴的交际义。

横向维度，是意义上属于同一纵向范畴但内部存在着区别性特征的范畴。其中，词、句二级单位具有基本相同的表现。即或表现为存在着整体与部分之间的关系，或表现为存在着相似关系。

4. 具象视点转换的灵活性。它是主体主观心理转换的典型特征，是由意义之间多样化的可能性联系和社会多样化的表义需求共同促成的。主要表现在词级单位所及范畴的转换上。大致表现是：

(1)各层级范畴中，都存在着灵活性的表现。

(2)没有固定的切入范畴和转换路线，难以概括出不同范畴出现的绝对的先后序列。

就相对简单的切入范畴而言，理论上至少有三个次位范畴可作为切入范畴。即事物性对象、行为和性状。它们皆与人的感官直接对应。现实上，文字研究的共识性成果证实了这种具有多项选择的不定性的存在。如“木、水”等字的切入范畴是与视觉相应的事物性对象；“追、逐”等字的切入范畴是与视觉相应的行为范畴；“臭”等字的切入范畴是与嗅觉相应的性状范畴。

就转换路线和范畴序列而言，由于人文因素的存在，更加具有不定性。现行词义引申的相关研究充分证实了这一点。不赘。

(3)为便于对心理转换进行一定程度的规律性把握，就现实的一般情况，并结合不同范畴具象程度唯理性评价，给出一个不同范畴先后出现的大致序列。

---

① 李葆嘉：《中国转型语法学》，南京，南京师范大学出版社，2008，第48页。

纵向整体呈现模式："事物性对象/行为/性状"第一种或然性选择；"事物性对象/行为/性状"第二种或然性选择；"事物性对象/行为/性状"第三种或然性选择；数量；量度单位；程度；结构功能……N。

横向整体呈现模式：模糊的整体；个体；部分或构件……N。

结合"符号三角"理论，以上不同范畴先后出现的大致序列如图 5-1 所示。

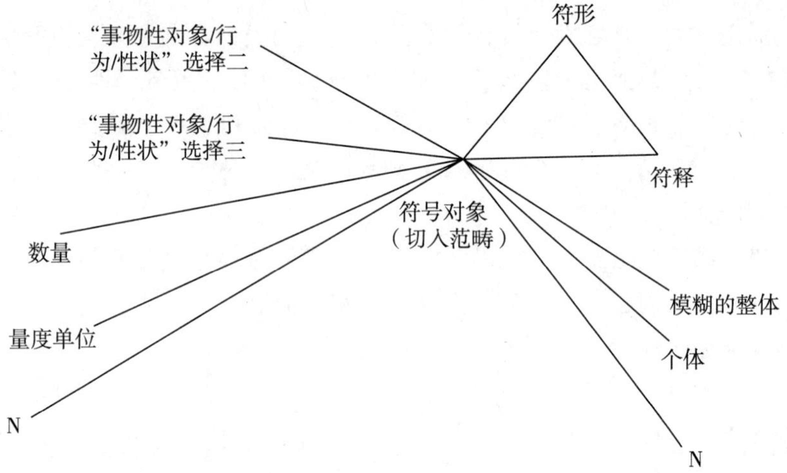

图 5-1 序列图示

基于以上总体界定和专项说明，具象视点多维灵活呈现方式的现实表现，以外在标志、具象视点、待表达意义三要素构成的关联体在文明进程中的层次性表现为依据初步分类概括如下。

1. 以语言单位本初表达形式为外在标志，通过具象视点切入维度的常态呈现，对应性表示与对具象视点常态感知、认知相应的各别维度所属类型义

早期书面文献保存的参考用例：

> 断竹，续竹，飞土，逐肉。①

诗歌中词层级，通过具象视点切入维度的常态呈现，对应性地表示出了"竹"、"土"、"肉"的事物性对象义，"断"、"续"、"飞"和"逐"的行

---

① 《弹歌》。

为义。句子层级，通过具象视点中事件式的呈现，对应性地表示出了句子事件性交际义。

2. 以语言单位本初表达形式为外在标志，通过具象视点切入维度和纵向转换维度兼具的综合呈现，对应性表示不同纵向维度兼而有之的类型义

如下列依现代语言学所概括的名词至量词过渡阶段的名量兼属词“犬”、“人”、“卣”和“朋”意义的表示。早期书面文献保存的参考用例：

(1)十犬又五犬。①

(2)俘人万三千八十一人。②

(3)十卣又五卣。③

(4)遽白还乍宝尊彝，用贝十朋又四朋。④

3. 以词的本初或存在着些微内部曲折的语音形式、以句的基准或存在一些变化的语音结构模式为外在标志，通过具象视点纵向维度的转换性呈现，灵活表示同切入维度义相关联但业已发生转移了的纵向关联维度义

词层级的典型表现，是词形不变情况下的多维表义。这种表义，功能类上，包括现代语言学所概括的词类无标记转类和活用。早期书面文献保存的名动活用性参考用例：

(1)老吾老，以及人之老；幼吾幼，以及人之幼。⑤

(2)物物而不物于物，则胡可得而累邪？⑥

意义类上，包括现代语言学所概括的以事物性对象为依托灵活表达具象本体关联的行为、本体蕴含的性状、本体单位等。如下列各例中“水”的灵活性表义。

(1)河水清且涟猗。⑦

---

① 商承祚：《殷契佚存》，金陵大学中国文化研究所编，第194页。

② 《小盂鼎》。

③ 中国社会科学院考古研究所编：《小屯南地甲骨》，北京，中华书局，1984，第110页。

④ 参见中国社会科学院考古研究所编：《遽伯还簋》，《殷周金文集成》，北京，中华书局，1984。

⑤ 《孟子·梁惠王上》。

⑥ 《庄子·山木》。

⑦ 《诗经·魏风·伐檀》。

(2)吴子执钟吾子，遂伐徐，防山以水之。①

(3)拉了一车水货/这人太水了。(武汉方言)

(4)这种布刚洗两水就变了色。②

词层级语音存在些微变化的早期书面文献保存的参考用例，古人有所辑录。见于宋朝贾昌朝的《群经音辨》、元朝六鉴的《经史动静字音》，例如③：

王：于方切，平声。君也。《书·洪范》："无偏无党，王道荡荡。"于放切，去声。君有天下曰王。《诗·大雅》："王此大邦。"

衣：于希切，平声。身章也。《易·系辞》："黄帝、尧、舜，垂衣裳而天下治。"于既切，去声。施诸身曰衣。《孟子·滕文公》："许子衣褐。"

败：音拜(博怪切)，毁他曰败。《诗》："勿翦勿败。"《左传·定公十四年》："越子因而伐之，大败之。"博迈切(蒲败切)，自毁曰败。《论语·乡党》："鱼馁而肉败，不食。"

句层级的代表性反映，是现代语言学所概括的主动、被动性意义的同形表达；一般述宾结构和使动、意动诸特殊述宾结构所反映的二类句义的同构表达。因为，第四章所及四类基本句义结构模式的心理依托形式大致可看做是具有一定概括性的关系性具象视点，上述"同形"、"同构"表达，大致可看做是在句子基本结构模式不变的情况下，通过关系性具象视点由主动性结构关系至被动性结构关系、由一般述宾性结构关系至特殊述宾结构关系的心理转换而实现的。早期书面文献保存的参考用例：

(1)冀复得兔，兔不可复得。④

(2)庄公死，子般弑，闵公弑，此三君死，旷世无君，设以齐取鲁，曾不兴师，徒以言而已矣。⑤

(3)饭蔬食，饮水。⑥

(4)秋九月，晋侯饮赵盾酒。⑦

① 《左传·昭公三十年》。
② 徐中舒主编：《汉语大字典》，成都，四川辞书出版社，武汉，湖北辞书出版社，1990。
③ 郑奠、麦梅翘：《古汉语语法学资料汇编》，北京，中华书局，1964，第168～192页。
④ 《韩非子·五蠹》。
⑤ 《公羊传·闵公二年》。
⑥ 《论语·述而》。
⑦ 《左传·宣公二年》。

4. 以词的本初或存在着些微内部曲折的语音形式、以句的基准或存在一些变化的语音结构模式为外在标志，通过具象视点横向维度的转换性呈现，灵活表示与同一纵向维度基本类型义相关联但在横向关系上或向上有所提升、或向下进一步具体化的关联义

这类表义，主要表现在句层级。其主要表现为句子基本结构模式不变情况下，通过与句义基本结构模式相应的关系性具象视点至横向关联性视点的转换，将向下进一步具体化的关联性言语句句义呈现出来。如下：

其一，通过与情绪式句义基本结构模式相应的关系性具象视点的转换，将在个体性和情绪性上与情绪式句义基本结构模式具有相关性的对话中招呼和应答性言语句句义呈现出来。早期书面文献保存的参考用例：

(1)黔敖左奉食，右执饮，曰："嗟！来食。"①

(2)孔子曰："诺。吾将仕矣。"②

其二，通过与焦点式句义基本结构模式相应的关系性具象视点的转换，将与焦点式句义基本结构模式具有相关性的心理演绎的辖域回应性焦点、能愿意向、程度、确认、否定等言语句句义呈现出来。早期书面文献保存的参考用例：

(1)辛卯丐，戊子祖庚豕有伐，每？③

(2)公闻其期，曰："可矣。"④

(3)王占曰：吉，杀，唯甲；不，惠丁。⑤

(4)非水？唯？⑥

其三，通过与关系式句义基本结构模式相应的关系性具象视点的转换，将在关系确认上与关系式句义基本结构模式具有相关性的一般性判断类言语句句义呈现出来。早期书面文献保存的参考用例：

---

① 《礼记·檀弓下》。

② 《论语·阳货》。

③ 中国科学院考古研究所编：《小屯殷虚文字乙编》，北京，科学出版社，1956，4810。

④ 《左传·隐公元年》。

⑤ 郭沫若：《甲骨文合集》，北京，中华书局，1978，248。

⑥ 郭沫若：《甲骨文合集》，北京，中华书局，1978，28299。

(1)己未宜于义京羌三人，卯十牛。中。①

(2)己未邑示四屯，岳，丙。②

(3)越翼日戊午，乃社于新邑，牛一，羊一，豕一。③

(4)牛、羊、豕、鸡、狗，皆三百。④

(5)制，岩邑也。⑤

(6)卫文公大布之衣，大帛之冠。⑥

其四，通过与事件式句义基本结构模式相应的关系性具象视点的转换，将在基本关系上与事件式句义基本结构模式具有相关性的相对细致和多样性事件类言语句句义呈现出来。早期书面文献保存的参考用例：

(1)齐侯喜。⑦

(2)生佐，恶而婉。⑧

(3)楚人为食，吴人及之；奔，食而从之。⑨

(4)邴夏御齐侯。⑩

(5)癸酉，师陈于鞍。⑪

(6)冀复得兔，兔不可复得。⑫

(7)甘其食，美其服，安其居，乐其俗。⑬

(8)人不难以死免其君，我戮之不祥。⑭

其五，以词的本初或存在着些微内部曲折的语音形式、以句的基准或存在一些变化的语音结构模式为外在标志，通过具象视点横向维度的

① 郭沫若：《甲骨文合集》，北京，中华书局，1978，388。

② 郭沫若：《甲骨文合集》，北京，中华书局，1978，17562。

③ 《尚书·召诰》。

④ 《左传·闵公二年》。

⑤ 《左传·隐公元年》。

⑥ 《左传·闵公二年》。

⑦ 《左传·昭公二十九年》。

⑧ 《左传·襄公二十六年》。

⑨ 《左传·定公四年》。

⑩ 《左传·定公二年》。

⑪ 《左传·定公二年》。

⑫ 《韩非子·五蠹》。

⑬ 《老子》，第八十章。

⑭ 《左传·定公二年》。

转换性呈现，灵活表示横向平行性维度义。这类表义，词层级较为常见。如“厚”，《说文》：“山陵之厚也。”初表“物体(多指扁平物体)上下两面距离大，与薄相对”。早期书面文献保存的参考用例：

谓地盖厚，不敢不蹐。①

后灵活转表他感官所属维度的意义“重”、“深”、“浓”等。早期书面文献保存的参考用例：

(1)晋灵公不君，厚敛以彫墙。②
(2)亲以厚爱关子于安利，而不听。③
(3)甘醴惟厚，嘉荐令芳。④

与之相反，亦存在他词灵活转表“厚”的情况⑤，“重”转表“厚”义的早期书面文献保存的参考用例：

夫茅之为薄，而用可重也。⑥

现代语言学所概括的代词单复数同形也是这方面的表现。早期书面文献保存的参考用例：

(1)静女其姝，俟我于城隅。⑦
(2)我无为而民自化，我好静而民自正。⑧

现代口语准具象性文明层次亦存在着不少横向维度义间灵活表示情况。如“甜”，本为一类味觉性状词，表示一类“像糖像蜜的滋味”，经过通感主观转换，也常用来表示视觉感知“相貌长得甜”，听觉感知“声音甜”，综觉

---

① 《诗经·小雅·正月》。
② 《左传·宣公二年》。
③ 《韩非子·六反》。
④ 《仪礼·士冠礼》。
⑤ 郭攀：《论古汉语同极引申》，《古汉语研究》1991年第4期。
⑥ 《易·系辞上》。
⑦ 《诗经·邶风·静女》。
⑧ 《老子》第五十七章。

感知“甜美的生活”，建立在综觉基础上的主观评价“这话讲得很甜”。

词层级语音存在些微变化的早期书面文献保存的参考用例，见于宋朝贾昌朝的《群经音辨》、元朝六鉴的《经史动静字音》的如①：

> 大：徒盖切，凡广曰大。《易·乾卦》：“大哉乾元。”土盖切，其极曰大。《礼记·中庸》：“大哉圣人之道，洋洋乎，发育万物，峻极于天。”
>
> 明袁子让《字学元元》：“少：上声，对多曰少。去声，少于年谓之少。”

第二节　整体渐细原则

语言系统运作中生成言语句的整体渐细原则是在对语言发生上整体渐细规律的考察及生成原则、发生规律二者之间相互关系的比较分析中概括出来的。

据考察，语言的发生，表现出了整体渐细的规律。这种规律，可从动物语言的进化和语言系统的发生两个范畴的表现上一定程度地看出。

作为参照的动物语言，发生上体现出了整体渐细规律。因动物语言的意义因素难以说得较为具体，故侧重在声音因素上对其整体渐细规律进行说明。

2008 年播出的《探索频道之自然生态》，曾对与人类亲缘关系最近的黑猩猩语言做过报道。据考察，黑猩猩的叫声有三十多种。其中，音质上，基本音为“呵[χγ]”。音长、音高、音强三物理要素上“呵”均有变化。黑猩猩一次叫唤的基本模式是：

> 呵、呵、呵、呵、呵、呵、呵、呵、呵。呵、呵、呵、呵、呵、呵、呵、呵、呵。呵、呵、呵、呵、呵、呵、呵、呵、呵。……。

我们对斑鸠的叫声作了仔细的考察，发现斑鸠一次的啼叫主要有如下模式：

---

① 郑奠、麦梅翘：《古汉语语法学资料汇编》，北京，中华书局，1964。

(1)咕～～。咕～～。咕～～。……。

(2)咕咕。咕咕。咕咕。……。

(3)咕咕咕。咕咕咕。咕咕咕。……。

(4)咕咕咕、咕、咕。咕咕咕、咕、咕。咕咕咕、咕、咕。……。

据此及相关动物语言材料的分析知：

其一，动物语言大致可比照人类语言和言语概括为三类单位。

一是以基本音为本体的短暂离散性停顿单位，即上述模式中单一的“呵”和“咕”。现实社会中量度单位的表述形式为“下”，例常见，不赘。这种单位，类似于人类语言中的词。

二是生理上一口气的长短制约的换气性停顿单位，即上述以句号标示出来的单位。现实社会中量度单位的表述形式为“声”，例常见，不赘。这种单位，类似于人类语言中的言语句。

三是惊恐、愤怒和喜悦等完整的情绪性表达单位，即上述一次叫唤或啼叫模式所概括的形式。现实社会中量度单位的表述形式为“遍”，如“鸡啼三遍”。这种单位类似于人类言语范畴的篇章。

其二，动物语言的发生，体现出了整体渐细规律。其中的整体，指的是类句性语言单位在内部结构层级和句内结构单位数上所呈现出来的囫囵的整体特征。渐细，指的是随着囫囵性整体的渐渐析分，内部结构层级渐渐增多、句内结构单位数越来越多的演化趋向。斑鸠的类句性叫声的演化大致体现出了这种规律。即“(1)咕～～→(2)咕咕→(3)咕咕咕→(4)咕咕咕、咕、咕”。

人类语言发生上的整体渐细规律，可从两方面一定程度地看出。

一是婴儿语言至成人语言的演化。众所周知，胎儿在母腹中经历了一个由动物至人的演化过程，出生时，动物性过程尚未彻底完成。所以，婴儿语言与动物语言具有极大相似性。主要表现为生理反应性的哭和笑。

(1)出生不久婴儿的奶哭模式：喛哈。喛哈。喛哈。……。奶笑模式：哼哈。哼哈。哼哈。……。

(2)稍大之哭模式：呃噫。呃噫。呃噫。……。稍大之笑模式：呃嘿。呃嘿。呃嘿。……。

但成长过程中逐步获得社会化语言以后，类动物语言的整体表达形式即渐趋细化了。

二是成人语言在文明进程上的表现。据第四章句子基本模式的概括可知，句的发生顺序是：情绪式→焦点式→关系式→事件式。与句子模式的发生相应，词类发生顺序是：情绪词→焦点词→混整词→准名词、准动词等①。顺序体现出的句子内部结构以及相应的词类系统内部结构的整散演进，明确显示出了整体渐细规律。

比较语言的发生与语言系统运作中言语句的生成之间的关系不难看出，二者之间密切相关。一方面，前者是语言系统整体的发生，后者实际关涉的是最基础的言语交际单位的生成，彼此间具有较大的相似性；另一方面，语言发生规律不仅为最基础的言语交际单位生成的原则提供了基础，而且，还具有一定的统帅和制约作用，最基础的言语交际单位生成的原则可看做是在语言发生规律作用下产生的。这一点，从规律和原则间存在着的两类关系及其相互作用上不难看出。其一是存在着整体与个体间的关系。整体语言发生规律对个体最基础的言语交际单位生成的原则具有统帅作用。其二是存在着先后关系。语言发生规律先出现。先出现的整体渐细规律存在过程中必将形成一种社会文化心理，从而对最基础的言语交际单位生成的原则起到一定的制约作用。

基于对语言发生上整体渐细规律的考察和对语言发生与语言系统运作中言语句生成之间的关系的比较分析，我们将语言系统运作中生成言语句的原则亦概括为整体渐细。这一原则，是一种组织语言单位生成言语句的基本原则。核心内容，是单位上的由整至散。其具体表现可进一步表述为：在言语句生成过程中，首先确认整体上的句子基本结构模式，以句子基本结构模式为表达的统帅和起点，继而沿着“句子基本结构模式→基点词”的方向展开分层级、分步骤的确认的运作原则②。大致依两个步骤运作。

---

① 张今、陈云清曾将词的生成顺序概括为：原始动词→无人称代词和指示代词→类名词和形容词→人称代词→介词→连词→抽象名词。我们的概括有所不同(张今、陈云清：《英汉比较语法纲要》，北京，商务印书馆，1981，第332～413页)。

② 单位上的由大至小，古人有所论及。《文心雕龙・章句》：“篇之彪炳，章无疵也；章之明靡，句无玷也；句之清英，字不妄也。振本而末从，知一而万毕矣。”又，值得说明的是，整体渐细，并不绝对排除存在先关涉基点词的情况，也就是今所谓由下而上的情况。随着文明进程的逐层推进，先关涉词的情况将逐步出现。不过，所占比例都不会太大。

第一步，确认句子基本结构模式。即在获得基本的言语句句义之后，对表达所用与待表意义类型相应的句子基本结构模式的确认。

确认的基础，是“基本的言语句句义→语言句句子基本结构模式”的发生机制。建立在此基础上的确认，表现为接受基本的言语句句义“刺激”以后对表达该意义的句子结构模式的一种对应性“反应”。

确认的方式，大致依独立和连续两种不同语境类型所反映的情况而定。

1. 独立语境

即一个言语句句义的表达，基本处于一种相对独立的表达环境，与意念上可能有或客观上衔接得起来的他言语句句义表达环境彼此间处于较大分离状态的一种情况。这种语境的特点：

一类是总体上具有一定独立性，意义表达基本不受他言语句句义表达语境影响，不考虑与他语境间的关联、呼应等问题。

二类是言语句句义获得的心理过程上，以感知为主，且在关注目标、顺序等方面受本能影响较大，即本能关注的核心内容先感知，非核心继后。

三是所获得言语句句义类型上，情绪类成分较大。往往或为单独的情绪类句义，或为情绪和理性两类义的混合形式①。

独立语境句子基本结构模式的确认，总体上讲，受感知影响较大，一般以感知为参照，直接使用较单纯的摹拟方式进行，感知情况怎样，即确认为怎样的对应性模式。综合而言：

当仅及情绪层次时，获得的是单纯情绪义，句子基本结构模式确认为相应的情绪式。现代口语自拟例：

唉！

（获得的是触景而叹的情绪性句义，句子基本结构模式确认为情绪式。）

当经由情绪过渡至理性时，获得的是情绪和理性两类义的混合形式，句子基本结构模式确认为情绪式与他相应焦点、关系、事件诸模式的混合形式。其中，混合形式中不同次位模式间的顺序关系，参照情绪至理

① 作为句子基本结构模式，概括为情绪式、焦点式、关系式和事件式四种，此外，还有一些非基本模式。情绪式和理性式的混合形式就是这种非基本结构模式。

性的感知过程进行确认。现代口语自拟例：

(1)唉，人啊！

(获得的是情绪性句义与对炎凉世态主观评价义的混合形式，句子基本结构模式确认为“情绪式＋关系式”的混合模式。)

(2)嗯，来了。

(获得的是情绪性句义与等车时感知到的事件性句义，句子基本结构模式确认为“情绪式＋事件式”的混合模式。)

当侧重相对单纯的认知时，获得的是较单纯理性义，句子基本结构模式确认为理性形式。其中，单一模式，句子语序多参照感知过程进行确认。现代口语自拟例：

你跑。

(获得的是与动物交流的事件性句义，句子基本结构模式确认为事件式。)

混合模式，不同次位模式间的顺序关系，往往参照由整至散的感知和认知过程进行确认。现代口语自拟例：

(1)跑，你跑。

(获得的是与动物交流的事件性句义，句子基本结构模式确认为“事件式＋事件式”的混合模式。)

(2)硬，硬，看谁硬。

(获得的是砍树体验范畴的事件性句义，句子基本结构模式确认为“事件式＋事件式＋事件式”的混合模式。)

2. 连续语境

即一个言语句句义的表达环境与他言语句句义表达环境相互关联，彼此间处于一个大的连续环境下的一种情况。这种语境的特点：一是独立性减弱。一个言语句句义的表达语境有一定独立性，但又往往受他言语句句义表达语境的影响。二是言语句句义获得的心理过程上，以认知为主。三是所获得言语句句义类型上，以理性义为主。

连续语境句子基本结构模式的确认，受感知过程影响不大，主要使用以社会化认知结构和文化习惯为主导的套用方式进行。即意义初步获得后，即转入社会理性运作模式，对意义进行归类，并套用现行模式作为句子结构模式。具体又分两类情况。

第一类是语言和音乐结合得较为紧密的情况。这种情况大致对应韵文。其句子基本结构模式的确认，以音乐方面节奏等要素为主，语言方面句子基本结构模式要素为次。尽管句子基本结构模式的内容是深层的，但形式上的节奏等要素往往规定了句长、韵律，有时还影响语序乃至于句子基本结构模式的选择。这从动物类篇性言语提供的参照，如黑猩猩的“呵、呵、呵、呵、呵、呵、呵、呵、呵。呵、呵、呵、呵、呵、呵、呵、呵、呵。……”、斑鸠的“咕咕咕。咕咕咕。咕咕咕。……”，从先民留下的早期韵文的韵律特征上可见一斑。

第二类是语言和音乐结合得不很紧密的情况。这种情况大致对应散文。其句子基本结构模式的确认，以语言方面句子基本结构模式要素为主，音乐方面节奏等要素为次。句子基本结构模式要素主要指的是与言语句句义相应的句义结构模式和使用上形成的文化习惯。音乐方面的节奏等要素亦起着一定的作用。这从早期散文可诵读的特征上不难看出。

第二步，确认句子基本结构模式中结构关系位置用词。现代语言学中，语词的使用，依据的是组合规则，即以词与词间线性组合规则为依据。这种规则，是从较单纯的词际组合功能上所作的概括。相比较而言，历层研究模式中结构关系位置用词的确认，情况有所不同。其依据的规则，主要为填合规则，即以已定句子基本结构模式为基础，在结构关系位置上填入符合模式要求的语词的规则。

填合规则与组合规则之间的区别主要表现为：组合规则关注的内容是较单纯的语词组合关系；而填合规则关注的则是结构关系位置用词确认过程中涉及的全部内容。包括确认的步骤：句内一级功能单位的确认→词的关系位的确认→符合关系位功能要求的个体词的确认。还包括每一步骤的具体内容，即“句内一级功能单位的确认”、“词的关系位的确认”、“符合关系位功能要求的个体词的确认”所涉及的具体内容。

填合规则的具体内容，下一章将作更具体的阐述。

第三节 准具象性文明层次语言系统运作原则的初步验证

一、多维呈现原则的初步验证

汉民族思维具有具象特点①，这种思维的表现，尤其是在早期语言文化方面的表现，对多维呈现原则可以起到一定的验证作用。

1. 言语义乃至于更加宽泛的意义内容使用具象或实象形式表达，对使用具象视点性语言单位表义的验证

早期思想体系中，核心观念，往往概括为“道”②。“道”观念的表达，多使用具象形式。以道家为例。老子取象于道与万物间关系之象，用万物归宗，众流纳于渊、归于海，母与子等具象关系进行表现。《老子·四章》：“道冲，而用之或不盈。”又，《三十二章》：“道之在天下，犹川谷之于江海。”又，《五十二章》：“天下有始，以为天下母。既得其母，亦知其子。既知其子，复守其母，没身不殆。”而庄子则从根本上否认了抽象概念对道这种“消息盈虚，终则有始”、“若骤若驰，无动而不变，无时而不移”的类似“天籁”的表现力。在概念与对象的关系上，其认为，“道未始有封，言未始有常”(《齐物论》)、“夫言非吹也，言者有言，其所言者，特未定也”(《齐物论》)、“可以言论者，物之粗也；可以意致者，物之精也。言之所不能论，意之所不能察致者，不期精粗焉”(《秋水》)。

一般言语义使用具象形式表达较富代表性的是寓言。这在早期文献中比比皆是，甚至出现了类型化寓言人物宋人和郑人。出现了寓言作品专集《说林》和《储说》。

数所代表的量度义使用实象形式表达的代表是珠算。数对应的量度是抽象的产物，但是，以算盘为依托以后，其运算即表现出了实象的性质。

2. 具象形式对言语义的关联性表达、具象形式言语义的关联性理解和解释，对具象视点关联表义的验证

一种具象形式成为象征性文化形式以后，常多维生发并表示关联性言语义。“兰”是这方面的代表。“兰”多见于“楚辞”，共出现 42 次。其中，仅《离骚》即 10 次。作为一独立象征物，在对其多维感知基础上，人

---

① 刘长林：《中国系统思维》，北京，中国社会科学出版社，1990，第 89～98 页。

② 王树人：《中国的“象思维”及其原创性问题》，《学术月刊》2006 年第 1 期。

们或以其象征品德和人格高洁的君子，或象征知识分子的气质和民族内敛的风华。《离骚》："沅有芷兮澧有兰，思公子兮未敢言。""余既滋兰之九畹兮，又树蕙之百亩。"

具象形式将言语义表达出来之后，在解读过程中，由于读者对具象形式主观心理的作用，可从不同方面对其含义进行理解和解释。如《孺子歌》中的"水"，《孟子・离娄》中的孔子和《楚辞・渔父》中的渔父对其理解就不同。前者以水的清浊来比喻人的品性，后者用以说明人可以根据水的清浊来决定自己的行为，借以表现一种随波逐流的思想。

训诂学声训中本体与属性的关联性训释也是这种关联性理解和解释。如《论语・颜渊》："政者，正也。"《释名・释天》："署，煮也，热如煮物也。"

汉化佛教观念中本体与属性的交织也属这种关联性理解和解释。色，空也；空，色也。在"菩提本无树，明镜亦非台"中，"菩提"和"明镜"既是"色"，亦是"空"。

二、整体渐细原则的初步验证

1. 心理过程方面

通过心理实验或自我体验可以对整体渐细规律和原则进行一定的验证。以下是个人体验性感知、认知分析例：

> 初步感知：经听觉感知，听到响声——→未析分的感知整体："响声"。
>
> 接续感知：经视觉感知，循声望去，看到一个小孩在动，还有篮球——→析分后的加入有部分认知因素后的感知结构和下位对象："小孩在动—篮球"。
>
> 跟进认知：经理性认知——→析分后的认知结构和认知个体单位："小孩—拍—篮球"。

以上过程，大致可进一步联系概括为：首先总体上呈现出来的直觉是整体感知，继而是融入经验以后细化的逻辑结构性认知。

2. 物质世界方面

物质世界中动物由混沌状的胚胎至各器官的发育过程、植物由整体芽状至枝繁叶茂的生长过程，对整体渐细规律起到了一定验证作用。

3. 精神文化方面

早期文化观念、精神文化现象，对整体渐细规律和原则起到了一定的验证作用。

创世神话：天地开辟方面，《艺文类聚》卷一引徐整《三五历纪》："天地混沌如鸡子，盘古生其中。万八千年，天地开辟，阳清为天，阴浊为地。"葫芦造人方面，《诗经·大雅·绵》："绵绵瓜瓞，民之初生。"

早期哲学变生观：《老子·四十二章》："道生一，一生二，二生三，三生万物。万物负阴而抱阳，冲气以为和。"

思维演进现象：原始思维是一种连整体思维，即以连整体具象作为思维的基础性单位的一种原始思维方式。连整体具象，指的是对那些本来关联在一起或在人们的观念中关联在一起的对象形成的具象。如在原始人那里，手、眼等不能形成独立的概念，而必须和具体的人连整一体，如你的手、他的手、我的眼等。这里的"你的手、他的手、我的眼"即连整体具象。[①] 后起的离散性思维，就是由连整体思维演进而来的。

反映人类童年期准具象思维的"观物取象"、"象以尽意"的运作程式：《周易》的表义是这方面的代表。具体运作过程大致可表述为：通过"仰则观象于天，俯则观法于地"(《易传·系辞下》)的实际观察感知客观物质世界的外在物象，通过类比、提升，概括出与客观世界具有相似性，模拟天地万物的具象符号，即卦象。卦象的基本要素是阴阳二爻。《周易》利用阴阳二爻相叠构成的六十四卦的图像仿效宇宙运作过程，说明事物变化并进而揭示其因果联系；结合卦爻辞的指示意义预测人事的吉凶祸福。[②] "象以尽意"的表达，具有两个动态特点：一是"象"不是固定不变的象，而是"象的流动与转化"诸象的总称。二是六十四卦之卦象与卦中每一爻的卦象(共 384 爻)，都不是孤立的，而是在动态整体中相互联系之象，运作上由整体至部分分层进行。

4. 人们对语言的把握及语言自身的表现方面

把握语音的历程，对整体渐细规律的验证。人们把握语音的历程大致可概括为："模糊的比况→逐步清晰的整体音节性把握→抽象化，即分物理要素，音质内部又再分声韵等下位单位以分析性把握音节。"早期文献反映出的把握用例：

---

① 苗启明：《原始思维》，上海，上海人民出版社，1993，第 101～105 页。

② 刘长林：《中国系统思维》，北京，中国社会科学出版社，1990，第 89～98 页。

(1)其地宜黍，多旄犀。[①] 高诱注：“旄，读近绸缪之缪，急气言乃得之。”

(2)以恶食食项王使者。[②] 张守节《正义》：“上如字，下音寺。”

(3)骠骑将军农自西津济。[③] 元胡三省注：“骠，匹妙翻。骑，奇寄翻。”

语言自身在以下两方面的表现对语言系统内部词句二级单位组织性运作首先关涉的应该是句子基本结构模式的验证。

其一，情绪性内容的表达折射出的先后关系。据早期书面文献和现代口头准具象性文明层次语言表达知，情绪性内容的表达大致经历了三个阶段：

(1)独立的情绪句。由今所谓叹词充任。

(2)句中相对独立的外位部分。由今所谓叹词充任。

(3)句中黏附部分。由今所谓语气词充任。

早期书面文献保存的参考用例：

(1)庄王方削袂，闻之，曰：“嘻!”投袂而起。[④]

(2)颜渊死，子曰：“噫！天丧予！天丧予!”[⑤]

(3)夫战，勇气也。[⑥]

(4)甚矣，吾衰也！久矣，吾不复梦见周公![⑦]

(5)为之歌《颂》，曰：“至矣哉！……”[⑧]

以上阶段大致反映了如下趋向：单位上由大至小；独立性上由强至弱；所表意义类型上由情绪逐步至理性；所表感知内容上由整体至单一层面。

情绪性内容的表达所出现的这种先后关系及其反映的趋向，一定程度上说明，最初出现的句子类型是整体性情绪式，理性句是情绪式逐步分解的结果，分解的过程，正是整体渐细。

① (汉)刘安：《淮南子·地形》。

② (汉)司马迁：《史记·项羽本纪》，北京，中华书局，1959。

③ (宋)司马光：《资治通鉴·晋纪三十·孝武帝太元十七年》。

④ (战国)吕不韦：《吕氏春秋·行论》。

⑤ 《论语·先进》。

⑥ 《左传·庄公十年》。

⑦ 《论语·述而》。

⑧ 《左传·襄公二十九年》。

其二，倒装句的补全现象。句子内容表述过程中，若依感知程度轻重次序表述形成与常规句序不一致情况时，核心内容表述完之后，往往随即要将前位缺失内容补全。早期书面文献保存的参考用例：

(1)贤哉，回也！①

(2)子邪，言伐莒者？②

这种补全现象至少说明两点：一是表达者心理上存在着先在性句子基本结构模式；二是表达中前位内容缺失，故须补充。

第四节　多维呈现原则与词类活用的解释

利用准具象性文明层次语言系统运作原则可对现行不少疑难问题重新进行解释，从而推进问题的进一步研究。这里仅及多维呈现原则对词类活用的重新解释。

汉语词类活用研究，是学术界讨论得较多而又一直未能得到很好解决的一个传统问题，对此，我们先据现行历史研究模式对词类活用现象及其已有解释进行概括，然后，再据历层研究模式从语言系统运作原则上对其进行新的解释。

一、词类活用所指的多维概括

汉语词类活用的所指，我们将其界定为出于一定表义需要，通过转类的方式灵活使用某些现成词语的一种遣词表义现象。为了便于对这一众说纷纭的表义现象的有效把握，下面从三个方面进行说明。

(一)该现象总的特点

第一，活用是跨类的。这里的“类”，既包括功能上的大类——名词、动词、形容词、数词、量词、代词，又包括以上大类中的相关次类，如人称代词中的三身代词、动词中的一般动词和特殊动词。

第二，活用是或临时、或不固定、或低频率的。所谓临时，指的是在特定语言环境中偶尔使用一些之后就不再使用了的情况。如名词“肘”用作一般动词，在《左传》中偶尔出现过，以后用例极少，是较典型的临

---

① 《论语·雍也》。

② (战国)吕不韦：《吕氏春秋·重言》。

时性使用。例：

从左右，皆肘之，使立于后。①

所谓不固定，指的是在汉语中一直处于间或使用状态的情况。如数词“四”和“六”用作动词即属该类情况。反映该类情况的各期用例：

(1)故王者不四，霸者不六。②

(2)诚能博求时俊，上下同心，则三皇可追而四，五帝可俯而六矣。③

(3)虽四三皇，六五帝，曾不足比隆也。④

所谓低频率，指的是在汉语中一直在使用，但频率较低的情况。如“绳”，通常为名词，用作动词，表示“衡量”、“约束”、“纠正”等意义，尽管各期都有用例出现，但相对名词用法而言，频率均较低。以先秦时期为例，在《礼记》和《韩非子》中，“绳”分别单独出现了 7 次和 13 次，其中，动词用法均仅为 2 次。“绳”的动词用法，是低频率的具体体现。

(二)该现象在语言现行范畴中的伴随性表现

第一，语法范畴。活用出现后，活用词的语法特征临时发生了与活用类型相应的跨类变化。如“水”，通常的词性是名词，造句功用上，通常充当主语、宾语和定语。组合功能上，通常同数量词组合。用作动词以后，造句功用上，则是充当谓语，有时还带有宾语。组合功能上，亦常同助动词等组合在一起。例：

(1)河水清且涟猗。⑤

(2)假舟楫者非能水也，而绝江河。⑥

(3)吴子执钟吾子，遂伐徐，防山以水之。⑦

---

① 《左传·成公二年》。

② (战国)吕不韦：《吕氏春秋·观世》。

③ (唐)吴兢：《贞观政要·君臣鉴戒》。

④ (清末民初)章炳麟：《秦政记》。

⑤ 《诗经·魏风·伐檀》。

⑥ 《荀子·劝学》。

⑦ 《左传·昭公三十年》。

第二，语义范畴。活用出现后，活用词所表示的语义内容临时发生了与活用类型相应的跨类引申。如“多”和“少”，通常的词性是形容词，分别表示“数量大”和“数量小”义，用作动词以后，表示的则是“赞赏”、“轻视”或者“多有”、“少有”义。例：

(1)谋夫孔多。①

(2)益之相禹也，历年少。②

(3)天下不多管仲之贤，而多鲍叔能知人也。③

(4)显王左右素习知苏秦，皆少之。④

(5)其为人也，监中而廉外，少欲而多信。⑤

第三，语用范畴。活用出现后，除活用为使动、意动等特殊动词以外的其他活用类型，较之本用而言，往往增加了一些特定的表达效果。如以下例中的“蹄”：

(1)兽蹄鸟迹之道，交于中国。⑥

(2)驴不胜怒，蹄之。⑦

(1)中的“蹄”，是名词“蹄”的本用，表示“马、牛、羊等动物具有角质物的脚”义，没有特殊的表达效果。(2)中的“蹄”，是临时用作一般动词的，表示“(用蹄)踢”义。该“蹄”，不仅将动词义“踢”有效地表示了出来，而且，因为是以通常用作名词的形式出现的，人们在感受“踢”义的同时，还能感受得到“马、牛、羊等动物具有角质物的脚”的形象，所以，自然获得了形象的表达效果。

第四，语音范畴。不少词语活用以后语音上发生了变化。活用词语音上变与不变具有任意性，没有什么规律可循。但是，在具体变化形式上，则有一定的倾向性，即多为平声变去声。如以下“妻”、“膏”的活用：

---

① 《诗经·小雅》。

② 《孟子·万章上》。

③ (汉)司马迁：《史记·管晏列传》，北京，中华书局，1959。

④ (汉)司马迁：《史记·苏秦列传》，北京，中华书局，1959。

⑤ 《韩非子·十过》。

⑥ 《孟子·滕文公上》。

⑦ (唐)柳宗元：《三戒》。

(1)苏秦喟叹曰:“妻不以我为夫,嫂不以我为叔,父母不以我为子,是皆秦之罪也。”①妻,本用,平声,七奚切。

(2)以其子妻之。② 妻,活用,去声,七计切。

(3)脂膏,以膏之。③ 前一“膏”,本用,平声,古劳切。后一“膏”,活用,去声,古报切。

(三)该现象的范围

范围的问题争议较多,其中,有两类现象有必要作一简要的讨论。

第一,通常所说的名词作状语。关于该现象,代表性的说法主要有三家:

廖振佑认为是活用,但词类没变,只是造句功用发生了变化④。

王克仲认为是活用,是名词用作副词⑤。

郭锡良认为不是活用,是名词的本用⑥。

我们认为郭说较为合理。因为,廖说较明显地存在着两个问题,一是正如郭说所言,名词作状语在汉语里较为普遍,不是或临时,或不固定,或低频率的。二是依现行词类活用的界定,词类没发生变化就谈不上词类活用。王说亦大致存在着两个问题,一是副词具有纯状语性,但不能倒过来,把能够作状语的都说成是副词。二是从语义上讲,名词作状语表示的不是副词义。尽管可以将它们归为情态,但该类情态是具象的,不是抽象的。这一点,从以下例中“兄”、“犬”与“固”、“间”表义的比较中不难看出:

(1)君为我呼入,吾得兄事之。⑦

(2)少时,一狼径去,其一犬坐于前。⑧

(3)吾不能变心而从俗兮,固将愁苦而终穷。⑨

(4)汉王使人间问之,乃项王也。⑩

---

① 《战国策·秦策一》。

② 《论语·公冶长》。

③ 《礼记·内则》。

④ 廖振佑:《古代汉语特殊语法》,呼和浩特,内蒙古人民出版社,1979,第19~29页。

⑤ 王克仲:《汉语词类活用》,长沙,湖南人民出版社,1989,第94~105页。

⑥ 郭锡良:《古代汉语》,北京,商务印书馆,1999,第284~286页。

⑦ (汉)司马迁:《史记·项羽本纪》,北京,中华书局,1959。

⑧ (清)蒲松龄:《聊斋志异·狼》,北京,中华书局,1962。

⑨ 《楚辞·九章·惜诵》。

⑩ (汉)司马迁:《史记·项羽本纪》,北京,中华书局,1959。

相比较而言，郭说较为切实地反映了名词在汉语中的实际使用情况。

第二，通常所说的从动、比动、受动等特殊用法①。该现象，亦有是与不是活用之争。它们的代表性用例：

(1)齐王恐，自以为不得脱长安，忧。②

(2)虽长不满七尺，而心雄万夫。③

(3)蔡泽以噤吟而笑唐举。④

持活用说者认为，以上例中的“脱”、“雄”、“笑”分别产生了“从”、“比”、“受”义，因而改变了它们的性质，用作特殊动词了。对此，我们亦倾向于否定。因为，从语义上讲，“从”、“比”、“受”诸义不是由“脱”、“雄”、“笑”增生的，而是我们在解读时据语境译出来的，究其来源，当看做是“脱”、“雄”、“笑”后所省介词的补译较为合理。从语法上讲，“脱”、“雄”、“笑”的词类并未发生变化。

关于词类活用的范围，排除了以上两类现象之后，现将同前述总的特点和伴随性表现相应的诸活用现象进行分类概括。用例不赘。

1. 名词类的活用

(1)名词用作一般动词。(2)名词用作使动、意动等特殊动词。

2. 动词类的活用

(1)一般动词用作名词。(2)一般动词用作使动词。

3. 形容词类的活用

(1)形容词用作一般动词。(2)形容词用作使动、意动等特殊动词。(3)形容词用作名词。

4. 数词类的活用

(1)数词用作一般动词。(2)数词用作使动词。

5. 代词类的活用

(1)代词用作一般动词。(2)三身代词相互间的活用。

---

① 秦礼君：《论词在句子构成中新义的产生——兼论所谓“词类活用”》，《淮阴师专学报》1986年第1期。

② (汉)司马迁：《史记·吕太后本纪》，北京，中华书局，1959。

③ (唐)李白：《与韩荆州书》。

④ (汉)扬雄：《解嘲》。

二、词类活用的现行解释

由于汉语词类活用的表现是多方面的，加之人们认识的多样性，所以，在汉语界，人们对词类活用全部或部分类型的解释说法较多。

(一)本体现象方面

以语言研究通常所概括出的一些范畴为依据，主要可归纳如下：

1. 语法范畴

(1)词类活用说。该说最初是由陈承泽在《国文法草创》中提出来的[①]。它的立足点，是词类活用的全部类型。它的着眼点，是词在语法特征上所发生的变化。它的出发点，是权宜性地处理词的语法分类和归类问题。由于汉语语词缺乏形态变化，某些词通过转类的方式所发生的固定及灵活性的变化非常之多，在词的语法分类和归类时，若将灵活性变化亦作固定看待，那么，它不仅有违事实，而且，还将在一定程度上带来“词无定类”的结果。因此，主张词类活用说的学者们的观点是，将固定与灵活性的变化分开，分类和归类以固定性用法为依据，灵活性变化，看做是游移于固定用法之外的灵活使用情况，即词类活用。代表性用例不赘。

(2)字类假借说。该说最初是由马建忠在《马氏文通》中提出来的。此说同词类活用说在很多方面相似。①提出的目的，都是为了解决词类划分中词类与句法成分的关系问题。②解决问题的方法都属于双轴制。③双轴制内部的次位方法皆属于变词性[②]。所不同的是词性改变关系解说的立足点不同。词类活用说立足的是作为本体的词，字类假借说立足的是改变结果所处的词类。龚千炎说：“‘字类假借’的说法，先确定某类字经常充任某种句子成分，碰到他类字来充任这个成分时，便说是假借他类字为该类字。”[③] 关于字类假借说，马建忠曾列举了实例进行论述，并从词类上作了一定的概括。《马氏文通・实字卷・名字》云：“书中通名最习见，而通名往往假借静字，《汉书・张敞传》：‘夫心之精微，口不能言也；言之微眇，书不能文也。’‘精微’与‘微眇’皆静字，今用为通名矣……经籍中假借静字以为通名者，皆是也。”又，《实字卷・动字假借》云：“动字既类，其用不紊，其为体也无方，名字、代字、静字、状字皆

---

① 陈承泽：《国文法草创》，北京，商务印书馆，1982。

② 郭锐：《现代汉语词类研究》，北京，商务印书馆，2002，第13～14页。

③ 龚千炎：《中国语法学史稿》，北京，语文出版社，1987，第25页。

假借焉。”[①]

(3)特殊职能说。该说最初是秦礼君在《论词在句子构成中新义的产生——兼论所谓“词类活用”》中提出来的[②]，它是针对词类活用说而提出的一种表示相反意见的说法。该说认为，通常所说的词类活用，是忽视了古今汉语的不同、混淆了词的类别与其语法功能之间的界限的结果，词类活用，实质上是汉语语词有别于现代汉语语词的一些特殊职能。如名词，在现代汉语中一般不能充作涉宾谓语，但在汉语中却是可以的，这就是汉语名词的特殊职能。因此，《梦溪笔谈·采草药》“二月草已芽，八月苗未枯”中的“芽”，就不是名词活用为一般动词，而是名词的本用。

2. 语义范畴

词义的临时性跨类引申说。该说法在余行达《古代汉语》中被较明确地提了出来[③]。它的立足点，是词类活用的全部类型。它的着眼点，是词在语义上所发生的变化。它的出发点，是说明语法范畴的词类活用在语义范畴的表现。它的基本观点，是语法范畴的词类活用，从词义发展的纯理论上讲，为词义引申；结合实际使用情况具体地讲，为词义的临时性跨类引申。如“兵”，本义是“兵器”，后引申为“士兵、军队”、“军事、战争”和“用兵器杀”诸义，其中，“士兵、军队”和“军事、战争”是固定引申，而“用兵器杀”因使用频率较低，故应属临时性的跨类引申。反映以上诸义的用例是：

(1)古之兵，戈、矛、弓、矢而已矣。[④]

(2)万乘之国，兵不可以无主。[⑤]

(3)兵者，国之大事。[⑥]

(4)左右欲兵之。[⑦]

3. 语用范畴

辞格说。具体名称，各家略有不同，但内涵基本一致。其中，陈望道《修辞学发凡》和李维琦《修辞学》都叫做“转类”，黄民裕《辞格汇编》叫

① 马建忠：《马氏文通》，北京，商务印书馆，1983，第34页。

② 秦礼君：《论词在句子构成中新义的产生——兼论所谓“词类活用”》，《淮阴师专学报》1986年第1期。

③ 余行达：《古代汉语》，长春，东北师范大学出版社，1989，第345～346页。

④ 《荀子·议兵》。

⑤ 《管子·权修》。

⑥ 《孙子·计篇》。

⑦ (汉)司马迁：《史记·伯夷列传》，北京，中华书局，1959。

做"换义"和"转品"①。该说法，早在陈望道《修辞学发凡》中就被提了出来。它的立足点，是词类活用中除活用为使动、意动等特殊动词以外的诸类型。它的着眼点，是活用所带来的特殊表达效果。它的出发点，是对词类活用的特殊表达格式和效果进行概括，或帮助人们理智地认识它，从而有效地解读古代文献；或引导人们有意识地运用它，从而提高语言的表达效果。它的基本观点，是认为通常所说的词类活用实质上是一种修辞格。这一点，早期的陈望道就有过明确的论述："说话上把某一类词转化作别一类词来用的，名叫转类。""修辞上有意从这一个类转成别一个类来用的，便是转类格。"又如《史记·高祖本纪》："高祖为亭长，乃以竹皮为冠，令求盗之薛治之，时时冠之，及贵常冠，所谓'刘氏冠'乃是也。""这里第一个'冠'字是名词，第二个'冠'字是动词，而第二个'冠'字也是第一个'冠'字带出来的，也是转类格。"②吕叔湘也有过类似的论述，他说："汉语里的词类活用似乎是文章家的一种修辞手法，口语里未必常用。"③而郑远汉说得更加坚决，他说，"活用"是语用或修辞方面的概念，严守语法平面，就不能谈"活用"④。

4. 语言与思维的关系范畴

影缩结构说。该说是由陈北郊在《试论古代汉语的影缩结构》中提出来的⑤。因为该文讨论的对象是全部的影缩结构，所以，它对词类活用的解释只限于名词活用为一般动词和名词、形容词、数词、一般动词活用为使动、意动诸特殊动词。就对该范围词类活用的解释而言，它的着眼点，是逻辑思维概念与上述活用类表达间的关系。它的出发点，是对这种关系进行揭示，以增进人们对这种关系的理性认识，帮助人们有效地阅读文言文。它的基本观点，是认为逻辑思维概念与上述活用类表达之间不是一对一的关系，其中，逻辑思维概念较为丰富和完整，上述活用类表达较为概括。因而，部分逻辑思维概念就影缩在上述活用类表达之中，使它们成为影缩有特定逻辑思维概念的影缩结构。例如，以下例中的"军"、"函陵"、"汜南"、"目"、"活"和"美"就是较典型的影缩结构，它们分别影缩有"驻扎"、"在"、"用……看"，"使"和"以……为……"诸

① 陈望道：《修辞学发凡》，上海，上海教育出版社，1976，第190～193页；李维琦：《修辞学》，长沙，湖南人民出版社，1986，第66～69页；黄民裕：《辞格汇编》，长沙，湖南人民出版社，1984。

② 陈望道：《修辞学发凡》，上海，上海教育出版社，1976，第190～193页。

③ 吕叔湘：《未晚斋语文漫谈·词类活用》，《中国语文》1989年第5期。

④ 郑远汉：《几点质疑》，《中国语文》1996年第4期。

⑤ 陈北郊：《试论古代汉语的影缩结构》，《山西大学学报》1984年第1期。

逻辑思维概念。

(1)晋军函陵，秦军汜南。[①]

(2)范增数目项王。[②]

(3)项伯杀人，臣活之。[③]

(4)吾妻之美我者，私我也。[④]

(二)本体现象出现动因方面

这一方面又包括两个次类：

一是语言运用及语法上的一般性解释：少量的词语表示众多意义的需要。汉语缺乏形态标记。二是语言内部关系上的深层认知。前者较为常见，不赘。后者的代表是张伯江、方梅对名词至他类语词活用出现原因的研究[⑤]。其试图回答的问题是：是否所有名词在一定条件下都可以活用？决定名词活用的本质原因是什么？得出的结论是：

第一，活用是一种功能游移现象。名词活用存在着区别：典型名词在正常情况下一般表现出稳定性，不会出现活用，非典型名词就会表现出一定的游移性，在一定条件下可能出现活用。

名词活用的几种主要表现形式：

(1)用作非谓形容词。如义务劳动、专业水平、学院风格、嘉宾主持、友情出演。

(2)用作形容词，前加“很”、“太”、“特”等程度副词。如特学问、很淑女、太痞。

(3)用作不及物动词，前加“没”、“不”，后加“了”、“起来”等时体成分。如权威着呢、真坛子、胡同了、太极了。

(4)用作及物动词，后带宾语。如结论不出什么东西来、爱醋谁醋谁。

典型、非典型的表现：

其一，语言层面：语义、语法特征完备为典型，否则为非典型。

其二，认知层面：以下认知要素体现出的优势序列。

---

① 《左传·僖公三十年》。

② (汉)司马迁：《左传·僖公三十年》，北京，中华书局，1959。

③ (汉)司马迁：《左传·僖公三十年》，北京，中华书局，1959。

④ 《战国策·齐策》。

⑤ 张伯江、方梅：《汉语功能语法研究》，南昌，江西教育出版社，1996，第203～216页。

①生命度。说者、听者＞第三人称代词＞指人专有名词＞指人普通名词＞其他有生名词(动物)＞无生名词。

②典型性。离散的，有形的，占有三维空间的实体＞非空间领域里的实体＞集体实体＞抽象实体。

③无指性。有指名词＞无指名词。语境中定。“他想媳妇都想疯了”，“媳妇”，有指，妻子。无指，一般女性配偶。

第二，决定名词活用的本质原因是名词同他类词间近距离，乃至呈交叉状的功能联系。距离较近，乃至存在交叉的易于产生活用，相反则难或不可能。

名动是两大词类，时间、空间是两大认知要素，活用就出现在两类特征较弱的两类词之间。这些词间的功能背景，就是距离较近，乃至存在交叉。

名词　非谓形容词　形容词　不及物动词　及物动词

。————。————。————。————。

从语法意义上说，靠左端者空间性特征最强，靠右端者时间性特征最强，中间几个点是二者间的过渡段。

三、词类活用的重新解释

汉语词类活用研究存在着的主要问题是对词类活用现象的解释。已有解释，具有多层面、多角度的特点，在语言研究的大的范畴上可能拥有的解释大都出现了。它反映了今天人们对词类活用现象较为全面的认识。但是，又皆不同程度地存在着一些不足。其表现：

微观上针对性地讲，主要如下：

词类活用说，在词类活用与词的兼类的区分上，标准不统一，且不好操作，致使词类活用具有一定的模糊性。

词义的临时性跨类引申说，存在着同活用与兼类类似的临时引申与固定引申的区分问题。

辞格说，在活用语词上，存在着主观上为新生义的表达而实施的活用与为提高语言表达效果而实施的活用间的区分问题。

影缩结构说，存在着历史上的逻辑思维概念的证实问题。

宏观上讲，则主要体现在两个方面：

第一个方面，解释涉及的纵向层次及相应的词类活用性质的区分问题。已有词类活用的解释，有的没有涉及纵向层次问题，在纵向关系上，采用的是模糊的方法加以处理的。有的涉及纵向层次问题。其中，纵向角度，皆是时间过程。层次划分，一般以秦代为界分为先秦和秦代以后两个时间层次。与时间层次相应，词类活用的性质也作了大致的区分。先秦时期的词类活用，是“词汇—语法”性活用，秦代以后的词类活用，是修辞性活用。“在先秦，词类活用虽然不能完全排斥修辞方面的因素，但大多数还是受当时的语法规律所制约，是一种正常的语言现象。”①秦代以后，因为语言本体及其运作机制已相对成熟，所以，出现了“相应语义本有专门表达形式，但却不用，而临时让另一个词改变其词性来表示该语义的现象”②。

客观地讲，词类活用的解释不涉及纵向层次关系，是一种不深入的表现，而仅涉及时间层次关系也远远不够，因为时间过程范畴的时间层次关系不能够反映出更为深层的文明进程范畴的文明层次关系。据考察，从文明进程上讲，汉语词类活用在纵向关系上皆属准具象性文明层次，尽管今天仍有不少词类活用现象出现。依据如下：

1. 言语主体方面的依据

就整体特性而言，言语活动主体的生理、心理和行为等方面的表现，即使是今天，仍同时存在不同的文明层次。这些层次的初步概括是：

动物脑——动物性心理——本能性行为

缘脑——情绪性心理——情绪性行为

大脑皮层——理性心理——理性行为

这种多文明层次同时存在的特征，促使人在今天仍可随时进入其中任一文明层次。

就言语活动的特性而言，尽管今天已经进入抽象性文明层次，语言有了较为统一的规范，并有法律保障其较为有序地运作，但基于心理的灵活性和语言固有的柔性特征，在厌倦了机械的理性运作之后，在特定范围内，针对特定对象，完全可以偶尔回归至情绪性心理状态，暂时回归至准具象性文明层次语言系统，依其运作机制运作。就像世故老成的人在受到特殊刺激以后偶尔也会露出天真的微笑一样。

2. 出现范围方面的依据

据考察，修辞性活用出现的范围，就抽象性时间层次的今天而言，主要出现在艺散语体。如下例中的“很＋名词”、“山寨”、“绿”和“美丽”

---

① 赵克勤：《古汉语修辞简论》，北京，商务印书馆，1983，第107页。

② 高守纲、邓明：《词类活用辨惑》，《天津师大学报》1989年第3期；邹立志、白聪：《论古今汉语词类活用的不同本质》，《语言研究》2009年第2期。

所反映的情况[①]：

(1)愫细很淑女地啜饮高脚杯中的白酒。[②]

(2)殷法能兴高采烈地拿起了杜晚晴的手，很绅士风度地吻了下去。[③]

(3)没有想过葛璐德的容貌如此俊秀，五官简直精美，很女中丈夫，不怒而威。[④]

(4)我又见到了昨夜招待我的那位西藏小伙……他告诉我，他曾经到北京、上海学习过。他长就一张很西藏的忠厚的脸。[⑤]

(5)今天，你“山寨”了吗？(标题)[⑥]

(6)生态文明“绿”淄博(主标题)

重拳“治”出的绿；巧手“调”出的绿；精心“养”出的绿；全民“共享”的绿(副标题)[⑦]

(7)微笑着，美丽着——听他们讲述志愿者故事(标题)[⑧]

网络语言也可列入广义性出现范围。其中，“囧”是现有能够找到的反映准具象性文明层次词类活用最好的实例。

“囧”的字形通常分析为一张忧郁的人脸，其中，“八”是两道因悲伤和沮丧而下垂的眉毛，“口”是张口结舌状的嘴。据此，“囧”对应的心理形式应该是一个外在显露忧郁情态，内在具有郁闷、悲伤、无奈等特征的具象视点。正因为如此，所以，经常用于对应维度，作形容词性语词使用，表示“郁闷、悲伤、无奈、纠结、苦涩、悔恨、悲愤”乃至于“幽默”等意义。网络中找到的代表性用例：

(1)今天股票又跌了，真囧。

(2)囧啊，如果你不懂囧就会更囧。因为这是个很囧的世界。

---

① 邢福义：《“很淑女”之类说法语言文化背景的思考》，《语言研究》1997年第2期；许钟宁：《变异语词修辞的三个界面》，《修辞学习》2009年第6期。

② 施叔青：《香港的故事》，《独身女人》，桂林，漓江出版社，1986，第14页。

③ 梁凤仪：《花帜》，北京，人民文学出版社，1992，第233页。

④ 梁凤仪：《九重恩怨》，北京，人民文学出版社，1992，第39页。

⑤ 余纯顺：《走出阿里》，《小说月报》1996年第12期。

⑥ 《人民政协报》2008年12月13日。

⑦ 《人民日报》2008年5月10日。

⑧ 《人民日报·奥运版》2008年8月19日。

(3)昨天去王府井逛，居然让我看到现实中的囧了。感慨啊！

(4)这图做的真囧……好恐怖。

(5)特色囧奶茶。

因为“囧”在心理层次是个具象视点，所以，还可以转维作名词、动词性语词使用，表示与“郁闷、悲伤、无奈、纠结、苦涩、悔恨、悲愤”等相关联的主体对象、行为动作等意义。网络中找到的代表性用例：

(1)一日一囧。

(2)大家好，我代表囧吧吧务团队，现向全体囧友公开招聘小吧主/图片小编/视频小编，如果您愿意为囧吧做出自己的贡献，熟悉百度贴吧的各项功能，并且自己自身很囧，承诺热爱囧吧，那么就赶快报名吧。

(3)时间都是囧，就因为有了囧才有了人类的繁荣!

(4)囧成这样真不简单。

(5)小四，囧你。

基于此，词类活用性质上的区分严格意义上讲也就不存在了。

第二个方面，解释过程中立足点的选择及词类活用现象在理论体系中的归属问题。已有解释所选择的立足点主要是两个：一是客体对象，前述本体现象方面诸类解释属此；二是出现原因，前述本体现象出现动因方面诸类解释属此。应该说，两个立足点的选择都是有价值的。客体对象，服务于对词类活用本体的基本认知和应用，满足人们对词类活用本体一般性认知和应用的需要。出现原因，服务于本体出现原因的解释，满足人们对词类活用本体背景性内容解释的需要。但是，总体上讲，这两个立足点，高度还是略嫌不够。将人与词一体化，站在词的表现上看问题，视野还是不够高，不利于宏观上对词类活用的把握。同时，就客体对象论客体对象，研究程度上挖掘得亦不是很深，不便于揭示出最本质的特征。

相比较而言，立足于人运作语词以表义的主体意识，将词类活用看做是词的一种运作方法，立足点即要高得多。将立足点经由词的层面提升至词级单位、至活用现象出现的原因、再至人的主体运作意识之后，研究即进入了深层的心理层次。从主体心理高度进行解释，不仅能够高屋建瓴地对词类活用进行宏观解释，而且能够从运作结果上对词级单位、词的各层面的表现和词类活用出现的原因依次进行有序的系统说明，覆盖已有立足点的认知和应用价值①。

当考虑将立足点的选择确认为人运作语词以表义的主体意识的时候，词类活用在理论体系中的归属即当发生变化。它不再归为词级单位所关联的语法、语义或语用范畴，而当定位为语言系统运作机制中的原则。而据与前及多维呈现和整体渐细两个原则的比较不难看出，它正是多维呈现原则在词级单位上的一方面体现。

基于已有词类活用诸解释存在着的一些不足，我们试图重新进行解释。解释的基本理念是：①区分文明层次。②立足于宏观的运作语词以表义的主体意识。得出的基本结论是：通常所谓词类活用，其实就是准具象性文明层次多维呈现原则在词层级的具体表现，即语词为满足不同类型意义的表达要求而表现出的多维呈现性使用。

若在准具象性文明层次内部进一步区分时间层次的话，则大致可进行如下说明：

准具象性时间层次的词类活用，是较为单纯的语词的多维呈现性使用。

后续准抽象和抽象性时间层次的词类活用，因为受时间过程上处于主要地位的准抽象和抽象性文明层次语言系统及其相应理论体系的影响，活用词的性质及使用后给人带来的心理感受不同程度地发生了些许变化，带有部分类际转换和修辞色彩，但本质上仍为准具象性文明层次语词的多维呈现性使用。

① 语言内部结构，之所以概括为静态本体结构单位和动态运作机制两个部分，之所以独立出一个动态运作机制，主要是从这种立足点上考虑的。

第六章 准具象性文明层次语言系统运作的规则和方式

第一节 准具象性文明层次语言系统运作的基本规则

一、运作规则总说

语言系统运作的规则，是词或句内他层级功能单位的运作所遵循的各别性法则。其中，主要是作为类型或个体的词填充句子基本模式、生成言语句过程中，从词际组合关系上概括出来的法则。句内他层级功能单位可看做是个体词功能不变情况下的拓展形式，暂不予涉及。

将立足点从作为主体的人转换至词以后，规则的内容即大致与现代语言学语法层面词的功能特征相同。

规则与原则的区别，主要体现在三个方面：

(1)针对的范围，原则为语言系统的整体运作，规则主要为语言系统中作为个体或类型的词的运作，不涉及句的运作等内容。

(2)立足的角度，原则为语言系统整体，规则为语言系统中作为个体或类型的词。

(3)在言语句生成过程上的侧重点，原则侧重于宏观上的填词生成言语句的全部过程，规则侧重于词级单位至高一层句级单位的填合。

准具象性文明层次语言系统运作的规则，是语言系统运作规则的初级形式，因其词的性质相对较为特殊，故运作规则的概括有一些特殊的考虑。据考察，准具象性文明层次词的特殊性，表现有二：

(一)在层级、类型等方面，性质较为特殊

准具象性文明层次词的特殊性质，是在作为句子基本结构模式具体表现形式的句义表达结构形式的演进中体现出来的。因为意义可二分为情绪和理性两类，而情绪义相对简单，理性义较为复杂①，所以，根据演进过程中句义表达结构形式内部情绪和理性的关联关系及复杂程度，句义表达结构形式的演进情况分两大范围进行概括。

① 郭攀、夏凤梅：《基点切入、分范畴分层次系统梳理的思想方法》，《江汉大学学报》2009年第3期。

其一，情绪、理性二分的句义表达结构形式的演进。分开来讲，情绪和理性是先后发生的两类不同范畴、不同性质的句义要素。准具象性文明层次两类不同句义要素表达形式的演进，综合地讲，经历了三个阶段，并相应地在句中历层地表现出了三种存在形式。与三阶段相应的三种存在形式分别是：

1. 情绪独存式

即“情绪形式＋理性的零形式”。其中，情绪形式，是情绪义的表达形式，在此，指的是最初整体性情绪义的表达形式，即整体情绪形式。这里的理性义，蕴含于情绪形式之中，没有专门的表达形式，故其表达形式标记为零形式。情绪独存式就是前述第四章所及情绪式。前及用例之外又如：

(1)禹曰：“都！帝，慎乃在位。”帝曰：“俞！”①

(2)曾子闻之，瞿然曰：“呼！”②

2. 情绪、理性并列式

即“情绪形式＋理性形式”。理性义表达形式，即理性形式。发生上，理性义可看做是从整体情绪义中凸现、分化的结果。原有整体情绪义分化成“情绪义＋理性义”之后，情绪独存式即变成了“情绪形式＋理性形式”。

值得说明的是，由于情绪和理性从侧重点上、从整体上可分，而实际上却一定程度地彼此蕴涵，所以，如同整体情绪义蕴涵理性义一样，从整体情绪义中凸现、分化出来的理性义，亦不同程度地兼含有情绪义，并使理性形式亦相应表现出一定的复杂性。分两类情况：

一是凸现、分化阶段，理性义从在句中或隐或显的母体中只较单纯地承继了情绪类型。表达形式上表现为从情绪独存式母体中拷贝了语调③。表达形式类型上，进一步概括为较单纯理性形式。下列例中加点

---

① 《尚书·皋陶谟》。

② 《礼记·檀弓》。

③ 拷贝的观点，从情绪形式与现今句子语气类型之间语调的对应性分析上可得到一定的验证。

啊？这样啊？　惊疑语气，皆升调。

啊！这样啊！　感叹语气，皆降调。

嗯，这样。　祈使语气，皆平调、促调。

另，情绪形式与理性形式之间加点与否，加句级符号还是句内符号今不甚统一，因为我们将情绪式和理性式的混合形式看做是准具象性文明层次的非基本结构模式，所以在此，无论哪种处理方法，都作句内符号看待。

词为准具象性时间层次书面文献参考例：

(1)子为谁?[1]

(2)於乎皇王![2]

二是分化后与情绪义的互动、整合阶段，理性义在承继情绪类型基础上，进而不同程度地兼容、整合了情绪义。表达形式上表现为生成了整体情绪形式或显或隐的呼应形式。下列例中加点词为准具象性时间层次书面文献参考例：

(1)文惠君曰："嘻，善哉！技盍至此乎?"[3]

(2)善哉！吾请无攻宋矣。[4]

(1)中句首有表示整体情绪义的词"嘻"、"哉"可看做是"嘻"的显性呼应形式。(2)中句首没有表示整体情绪义的词，"哉"可看做是隐性呼应形式。呼应形式的位置，主要有句末、句中、句首三种情况。准具象性时间层次书面文献参考例：

(1)子曰："吾岂匏瓜也哉?"[5]

(2)孝哉，闵子骞![6]

(3)夫战，勇气也。[7]

这种表达形式，类型上进一步概括为兼容性理性形式，而这种形式，亦可看做是降级的"情绪形式・较单纯理性形式"，其中，"・"表示选择关系。

本阶段情绪、理性并列式准具象性时间层次书面文献参考例：

---

① 《论语・微子》。

② 《诗经・周颂・闵予小子》。

③ 《庄子・养生主》。

④ 《墨子・公输》。

⑤ 《论语・阳货》。

⑥ 《论语・先进》。

⑦ 《左传・庄公十年》。

(1)俞，有求有梦。①
(2)噫，天丧予！天丧予！②
(3)乌呼，天祸卫国也夫！③

3. 理性独存式

即“情绪的零形式＋理性形式”。这里的理性形式，是笼统的理性形式，包括上述理性形式两个次类：较单纯理性形式和兼容性理性形式。准具象性时间层次书面文献前述第四章参考用例之外又如：

(1)壬戌卜：鲁嘉？④
(2)为之歌《王》，曰：“美哉！思而不惧，其周之东乎！”⑤
(3)缚者曷为者也？⑥
(4)是谁之过与？⑦

其二，较单纯理性句义表达结构形式的演进。较单纯理性句义，是较单纯理性义的句级形式。较单纯理性句义产生后，反映在句义表达结构形式的演进上，大致亦可概括为三个阶段，并相应地表现出了三种存在形式。三存在形式分别是：

1. 整体独存式

即以独词的形式整体存在的句子形式。这就是前述第四章所及焦点式。前及用例之外又如：

(1)妇好娩。嘉？⑧
(2)(阳货)谓孔子曰：“来！予与尔言。”⑨

2. 以词充任句内一级功能单位的句子构成形式

即一个词就是一个整体性句内一级功能单位，句义表达结构形式表

① 郭沫若：《卜辞通纂》，《郭沫若全集》，北京，科学出版社，1983，735。
② 《论语·先进》。
③ 《左传·成公十四年》。
④ 郭沫若：《甲骨文合集》，北京，中华书局，1978，22102。
⑤ 《左传·襄公二十九年》。
⑥ 《晏子春秋·内篇杂下》。
⑦ 《论语·季氏》。
⑧ 郭沫若：《甲骨文合集》，北京，中华书局，1978，13996。
⑨ 《论语·阳货》。

现为以这种句内一级功能单位组成的结构形式。这就是前述第四章所及关系式和事件式。前及用例之外又如以下参考例。例中“/”为句内一级功能单位分界线。

(1)贞：伐/邛方，杀?①

(2)寇/退，曾子/反。②

(3)贞：王/途/众人?③

3. 句内一级功能单位有所分解的句子结构形式

即句内一级功能单位整体一定程度地分解为多层结构形态的句子结构形式。这不是准具象性文明层次的基本结构模式，是基本结构模式的初级演化形式。以下参考例中，“//”为句内一级功能单位内部分界线。

(1)己丑卜：今//夕/大//雨?④

(2)我//疆/我//理，南东/其//亩。⑤

准具象性文明层次的句与词有着极为复杂的关系，彼此间不仅密切相关，而且还存在同构关系。

以句义表达结构形式在两大范围的演进情况为基础，通过对词在诸句义表达结构形式内部结构关系中所扮演角色及其相互关系的历层分析，不难看出，准具象性文明层次的词在类型和层级性质上相对较为特殊。

类型上，词，历层地拥有了性质各异的情绪和理性两大意义类型。情绪形式为情绪词。其中，对应整体情绪形式的为一般情绪词，对应降级情绪形式中析分出的基础性实体形式的为降级情绪词。理性形式中析分出的基础性实体形式，为理性词⑥。

层级上，情绪词和理性词均历层地体现出了大小值不一的多层级身份特征。这些特征，据大小值和发生上的先后顺序依次为：句级词→准句级词→句内一级功能单位级词→词。其中，句级词，是作为情绪独存式和句整体独存式而存在的词。准句级词，是作为情绪、理性并列式中

① 郭沫若：《甲骨文合集》，北京，中华书局，1978，6282。

② 《孟子·离娄下》。

③ 郭沫若：《甲骨文合集》，北京，中华书局，1978，68。

④ 郭沫若：《甲骨文合集》，北京，中华书局，1978，27219。

⑤ 《诗经·小雅·信南山》。

⑥ 汉语准具象性文明层次的词总体上可分为情绪词、理性词两大类。

的情绪形式和独词充任的理性形式的词，这类词在理解上因亦可理解为句级而称之为准句级。句内一级功能单位级词，是作为句内一级功能单位整体而存在的词。词，是句内一级功能单位分解性构成形式中由句内一级功能单位分解而来的作为语言系统中基础单位的实体形式。

（二）数量不多，共性特征大

尽管整个层次较详细的描写工作尚未完成，词表尚未编制出来，但从句义表达结构形式的复杂程度上可知，准具象性文明层次的词数量较少。而较少量的词，彼此间存在着较多共同的功能特征。

基于上述第一特性，准具象性文明层次规则的概括，一方面沿用前述“情绪、理性二分的句义表达结构形式的演进”和“较单纯理性句义表达结构形式的演进”两大范围进行。其中，情绪、理性二分的句义表达结构形式演进范围表现为立足于情绪词的情绪词之于理性词或各类词组的组合①。较单纯理性句义表达形式演进范围，表现为理性词相互间的组合。另一方面，组合定位在特定的同级句内结构单位之间进行。其中，情绪、理性二分的句义表达结构形式演进范围表现为情绪词与同级理性词或各类词组之间的组合。而较单纯理性句义表达形式的演进范围，因句内一级功能单位级的词是组合主体，故主要表现为句内一级功能单位级词相互间的组合。

基于以上第二特性，同时，为了增强概括力，准具象性文明层次运作的规则仅只作类型性概括，不一一落实到词位上。

综合以上特性，准具象性文明层次词的组合规则，总体概括为加合和契合两大类型。

二、运作规则类型的具体概括

（一）加合规则

加合规则是情绪、理性二分的句义表达形式演进范围内不同层级类型情绪词与同级理性词或各类词组相加并整合起来的一种填合规则。其所涉及内容，主要概括如下：

1. 加合规则出现的句子结构模式范围，与情绪、理性二分的句义表达形式相应，主要是情绪式与理性形式的混合形式。

2. 加合涉及的对象，依填合的一般前提条件，当涉及前后两个方向

---

① 文中的词组，即句内一级功能单位，是以词为立足点的一种表述形式。包括两个次类：一是理性词组，即理性词的组合体；二是情绪、理性兼容性词组，即情绪词与理性词或理性词组的组合体。

的组合关系。但因加合所关涉之词较为简单和独立，故往往只及一个方向的组合。

3. 加合的依据。由于情绪、理性是相对的两类不同性质的意义，所以，加合的依据不是基于现实对象基础的意义之间的对应关系，而是以情绪、理性两大类型义之间的对等关系。

4. 加合规则的具体表现。据对等关系，大致细分为二：

其一，对等加合。即准句级情绪词与准句级理性词或各类词组之间的加合，一种情绪义和理性义总量基本相等，理性义归总、模糊化之后与情绪义之间具有对等关系的加合。例见前述情绪、理性并列式，不赘。

受发生的影响，个体言语句生成的顺序，一般为“情绪词→理性词或各类词组”，因而，对等加合的顺序，一般亦为“准句级情绪词＋准句级理性词或各类词组”。当然，在语用因素作用下，亦存在“准句级理性词或各类词组＋准句级情绪词”的顺序形式。今准具象性文明层次例：

(1)走，哼。

(2)怎么会这样呢，唉！

其二，非对等加合。它是兼容性理性形式中降级情绪词与理性词或理性词组之间的一种加合，是降级情绪词在结构单位大小值上小于理性词或理性词组的一种加合。小的表现有二：一是意义上，降级情绪词表示的是与生成上的整体情绪义相呼应的降级情绪义，不包括整体情绪义演化出的语调、语速等副语言义，故总量上小于理性词或理性词组义。二是语调上，没有同化作用。这从前述“嘻，善哉”中具有呼应关系的“哉”与“嘻”的功能比较上不难看出。因此，降级情绪词与兼容性理性形式整体之间的语调关系不对等，降级情绪词一般只对应兼容性理性形式整体的一个部分，当降级情绪词出现在兼容性理性形式首位时，侧重于前一部分；出现于末位时，侧重后一部分；出现于中位时，侧重于其位置前的部分。

非对等加合的顺序固定性稍弱，原则上讲，依兼容性理性形式需要呼应的位置而定。当需要首位呼应时，表现为“降级情绪词→理性词或理性词组”；当需要末位呼应时，表现为“理性词或理性词组→降级情绪词”；当需要中位呼应时，表现为“理性词或理性词组→降级情绪词→理性词或理性词组”。不过，一般为“理性词或理性词组→降级情绪词”。例见前，不赘。

（二）契合规则

契合，是一种相向的、对象之间的密切结合。契合规则，指的是较单纯理性句义表达结构形式演进范围内不同层级类型的词与同级词相互间密切结合的一种填合规则。其所涉内容，主要概括如下：

1. 契合规则出现的句子结构模式范围，与较单纯理性句义表达结构形式相应，主要是关系式和事件式。

2. 词的层级类型，主要是既是实体单位同时亦是句内一级功能单位的词。

3. 契合涉及的对象，依填合的前提条件，当涉及前后两个方向的组合关系。由于研究尚不深入，这种两个方向的填合关系与一个方向的组合关系之间的区别尚未系统概括出来，故在此权且只考察一个方向的组合关系。

4. 词的契合要素，是词的整体使用功能，但因准具象性文明层次内在单维意义与外在整体功能在特性、类型上具有较大的一致性，因而契合的要素直接落实在意义上①。又因准具象性文明层次意义的心理体现或依托形式是具象视点，所以，契合的要素往往又进一步落实在具象视点上。

5. 契合的依据，是词际功能关系，主要表现为意义关系。

6. 契合的要求，主要概括为三点：

其一，功能要求。从纯理论上讲，在准具象性文明层次，对词的功能要求应该是宽松的，因为具象视点可多维表义，一个基点词，通过心理联想，可在心理层次与众多意义建立起联系，并将它们表达出来，实现多维功能。前及诸例之外再如“秉”，在早期文献中，“秉”即这样实现了今概括出的名、量、动诸类词的功能，表示有“禾束”、“十六斛加合的单位”、“执掌”、“遵循”等意义。例：

(1)彼有遗秉，此有滞穗。②

(2)冉子与之粟五秉。③

(3)匪直也人，秉心塞渊。④

(4)吾秉君以杀太子，吾不忍。⑤

---

① 中国古代语言研究侧重于意义，语言研究关注的要素呈意义至功能演进规律的原因与此密切相关。

② 《诗经・小雅・大田》。

③ 《论语・雍也》。

④ 《诗经・鄘风・定之方中》。

⑤ 《国语・晋语二》。

即使剥离了具象的抽象视点，经心理层次至具象的回溯或关系演绎，有的亦可实现类似具象视点的多维功能。如“一”，在今概括出的数词功能之外，还实现有形容词、动词等功能，表示有“全、满”、“专一”、“统一、划一”等意义。例：

(1)谋人，人亦谋己；一国谋之，何以不亡?①

(2)惟精惟一。②

(3)“孰能一之?”对曰：“不嗜杀人者能一之。”③

但是，功能上的多能和不定，并非不存在基本功能类型。所以，对词的功能要求还是存在的。具体可表述为两点：一是现实上存在；二是可能性上最大可能地存在。

其二，关系要求。指的是符合关系位置相互间功能或下位语义、语音两个层面的要求。其中，主要是语义层面的要求。包括是否符合客观现实、是否符合心理现实等。如在湖北浠水方言准具象性文明层次语言中“干”常用作使动，表示“使自然的静态小水域可控地变干”义。如“干塘。”“干水库。”“干凼。”但不说“干桶。”“干杯。”因“桶”和“杯”里的水非自然水域，不符合心理现实。不说“干河。”因“河”不可控，不符合客观现实。

其三，适量要求。由于基本模式具有概括性，而现实模式具有丰富性，所以，填入时，要根据现实模式的量度要求适量契合，不减量、不增量。如事件式中准动词为准致使动词的次类，由于主体在心理层次显而易见，表达层次常隐而不表，故填入时即要求不增量契合，即行为的主体不予表达，尤其是口语范畴。早期文献中这种致使动词的参考用例：

(1)癸卯卜，宾贞：宁风?④

(2)先马，其每，雨?⑤

湖北浠水方言准具象性文明层次常见用例：

---

① 《左传·宣公十四年》。

② 《书·大禹谟》。

③ 《孟子·梁惠王上》。

④ 郭沫若：《甲骨文合集》，北京，中华书局，1978，13372。

⑤ 郭沫若：《甲骨文合集》，北京，中华书局，1978，27951。

(1)晒谷(麦/豆儿/衣裳/鞋/菜/草/柴)。

(2)饮水(棉花/苕/菜/苋菜/树)。

7. 契合规则的具体表现。契合规则以词际关系为依据进行概括。准具象性文明层次，词际关系总括为两类。

第一类，窄式对应性关系。它是一种准谓词所表示的属性与准体词所表示的对象本体之间或本体相互间主要以初始性感知为基础建立起来的较单纯、较明确且易于把握的原型性对应关系。基本特征有三：

其一，量度上，属性与本体之间往往较单一的对应。人类认识的发展，存在着两类辩证的趋向。这两类趋向起点的原始状态，在属性与本体之间的对应关系上皆是较单一的对应。两类趋向及其对应情况分开来讲：

一种趋向是本体由“笼统状态→大类→小类→更多、更细小的个体”的演进。其中，“笼统状态”是原始的范畴性本体，其相关属性表现为由准动词、准形容词构成的准谓词性类属，二者之间的对应关系是最原始的本体与类属之间的单一对应。反映这种对应较好的例子，是准具象性时间层次书面文献中模糊指代词“之”所指代的笼统性对象与其相关行为动作类型之间的对应关系。准具象性时间层次书面文献参考例：

(1)既来之，则安之。①

(2)见灵辄饿，问其病，曰：“不食三日矣。”食之。②

另一种趋向是本体由“具体的各别性个体→小类→大类→人文性范畴”的演进。因同上一种趋向方向相反，故本体与属性间一般表现为各别性个体与其各别性属性之间的单一对应。如较常论及的“手”与“盥”、“发”与“沐”之间的关系。当然，“小类”与其相关属性，也是较单一的对应。如婴幼儿阶段“奶、糖”与“吃”之间的关系。再如“猎捕的动物性对象”与“逐”；“尊者、贵者”与“弑”。准具象性时间层次书面文献参考例：

(1)乙丑卜，亘贞：往逐豕，获?③

(2)贞：翌辛巳王勿往逐兕，弗其获?④

---

① 《论语·季氏》。

② 《左传·宣公二年》。

③ 郭沫若：《甲骨文合集》，北京，中华书局，1978，10227。

④ 郭沫若：《甲骨文合集》，北京，中华书局，1978，40126。

(3)万乘之国，弑其君者，必千乘之家。①

其二，现实上，属性与本体之间往往可契合为现实情境，一种易于感知并常成为经验世界中原型的情境。前及“逐”与“猎捕的动物性对象”就是该方面的反映，甲骨文中“逐”的字形，就是原型较好的说明。

其三，心理层次上，属性与本体之间或本体相互间多为未泛化的初始感知层次关系和现实生活中必须建立起来的初步认知层次关系。例如：

事物与量度间凭借数本能即可获得的感知层次关系。准具象性时间层次书面文献参考例②：

(1)己亥卜，贞：方帝一豕、一犬、二羊……二月。③

(2)越翼日戊午，乃社于新邑，牛一，羊一，豕一。④

事物与属性间易于引起关注的感知层次关系。准具象性时间层次书面文献参考例：

桃之夭夭，灼灼其华。⑤

事物与事物间必须建立起来的种属、领属等认知层次关系。准具象性时间层次书面文献参考例：

(1)辰，虫也。⑥

(2)言语：宰我、子贡。文学：子游、子夏。⑦

(3)牛羊父母；仓廪父母；干戈朕；琴朕。⑧

---

① 《孟子·梁惠王上》。

② 这里存在两种顺序形式，可看做是并存形式。另，组合形式今标点上有的断开了，这是今天加工的结果，准具象性文明层次不存在标点问题，故断开与否，皆看做是一类组合情况。

③ 姚孝遂：《殷墟甲骨刻辞摹释总集》，北京，中华书局，1988，14301。

④ 《尚书·召诰》。

⑤ 《诗经·周南·桃夭》。

⑥ 甘肃省文物考古研究所编：《天水放马滩秦简日书甲种·亡盗》，北京，中华书局，2009。

⑦ 《论语·先进》。

⑧ 《孟子·万章上》。

第二类，宽式对应性关系。它是一种相对窄式而言心理层次上泛化了、认知程度上深化了的对应关系。其中，主要表现有二：

其一，属性与对象间泛化了的对应关系。泛化，主要表现在本体由原型性小类至主、客体对象所概括的大类上。如由"动物"至包括人在内的"生物"，至包括非生物的全部事物。"逐"所关涉的对象由"猎捕的动物性对象"泛化至"人"、"物"等的准具象性时间层次书面文献参考例：

(1)时相与争地而战，伏尸数万，逐北，旬有五日而后反。[①]

(2)今世之逐利者，早朝晏退，焦唇干嗌，日夜思之，犹未能得。[②]

又如现代语言学所概括的受事性客体对象至包括时间、地点、工具等全部客体对象。准具象性时间层次书面文献中时间性客体对象参考例：

(1)丙午卜：方其围今日？[③]

(2)辛丑卜：酒祷壬寅？[④]

其二，事物相互之间深化了的对应关系。如建立在道德评价、性质评价基础上的对应关系。准具象性时间层次书面文献参考例：

(1)君子之德，风；小人之德，草。[⑤]

(2)虎者，戾虫。人者，甘饵。[⑥]

与词际关系相应，契合规则可概括为窄式契合和宽式契合两类。

(1)窄式契合。即与窄式对应关系相应的契合。该类契合可笼统表述为：窄式属性词与窄式对象词之间、窄式对象词相互之间进行的契合。形式化为：

窄式属性词·窄式对象词。

---

① 《庄子·则阳》。

② (战国)吕不韦：《吕氏春秋·介立》。

③ 郭沫若：《甲骨文合集》，北京，中华书局，1978，20410。

④ 郭沫若：《甲骨文合集》，北京，中华书局，1978，22301。

⑤ 《论语·颜渊》。

⑥ 《战国策·秦策二》。

窄式对象词＋窄式对象词。

规则作用下模式化的顺序形式有如下这些。例子主要摘自前述对应关系部分，另有部分补造。

①窄式性状词＋窄式客体对象词。例如：逐豕、弑君。

②窄式性状词＋窄式主体对象词。例如：出日(《诗经·卫风·伯兮》："其雨其雨，杲杲出日。")今口语例如：出太阳、下雨。

③窄式客体对象词＋窄式主体对象词。例如：牛羊父母、仓廪父母。今感知蛇吃青蛙后的表达："青蛙，蛇。"

④窄式主体对象词＋窄式客体对象词。例如：牛一、羊一、豕一、辰虫。今儿童分吃食物时常见表述："张三，糖。李四，花生。王五，豆子。"

⑤窄式客体对象词＋窄式性状词。例如：奚冠(《孟子·滕文公上》："曰：'奚冠？'曰：'冠素。'")、敌求(《左传·宣公十二年》："率师以来唯敌是求。")。

⑥窄式主体对象词＋窄式性状词。例如：桃夭夭、华灼灼。今儿童评价语：张三白、李四黑。

(2)宽式契合。即与宽式对应关系相应的契合。该类契合可笼统表述为：宽式属性词与宽式对象词之间、宽式对象词相互之间进行的契合。形式化为：

宽式属性词·宽式对象词。

宽式对象词＋宽式对象词。

规则作用下模式化的顺序形式有：

①宽式性状词＋宽式客体对象词。例如：逐北、逐利。

②宽式性状词＋宽式主体对象词。例如：痛心、疾首(《左传·成公十三年》："诸侯备闻此言，斯是痛心疾首，暱就寡人。")。

③宽式客体对象词＋宽式主体对象词。例如：干戈朕、琴朕。

④宽式主体对象词＋宽式客体对象词。例如：德风、德草。今儿童分吃食物时常见表述："我，苹果。你，花生。他，豆子。"

⑤宽式客体对象词＋宽式性状词。例如：我求(《甲骨文合集》2415："河求我？不我求？")。

⑥宽式主体对象词＋宽式性状词。例如：屦贱、踊贵(《左传·昭公三年》："国之诸市屦贱踊贵。")、我曲、楚直(《左传·宣公十二年》："我曲楚直，不可谓老。")。今儿童评价语：我美、他丑。

第二节　准具象性文明层次语言系统运作的基本方式

方式，是语言形式获得以后再行利用的方法或形式。其中，语言形式包括实体和模式两大类型全部层级的单位。实体方面的单位，包括半语素性音节、语素、词。模式方面的单位，包括句子整体结构模式和句内一级功能单位，即现代语言学所概括的词组和句。

方式与原则、规则不尽相同，彼此间基本是一种交叉关系。交叉情况主要如下：

1. 主要区别

原则和规则，是语言系统生成言语形式的运作要素，而方式，生成性运作要素之外，还具有另外两方面的性质。

(1)同时也是进一步完善语言系统的运作要素。即通过对已有语言形式的利用以进一步完善语言系统的一种运作要素。完善，包括生成新的语言形式、记录口头语言形式等。

(2)同时也是进一步丰富表义功能的运作要素。即通过对已有语言形式表义功能的利用以进一步丰富语言表义功能的一种运作要素。丰富，主要表现在对复杂交际义的表达上。

2. 交叉

原则是高层概括，也可以用方式作为概括的依据，如多维呈现原则，就是语言系统整体运作上的方式。

准具象性文明层次语言系统运作的基本方式，在此初步总结出三组。

一、叠与非叠

叠，即复叠，一种等长性语言形式依相同、相近的韵致重复使用的一种语言运作方式。非叠，即非复叠方式，一种与复叠相对的对语言形式进行多变性使用的方式。因为第十一章将专门讨论复叠，而非叠是常用的习见方式，故在此对叠与非叠不作具体论述，只简要列举一些例子①。实体单位的对照性例子：

猩猩	唧唧	啾啾	葡萄	於菟	扑簌
哥哥	姐姐	猫猫	老妹	猫儿	狗子
说说	轻轻	狠狠	说道	轻重	稍微

① 为简化对复叠现象的说明，复叠的范围，在此仅限于语言形式的全叠。

结构模式用例：

(1)礼云礼云，玉帛云乎哉？乐云乐云，钟鼓云乎哉？①

(2)我们自由呀！/我们自由呀！/一切的一，自由呀！/一的一切，自由呀！②

由于语言与言语在运作机制上的共同性，所以，章段性言语的运作亦存在着叠与非叠的方式。非叠因习见而不赘举。准具象性时间层次书面文献复叠参考例：

(1)东门之杨，其叶牂牂。昏以为期，明星煌煌。

东门之杨，其叶肺肺。昏以为期，明星晢晢。③

(2)参差荇菜，左右流之。窈窕淑女，寤寐求之。

……

参差荇菜，左右采之。窈窕淑女，琴瑟友之。

参差荇菜，左右芼之。窈窕淑女，钟鼓乐之。④

现代文献例：

(1)生活是多么广阔，/生活是海洋。/凡有生活的地方就有快乐和宝藏。/……生活是多么广阔，/生活又多么芬芳。/凡有生活的地方就有快乐和宝藏。⑤

(2)平和之乡哟！/我的父母之邦！/……平和之乡哟！/我的父母之邦！⑥

二、借与非借

借，即假借，就是借用已有语言形式以实现新的功用的方式。非借，

---

① 《论语·阳货》。

② 郭沫若：《凤凰涅槃》，《女神》，杭州，浙江文艺出版社，2001。

③ 《诗经·东门之杨》。

④ 《诗经·关雎》。

⑤ 何其芳：《生活是多么广阔》，《预言》，上海，新文艺出版社，1957。

⑥ 郭沫若：《黄浦江口》。

即使用非假借的原生形式表义的方式。在此主要关注假借方式。

假借主要表现在文字层级，依文字、副文字的区别大致细分为两类。

1. 文字的假借

文字的假借，即借用已有口语词的书面记录形式对其他音同、音近的口语词进行记录的一种方式。包括古人“本无其字”的假借和“本有其字”的假借。裘锡圭在传统假借造字法基础上将假借概括为“借用某个字来表示跟这个字同音或音近的词”[①]。如借用表“小麦”义的口语词[lai]书面记录形式“来”再行记录表“到……来”义的口语词[lai]。学界有过不少论述，不赘。

文字的假借，完善了口语词书面层级的记录。

2. 副文字的假借

副文字的假借主要表现为网络语言中赋予现有汉字或偏旁以新的意义和文学语言中赋予标点符号以关联性语言单位整体类型义。网络语言中的假借后文将专门讨论，暂略。标点符号假借例如下[②]：

(1)啊，明天。

明天！

十八岁的明天！

该是怎么样的呢？

??

???[③]

(2)“您准备也请俞宛夫同志?”

表姨放声笑了：“什么‘俞宛夫同志’！他就是你的……你的表姨夫呀，你不知道?”

!!! ——可不是吗？一个人可以选择朋友，而不能选择亲戚。[④]

(3)?　??　???

!　!!　!!![⑤]

---

① 裘锡圭：《文字学概要》，北京，商务印书馆，2003，第102页。

② 郭攀：《标点符号的类文学语言性功能》，《江汉大学学报》2004年第6期。

③ 梁贵：《十七八岁的人生》。

④ 德兰：《真》。

⑤ 余德泉、贾国辉等：《奇联妙对故事》，昆明，云南人民出版社，1984，第133页。

副文字的假借，丰富了部分语言形式的表义功能。

三、变与非变

变，即改变，就是在已有语言形式基础上通过非音质因素的改变而生成新的语言形式或赋予新的表义功能的方式①。非变，即使用非改变形式进行表义的方式。在此主要关注改变方式。

改变主要表现在狭义的语言层级，依语言单位的区分，大致再分为两类。

1. 词级改变

(1)音高因素的改变

汉语是有声调语言，准具象性文明层次也是如此，尤其是准抽象性和抽象性时间层次的准具象性文明层次。由于准具象性时间层次的准具象性文明层次声调方面的情况因材料的匮乏而难以说明，故在此仅对抽象性时间层次中准具象性文明层次的表现略加说明。其后的改变说明同此。

在湖北省浠水方言中，“我、你、他”有两套调式。当表示单数人称和一般领属关系“我的、你的、他的”时，都是“33”调。当表示家庭性领属关系“我家的、你家的、他家的”时，都是“313”调。“313”调是在“33”调基础上经内部曲折改变而来的。

(2)增加音强、音长因素

在浠水方言中，表示值得同情的事件的程度一般用词语“伤心”表示。如“他哭得伤心啦”。其中，一般级就用“伤心”。强调级有等值的新、老两种形式。新式，是在“伤心”前加程度副词“很”。老式，是增加“伤”的音强和音长因素，即“伤”重读且拉长。

2. 句级改变

句级改变主要是改变句调，赋予中性句调言语义之外千变万化的交际义。这种在中性句调基础上改变了的句调，学术界通常叫做口气

① 这里的改变与多维呈现原则中部分语音形式的些微改变存在着一些交叉，但区别还是较为明显的。

(1)这里的改变范围要宽，在核心语言范围之外，还包括了全部的副语言部分。

(2)多维呈现原则中部分语音形式的些微改变是伴随性的，是附属性的，不是讨论的立足点。因为多维呈现原则侧重的是不同维度意义的表达。这里的改变，是讨论的立足点。

(3)语音上非音质因素的改变所带来的意义变化，多维呈现指的是跨维度的，这里却不一定跨维度。

语调或表情语调，并有不少相关研究。如赵元任早在1933年就记录了英语“yes”的十多种不同语调所表示的十多种不同的思想感情[①]。不赘。

值得进一步说明的是，改变，若作广义的界定，即将改变的范围扩大至声学语音学中音质、音高、音强、音长诸全部因素，改变即不仅是准具象性文明层次语言系统共层运作的方式，还是进一步推动语言系统历层发展的基本方式。

① 吴洁敏、朱宏达：《汉语节律学》，北京，语文出版社，2001，第346页。

第七章 准具象性文明层次语言理论体系及其相应语言系统综论

在前几章的研究中，我们在对汉语历层研究模式进行探索的同时，对普通语言理论体系亦重新进行了简要的界定和说明，对汉语准具象性文明层次语言系统中静态单位的发生和作为动态运作要素的原则、规则、方式进行了初步概括。在此基础上，本章拟对普通语言理论体系，对准具象性文明层次语言理论体系及其相应的语言系统再进一步作些补充说明以及必要的阐述和概括。具体的研究思路是：先对所涉及内部结构层次较少、共性特征明显的普通语言理论体系进行说明和阐述，再对所涉及内部结构层次较多、个性特征明显的汉语准具象性文明层次理论体系及其相应的语言系统进行概括。

第一节 语言理论体系总说

冒昧地讲，本著作的理论创新，拟直接指向汉语研究的两个宏观问题。一是汉语研究的宏观模式；二是汉语理论体系。因为不考虑文明层次特征因素的汉语理论体系与普通语言理论体系宏观上共性极大，故这里所说的汉语理论体系与普通语言学的理论体系差别不大，宏观上将其看做是一类体系，表述上亦笼统地称之为既可泛指亦可实指的语言理论体系。本节，将对语言理论体系分三个部分进行一些说明和讨论。

一、已有语言理论体系的主要类型

为便于讨论，这里所涉及语言理论体系诸类型的范围，限定为索绪尔所区分的语言范围的理论体系类型①，不包括亦将言语作为概括对象的理论体系类型。以内部第一级结构要素的量度为依据，已有语言理论体系类型主要概括为以下几类：

（一）二分结构体系

二分结构体系的特征，是将语言系统内部第一级结构要素概括为两

① 李葆嘉：《中国转型语法学》，南京，南京师范大学出版社，2008，第239页。

种。较有代表性的是布龙菲尔德的理论体系。布龙菲尔德认为，语言是由音义结合的词汇和语法两个部分构成的整体，其理论体系内部第一级结构要素即概括为词汇和语法。值得进一步说明的是，布龙菲尔德学派后期一些有名的语言学家对这一体系作了较大调整，将二分要素词汇、语法调整为音位、语法。同时，对语法重新进行了界定。将布龙菲尔德"在每一种语言里，各种形式的、有意义的配列"的界定改为从结构形式的角度描写音义结合的成分及其关系，把语法和语义分开了①。

（二）三分结构体系

三分结构体系的特征，是将语言系统内部第一级结构要素概括为三种。影响较大的有两家：

一是斯大林的语音、词汇、语法体系。斯大林的《马克思主义和语言问题》发表以来，语言是由语音、词汇、语法构成的"语言三要素说"在社会主义国家几乎就成了定论，直至今日仍产生着重大影响②。

二是乔姆斯基的句法、音系、语义体系。乔姆斯基转换生成语法认为，语法是一个由语法规则组成的系统。这一系统可以分为句法规则、音系规则和语义规则三个子系统③。值得说明的是，转换生成语法，并非传统语言学和结构主义语言学所说的"语法"。它是一种有关语言的理论，指的是人类语言机制活动的规则和原则④。

（三）四分结构体系

四分结构体系的特征，是将语言系统内部第一级结构要素概括为四种。在国内，较有代表性的是高名凯的理论体系。高名凯《语言论》首先指出语言是一种符号体系，是"由许许多多以人们的言语运动神经所发出的发音动作或其所形成的声音和意义的结合所构成的复合物为单位而组织成的一个系统"。接着对叶尔姆斯列夫等结构主义者把"语言系统看成语言中各组成成员之间的关系，把语言看做相互关系的系统"的观点进行了批评。最后，给出了语音、语义、词汇、语法四分的语言体系⑤。值得说明的是，高名凯所说的语义，主要指的是词义。

（四）五分结构体系

五分结构体系的特征，是将语言系统内部第一级结构要素概括为五

① 胡明扬：《西方语言学名著选读》，北京，中国人民大学出版社，1988，第213～246页。

② 胡晓研：《语言层级系统问题的再认识》，《东北师大学报》2010年第2期。

③ 李葆嘉：《中国转型语法学》，南京，南京师范大学出版社，2008，第313页。

④ 胡明扬：《西方语言学名著选读》，北京，中国人民大学出版社，1988，第381页。

⑤ 高名凯：《语言论》，北京，商务印书馆，1995，第144～153页。

种。现今高校《现代汉语》和《古代汉语》教材一般采用五分结构体系，将语言教学体系概括为文字、语音、词汇、语法、修辞(或语用)五个部分。

二、已有语言理论体系及相关问题简评

关于以上四类结构体系及相关问题，简要评议几点。

1. 语言理论体系难有一个绝对最佳形式，不同体系之间的高下具有一定的辩证性

造成这种情况的原因主要有二：

一是因为语言理论体系尽管受语言本体的制约，但亦是人类认识的结果，而认识是无绝对止境的。

二是因为不同语言理论体系的建立，往往立足于不同的角度，服务于不同的目标，不能够简单地使用同一尺度进行评价。例如，布龙菲尔德的二分结构体系，立足的是陌生的语言，服务的目标是对陌生语言的系统描写。“布龙菲尔德的思路是：语言是由音义结合的词汇和语法两部分构成的整体，由于词汇是语素的总和，语法是语素的配列，所以描写语言结构时要先讲构成词汇的语素，而要讲语素，则必须先讲音位(因为语素是由音位构成的)，因此，描写语言结构实际上是先从音位学开始。这样，布龙菲尔德就勾画出一个描写语言结构的总框架。”[①]因为接触陌生语言首先感知到的是语音，所以，布龙菲尔德的体系是从语音入手的。随着对语言结构认识的深入，继而感知到的语言要素是语素，继而感知到的运作语言整体的要素是词汇和语法。所以，布龙菲尔德语言理论体系过程上由语音入手逐层上升，总体上为二分结构体系。而乔姆斯基的三分结构体系，立足的是言语的生成，服务的是揭示人类大脑的语言机制，进而将语言学和心理学、生物学结合起来，研究人类认知的性质和起源，为探索人类大脑的奥秘作出贡献。要实现这一目标，就必须概括语言的句法、音系、语义规则，所以，乔姆斯基语言理论体系为三分结构体系。对于布龙菲尔德和乔姆斯基的体系，自然难以从同一立足点、同一服务目标上进行绝对性评价。

2. 语言理论体系的评价还是可以贯穿科学性原则，尤其是立足点和服务目标相同、相近的理论体系

据此分析上述理论体系，不难发现还有不少值得进一步斟酌之处。

三分和四分结构体系基本属于同一性质的体系，即同时使用两类不

---

① 胡明扬：《西方语言学名著选读》，北京，中国人民大学出版社，1988，第239页。

同标准进行分类的体系。其中，四分结构体系更为典型。从形式和内容之间的关系角度看，语音是形式，语义是内容，语言理论体系可二分为语音、语义两类结构要素。从建筑材料和结构规则的整体关系上看，词汇是材料，语法是规则，语言理论体系可二分为词汇、语法两类结构要素。因为语音、语义与词汇、语法相互依存、相互关联，所以，整合在一起，就构成了四分语音、语义、词汇、语法的结构体系。依辩证逻辑，同一体系中使用两个不同的标准是允许的。汉语词类体系即如此。但是，两个标准共存往往限于这样一种情况，即依某一标准不足以划分复杂现象的全部，故辅以其他标准。对照四分结构体系可知，情况不是这样。换句话说，语言系统，基本可以据形式和内容之间的关系或建筑材料和结构规则的整体关系划分清楚。如果要综合，可在层级上进行，将其分别权宜性处理为：

语音：词汇、语法所及语音内容二分；语义：词汇、语法所及语义内容二分。

词汇：语音、语义二次位要素二分；语法：语音、语义二次位要素二分。

这样看来，两个标准共存的三分和四分结构体系在科学性上值得商榷。

五分结构体系，主要是一服务于教学的理论体系。尽管教学有其独特性，如需要照顾到知识的全面性，需要考虑体系的简洁和易接受性，需要鲜明地突出不同维度的特征，等等，但是，科学的原则还是不能丢。不难看出，五分结构体系值得商榷的还是多标准并存的问题。语音、词汇、语法的并存业已论及，不赘。下面简要讨论一下文字和修辞的并存问题。

文字，作为表现或记录语言的符号系统，是语言的书面存在形式。全面地讲，文字是语言的一个重要组成部分。所以，关于文字的问题，首先需要指出的是，在语言理论体系中，文字不能少。其次，才是如何同其他要素进行科学的整合。五分结构体系将文字与词汇、语法等要素并列，尽管突出了文字的维度特征，但科学性上存在不足，毕竟它是全部语言实体单位的一种表现或记录形式，属于实体单位外在形式的视觉维度层次。

修辞，有两类所指：一是指一种语言中加强表达效果的所有方法和手段；二是指人们在语言生活中对各种加强语言表达效果的方法和手段的运用。无论哪种所指，核心都是方法和手段。而从可能性上讲，这些方法和手段都是语言表义所有可能手段中的一个部分，相比较语法所涉及方法和手段而言，只不过语法涵盖的内容常见一些，范围单纯一些。而这些方法和手段，或不常见，或规律性不强，或使用范围超出语言单位。这样，修辞，其实也可大致纳入语法部分。

三、汉语历层研究中所主张的语言理论体系的进一步阐述

(一)体系的进一步说明

经前述几章的研究不难看出，我们在汉语历层研究中所主张的语言理论体系，是一动静态结合、主客体要素密切关联的二分性理论体系。业已论及的基本结构模式如图 7-1 所示。

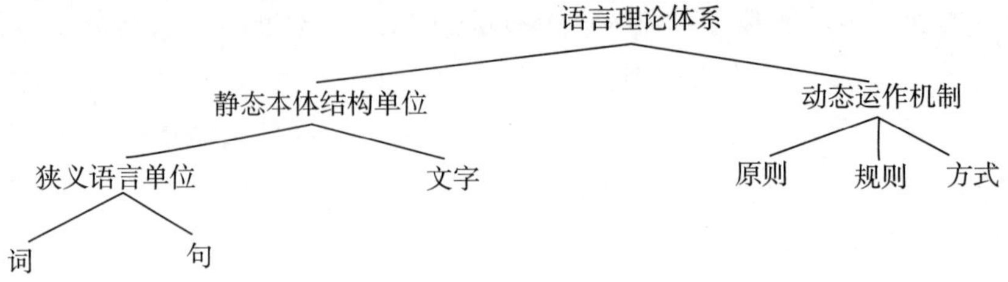

图 7-1 基本结构模式

模式中二分性要素之间，还存在一些呼应性安排。其中，主要是运作规则的部分内容作为本体单位的功能，交互性安排在本体单位部分。运作规则的立足点是人的心理，属于主体要素，但是，一方面因人对此内容的关注往往主、客体两方面皆有所涉及，而将立足点转换至本体单位之后，运作规则的内容即体现为本体单位的功能了；另一方面，也为了便于从本体单位的角度对其进行认识和把握，所以，此部分内容在本体单位和运作规则两处交互安排，相互间构成一种不相重复的呼应关系。

(二)体系提出理由的阐述

汉语历层研究中所主张的以上语言理论体系的提出，一方面基于现行理论体系科学性上存在着的不足，另一方面基于特定的立足点及相应的服务目标。

现行理论体系科学性上存在着的主要不足前已论及，这里结合历层研究理论体系中二分性要素的呼应性安排再具体阐述一点。

前及呼应性内容，人们可以且事实上已经从两个方面进行了关注，但是，这种关注存在着的问题很多。

1. 逻辑关系未厘清

在现行语言理论体系或反映个人性看法的论述中，有的侧重于客体或静态，将前及呼应性内容表述为“功能”、“语法特征”等，有的侧重于主体或动态，将前及呼应性内容表述为“用法”、“方式”等，有的则主客体、动静态兼而有之。至于彼此间的区别、相互关系等内容基本未厘清，

因而，总体认知上基本处于一种不清晰的状态，使用上处于一种不甚规范状态。其中，表述为“功能”的如：“‘了、着、过’既有绝对时功能，又有相对时功能，不同功能的呈现受制于不同的句法条件。”①表述为“用法”的如：“如果在星期日有人叫你去办事，你不愿意去，往往会说：‘大星期天的，你叫人歇会儿吧。’请问，这个‘大’是什么词？什么意思？一说到‘大’，人们自然会脱口而出，说它是形容词。但上述句子里的‘大’是形容词吗？不是。这是因为：第一，它不能受‘很’修饰；第二，它只能作定语，不能作谓语。由此可以判定，这个‘大’是区别词。”②同时表述为“功能”和“用法”的如：“当代北京口语第二人称代词‘你’、‘您’具有实指、虚指和话语标记三种用法，三种用法承载着不同的功能，使得交际者在‘你’、‘您’的选择与使用上也比较复杂。”③

在同一人的论述中，侧重点不明，或相互交织的情况亦不乏其例。第五章词类活用部分的一些解释就是其具体反映。不赘述。

2. 较好处理这种逻辑关系的语言理论体系尚未建立起来

以上问题，构成了汉语历层研究理论体系提出的一个方面的动因。

汉语历层研究中所主张的理论体系的立足点，是语言系统动静态结合、主客体要素密切关联的特性。与此立足点相应的服务的目标，是构建出通过相对单纯的内在基本逻辑关系整合而成的相对合理的汉语理论体系，对汉语系统进行历层描写和解释，并将相关成果应用于现实的语言文化生活之中。这一立足点及相应的服务目标选取的一些考虑简述如下：

(1)立足点单纯性方面的考虑。此立足点的选取，主要是想撇开陌生语言的学习、语言的教学、言语的生成等方面一定程度上影响语言内在基本逻辑关系探求的考虑，依据语言相对单纯的内在基本逻辑关系对其进行关照。

(2)服务目标中语言本质特性方面的考虑。我们认为，语言体系构建的首要目标，是要揭示出语言的本质特性。而这一特性，就是语言系统相对单纯的动静态结合、主客体要素密切关联的特性。此特性确认的理由是：作为一个备用功能体系，语言系统不能没有静态本体结构单位，静态本体结构单位只有具备了动态运作机制才能够具有活力和实现功能。

---

① 李铁根：《“了、着、过”呈现相对时功能的几种用法》，《汉语学习》1999 年第 2 期。

② 宋玉柱：《“大”的区别词用法》，《中国语文》1994 年第 6 期。

③ 郭凤岚：《当代北京口语第二人称代词的用法与功能》，《语言教学与研究》2008 年第 3 期。

静态本体结构单位是客体要素，动态运作机制是主体要素。语言系统就是这样一个静态、动态紧密结合，主体、客体密切关联的整体。

(3)语言理论体系合理性和利好性方面的考虑

①二分层级的考虑。

第一，二分做法的考虑。不难看出，相比较前及已有体系而言，我们所主张的二分体系的突出特征，是将现行体系中语法、语用、篇章等方面的内容从本体中剥离出来并整合为另一独立的整体了。这样做，主要是基于以下几个方面的考虑。

(A)范畴上的考虑。本体结构单位与运作机制本来即属两个不同的范畴。其中，一为静态，一为动态。一为本体，一为本体的运作机制。一为硬件，一为软件。

(B)整体性上的考虑。研究得知，本体单位为一个关联性整体，运作机制亦为一个关联性整体，两个整体契合为一大语言整体体系。系统论认为，整体性一方面表现为元素与系统之间不可分割；另一方面表现为整体不等于部分之和①。这样，静态本体结构单位与动态运作机制二分在整体性上是可以找到支撑的。

(C)历层性上的考虑。在不同文明层次中，越是趋向原始，静态本体结构单位和动态运作机制各自的整体性特征越强，其内部共性特征越多。力求获得全面的概括，不得不考虑此历层因素。

第二，二分要素上的考虑。

(A)运作机制共性上的考虑。本体不同层级的单位、同一层级单位内部不同的个体在运作机制上的确存在差异，但是，从准具象性文明层次运作机制的具体概括可知，亦存在共性特征。这些特征，或表现在语言与言语之间，或表现在本体不同层级单位之间，或表现在同一层级不同个体单位之间。另外，从研究的互补性上讲，在已有研究中，差异性研究相对较多，共性研究则较少，客观上也需要多做共性研究。

(B)相关结论概括程度上的考虑。语言体系中考虑进主体因素、提升至心理层次之后，语言研究即提升至最高层了，相关结论的概括程度亦随即增强，并带来一些利好因素。

(a)覆盖范围得以加大。因心理运作机制在相似、相关类型上往往具有全覆盖性，所以，语言运作机制概括出来之后，亦可一定程度地覆盖

① 杨文秀、杨志亮：《论洪堡特与索绪尔的语言系统观》，《广东外语外贸大学学报》2009年第1期。

具有相似、相关关系的思维、哲学、文学、艺术等学科，或为其提供重要参照。

(b)可据此进而探讨深层的智能性内容。

②下位层级的考虑。

第一，狭义语言单位与文字二分的考虑。

狭义语言单位与文字之间是一种被表现、被记录与表现、记录之间的关系已基本成为学界的共识。除此，还需特别说明两点。

一是文字表现或记录的对象，主要是词所属他角度的下位单位“语素——音节”，但将副语言、副文字考虑进语言系统之后，对象的范围还有句义和句音，所以，文字表现或记录的对象统括为狭义语言单位。

二是狭义语言单位与文字之间的地位关系，尽管发生上存在着先后，但毕竟不存在层级之别，故将二者的地位判定为并列。

第二，句指抽象结构模式的考虑。

句，是综合考虑进语义、语音诸下位因素以及发生范畴基础层次、心理反应层次、外化表达层次等因素之后，最大限度地囊括进特定思维取向所覆盖各类相关情况的一种抽象表义模式。因为所概括的情况多而复杂，所以呈现出来的只能是具有最大概括性特征的抽象形式。而相比较将言语句作为语言句的处理而言，这样界定最大的好处是以简驭繁，即通过少量的概括程度高的结构模式达到对纷繁复杂的言语句有效把握的目的。

(4)语言使用程序的进一步构建方面的考虑。语言是一个备用性表义系统，备用的目的是为了实现使用。我们所主张的二分理论体系为语言使用程序的进一步构建客观上做好了合理的铺垫。

分析可知，语言的使用源自心理——因为意义的获知和表达要求源自心理，而我们所主张的二分理论体系的层级亦提升到了心理层级。这样，语言使用的起点就可以与语言系统的高层直接对接。而对接，也就意味着启动了备用性语言系统的键钮。键钮启动之后，意义的表达，即可据语言系统的运作机制依序运作了。

第二节　准具象性文明层次语言理论体系及相应语言系统综论

综论的内容，首先说明几点：

1. 语言理论体系与语言系统之间的关系。二者间是一种共存关系。通过系统研究所得出的有关语言的系统认识，是语言理论体系。依托语言理论体系概括出来的某一民族语言，是具体感知到的语言系统。

2. 准具象性文明层次语言理论体系及相应语言系统综论时的处理办法。因为语言理论体系与语言系统在概括上的先后关系具有一定的辩证性。一方面，理论体系来源于现实语言；另一方面，现实语言系统必须以一定的理论体系为依据进行概括。又因为在这里，准具象性文明层次语言理论体系及相应语言系统两方面的研究工作都是初始性的，而且是交织着进行的，所以，拟作为一个部分一起表述。理解上，当侧重整体架构时，可看做是理论体系；当侧重于语言现实时，可看做是语言系统。

3. 具体综论的内容。准具象性文明层次运作机制方面的内容前面基本已经论述到了，这里不再补充说明，已有结论，在本节最后所列准具象性文明层次语言系统总表中加以体现。因此，具体综论的内容是静态本体结构单位。

4. 综论时静态本体结构单位概括的初步性。由于调查工作尚未全面铺开，词表和充足的言语句材料尚未整理出来，所以，这里的静态本体结构单位的概括仍只是初步性的，是一种代表性的概括。

5. 同准人类语言层次间的关系。准人类语言层次的部分静态本体结构单位提升至人类语言层次了，但这些静态本体结构单位到底有哪些、与人类语言层次静态本体结构单位之间是如何整合的等内容尚未进行系统的研究，故同准人类语言层次间的关系问题在此不予涉及。

关于准具象性文明层次语言系统静态本体结构单位，依词句的二分，以下分两个部分进行综合论述。

一、准具象性文明层次基点词所及内容的总体阐述

一般说来，词所涉及内容主要有基本特性、内部结构、使用功能、类型、词表等。对照这些内容，总体说明几点：

1. 这里的使用功能包括组合能力和造句功用。

2. 由于研究才初步展开，词表还不能具体给出，所以，将阐述的内容主要是基本特性、内部结构、使用功能和类型。

3. 因基本特性具体体现在词与发生范畴基础层次之间的关系、内部结构、使用功能三个方面，而类型的概括也是以这三方面的特性作为基础的，故在此进一步将以上内容结合起来，整合为三点进行阐述①。

① 这里所涉及词的内容，同现行语言体系内部层面相较，是词汇和词法中部分内容的综合。又，依据的参考文献，主要是向熹：《简明汉语史》，北京，高等教育出版社，1993；徐朝华：《上古汉语词汇史》，北京，商务印书馆，2003。

（一）准具象性文明层次基点词体现在与发生范畴基础层次之间的关系上的基本特性及其相应的词类概括

1. 从对动物语言和准具象性文明层次基点词的观察、分析、测试等方面的结果来看，心跳、脉动等神经机制是基点词的强制性生理基础。与心跳、脉动等神经机制的节律性相应，基点词具有本能性节律的特性。

具有本能性节律之词，可概括为本能节律词。其节律特征，一般是律动单位的一次或难以自制的两次、三次连续叠动构成一个节奏单位。语词表现，是单音节形式或双音节复叠以及少量三音节复叠等形式。复叠形式分类列举如下：

准具象性时间层次本能节律词。如：

猩猩　狒狒　蛮蛮　禺禺　蛩蛩
赳赳　习习　汤汤　乾乾　关关　萋萋　巍巍　呱呱　跄跄　雎雎　登登　骄骄　皎皎

他时间层次儿童语言中的本能节律词。尤其是婴儿语中的婴儿词。如：

爸爸　妈妈　哥哥　妹妹　椅椅　衣衣　帽帽

他时间层次日常语言中的本能节律词。这种日常语言主要体现在方言中。如今兰州方言部分本能节律词①：

刀刀　洞洞　豆豆　柜柜　板板　底底　垫垫　套套　本本　绳绳　刷刷　尖尖　顶顶　带带　纸纸　门门　棍棍　核核　圈圈　盖盖　铲铲　碗碗　匣匣　勺勺　台台　筐筐　盆盆　桶桶　缸缸　帽帽　网网　罐罐　旗旗　巷巷　碟碟　蓝蓝　杆杆　锤锤　缝缝　帐帐　袋袋　抽抽　甲甲　蛋蛋　皮皮　格格　坎坎　盒盒
串串　对对　伙伙　把把　堆堆　摞摞

① 李炜：《兰州方言名词、量词的重叠》，《汉语重叠问题》，武汉，华中师范大学出版社，2009，第350～351页。

也有少数三音节复叠的本能节律词。如湖北省潜江方言中斑鸠的称名“咕咕咕”。

2. 从与现实对象之间关系上看，现实对象是基点词生成的现实基础，基点词与现实对象整体或某方面特征之间往往构成一种摹拟关系。与此摹拟关系相应，基点词往往具有摹拟的特性。具有此特性的词，可概括为摹拟词。包括：

摹声词。如：

鸭　猫　犬　汪　觱发　乌呼　滂沱

摹状词。如：

圆　扁　大　细　恍惚　参差　踟蹰　缤纷　憔悴　匍匐
从容　绸缪　逍遥　侏儒　缱绻　优游　辗转　窈窕　望洋
犹豫　权舆

(二)准具象性文明层次基点词体现在内部结构上的基本特性及其相应的词类概括

1. 从以音义结合性整体为单位的复合度上看，准具象性文明层次基点词基本皆为单一结构，基本不存在复合结构，因而整体单位上具有单纯的特性[①]。具有此特性的词，可比照现代常用术语概括为单纯词。这类词，是准具象性文明层次的基础词，因范围上基本覆盖了全部准具象性文明层次基点词，业已概括出的基点词几乎皆可从复合度上作为其现实表现，故例不赘举。

2. 从词的单维意义要素上看，准具象性文明层次基点词主要具有两方面特性：一是具象性。即词义内容往往具有除指称“符号三角”理论中模糊的“符释”之外，还指称其中“符号对象”的特性。二是混整性。即所指“符号对象”往往具有囫囵的整体特性，对象所涉及的整体与部分、整体与性状、整体与行为、行为与作用对象等整体内部关系往往未得清晰

① 与之相应，也就不作下一层级语素问题的讨论。

地加以分离[①]。具有这两个特性的词，可分别概括为具象词和混整词。同单纯词相类似，因为具象词和混整词范围上几乎覆盖了全部准具象性文明层次基点词，故例不赘举，只作一些简要说明。

(1)具象词。

准具象性文明层次基点词中与现代语言学中名词、动词、形容词三核心词类具有一定对应关系的词是典型的具象词，它们的意义内容中有着较为明显的“符号对象”。基点词中与现代语言学中数词、量词具有一定对应关系的词是广义的具象词，它们的意义内容中往往也存在着关联性“符号对象”。李景源说：“原始人的数量观念极为贫乏，他们不能像现代人那样自由地运用抽象的数字来表达数目的多少，因而在计数时总是不脱离具体的事物。”“众所周知，数是集合类的量的标志，因而是类的概念。但在表象思维他时间层次对类的划分还具有某种实用的性质，所以这种原始的分类并不是数学上可以严格定义的类，基于原始分类基础上的数概念也是原始的，它总是同事物的质的特征相联系，这种同事物属性相联系的数概念是具体的，它还没有作为各种事物的共性被抽象出来。”[②]

(2)混整词。

除前及连整体思维作用下创造出的“沐”、“浴”、“盥”、“洗”等词之外，特征较为明显的还有“气”、和八卦所对应自然物的名称等。

气，《说文》：“云气也。”段玉裁注：“气，本云气，引申为凡气之称。”这种模糊的“凡气之称”，包括今人所感知到的以水为载体的云气等

---

① 具象性和混整性的基础，学界有过不少研究。古人认为，世间万物大抵都有“体”、“相”、“用”，即“实”、“德”、“业”三品。“体”、“实”指事物的本体，“相”、“德”指事物的形貌德性，“用”、“业”指事物的作用。一“实”之名，必有其“德”、“业”相伴随，反之亦然，“实”、“德”、“业”往往相伴而生(张文国：《古汉语的名动词类转变及其发展》，北京，中华书局，2005，第118页)。认知语义学认为，语言中词类边界的模糊性有其深刻的认知心理基础。因为事物、属性和动作并无明确的界限，把一个东西看成事物还是动作，取决于我们心理上形成的主观“意象”。对动作进行整体投影，则可感知为事物(V→N)，动作在时间上的连续量凸现为程度的变化，便可将动作感知为属性(V→A)。对事物进行分他时间层次的连续扫描，则可感知为动作(N→V)，事物都有属性，凸现该事物的典型属性时，便可将事物感知为属性(N→A)。对属性进行整体投影就成了事物(A→N)，属性都有程度之别，如果凸现从程度浅到程度深(或者相反)的变化，就形成可以连续扫描的过程(A→V)(邹立志、白聪：《论古今汉语词类活用的不同本质》，《语言研究》2009年第2期)。以上具象性和混整性的基础，也可从心理层次上作出进一步的概括。因为准具象性文明层次对词义的运作主要处于感知层次，而感知具有两大特征，一是存在着具象性依托，二是各感官感知的信息汇入大脑之后，往往相互打通、形成通感，并以模糊的综合形式加以储存，所以，准具象性文明层次基点词自然具有具象和混整的特性。

② 李景源：《史前认识研究》，长沙，湖南教育出版社，1989，第285～289页。

气流、以生理信号为载体的神经脉冲、以非生物信号为载体的电流等具有云气特性的事物以及这些事物所呈现出的云气类情状。

八卦，是中国古代的一套有象征意义的符号，对应八种自然物。《说文解字·叙》："古者庖羲氏之王天下也，仰则观象于天，俯则观法于地，视鸟兽之文与地之宜，近取诸身，远取诸物，于是始作易八卦，以垂宪象。"据《说文》庖羲氏之所作可知其出现时间之早，而据其类属性和象征性特征，不难看出其含义的系统性和丰富多样性。这种系统性和丰富多样性，今人结合后起的部分表现综合进行了概括。部分如表 7-1 所示①。

表 7-1 八卦

卦名	对应自然物	功能属性	时令	方位	生化
震	雷	动、起	正春	东	万物出乎震
巽	风	入、散	春末夏初	东南	万物絜齐
离	火	丽、烜	正夏	南	万物皆相见
坤	地	顺、柔、藏	夏末秋初	西南	万物致养
兑	泽	说	正秋	西	万物所说
乾	天	健、刚、君	秋末冬初	西北	阴阳相薄
坎	水	陷、润	正冬	北	万物所归
艮	山	止	冬末春初	东北	万物终始

这些出现时间早且含义丰富多样的符号，在语言层面往往是用所对应自然物的名称表示的。反过来从这些自然物名称的表义上分析，不难看出，其蕴含的意义，或者更具体一些地用现代语言学术语表述为其原始的一个义位整体蕴含的意义，是原始状态词义混整性的典型表现②。

值得进一步说明的是：

①意义要素之下还可分出众多的类型来。其中，有必要指出的是，依前述情绪、理性二分的理念，总体上可分为情绪词、理性词两大类。情绪词，即第四章准具象性文明层次句子基本模式部分所及情绪式用词。不赘。理性词，可因意义含量的多少以及意义之间的关系继续下分，此不展开。

---

① 刘长林：《中国系统思维》，北京，中国社会科学出版社，1990，第 82 页。

② 依现代语言学词义理论比较分析，基点词的意义往往似乎可概括为多个义位，其实不然。因为，基点词内部所具有的不同类型的意义往往皆不很固定，而且界限模糊，所以，只能看做是一个模糊的整体性词义或原始的义位整体。

②更全面地讲，同“符号三角”理论中“符释”相应，还存在部分与混整词相对的基本表达思维中概念的词，姑且称之为准概念词。

3. 从词的单维语音要素上看，准具象性文明层次基点词的特性和类型第三章已及，不赘述。

（三）准具象性文明层次基点词体现在使用功能上的基本特性及其相应的词类概括

据语言系统动静态结合、主客体要素密切关联的特性概括出来的句，作为一种抽象表义模式，其功能结构模式的概括，是以词的功能类型为基础的，所以基点词体现在使用功能上的特性及其相应的词类概括非常重要。

总体上讲，准具象性文明层次基点词在使用功能上具有具象的特性。这里的具象主要是与前述内部结构方面意义要素的概括相应的表象和意象呈现出来的有形之物，它是相对抽象的符号而言的。抽象符号是以认知为基础的，符号的功能是出于针对性需要而人为规定的，所以，符号与功能之间的关系较为单纯，符号的功能因此而具有单纯、明确、固定等特性。相比较而言，具象是以人们在现实生活中的具体感知为基础的，符号的功能是在感知、认知过程中自然赋予的。因为感知存在一定的非理性因素，具有一定的主观灵活性，往往因人、因时、因地而存在一些不同，所以，符号与功能之间的关系较为复杂，符号的功能因此而具有复杂、不明确、不固定等特性。具有此特性的词，可概括为具象功能词。

分开来讲，准具象性文明层次基点词的使用功能又存在几种不同情况，具象功能词相应地具体概括为几种不同次类。

1. 部分准具象性文明层次基点词存在独用的特性。具有此特性的词，可概括为独用词。这类词，主要表现为前及情绪词和焦点词。因其只具有表义功能，与词义类的概括无异，故亦可称之为情绪词和焦点词。分类列举如下：

准具象性时间层次情绪词和焦点词。

俞、噫、嘻、嗟、呼、咄、吁、嗟呼、乌呼、噫嘻、吉、凶、祥、泰。

他时间层次语言中的情绪词和焦点词。

唉、啊、呀、哇、哟、哎哟、啊哈、哇塞、香、酸、甜、好。

2. 部分准具象性文明层次基点词平行存在两种或两种以上使用功能的混整特性。这种特性需要说明的是：

(1)总体上与人类认识发展过程密切相关。人类认识发展的过程，是一种由模糊、笼统至逐步清晰的过程，最初的状况往往是对象上表现为整体形式，整体内部结构关系上则具有模糊、笼统的特性。

(2)使用功能上的混整特性与意义上的混整性相应，使用功能与表义功能基本相应。

(3)混整的功能，参照现代语言学关于词类的概括，总体上大致对应名词、动词、形容词、数词、量词、代词的功能。其中，以名词、动词、形容词的功能为主。

具有此特性的词，无论其具体混整功能的多少，皆大致概括为混整功能词。分类列举如下：

准具象性时间层次混整功能词。张文国对先秦常见文献作了调查分析，共发现常用单音节普通名词约1217个。其中，通常只作名词使用的共971个，约占80%；名动兼类词246个，约占20%①。这里所说的单音节普通名词，是我们今天能够见到的早期基本词汇，同时，其中的名动兼类词与混整功能词性质相近，所以，大致可将246个名动兼类词看做准具象性时间层次混整功能词的主体。部分列举如下：

动物(人物)类：王、君、侯、臣、霸、祝、女、妻、子、祖、宗、蚕、鱼。

形体器官类：目、指、肘、体、躬、首、面、颠、背、齿、角。

衣食类：衣、冠、带、佩、冕、食、酒、脯、饮、酌、饷、羞、膳、馔。

器具类：策、椎、刃、鉴、帷、麾、辇、栉、权、烛、绳、钩、缚。

自然类：水、火、灾、风、雨、电、雷、震、霾、光、滨、淖、泥、原。

建筑类：城、沟、穴、巢、馆、舍、宅、寝、社、庐、市。

抽象类：福、祸、祚、祇、疾、病、梦、纪、纲、法、辟、

① 张文国：《古汉语的名动词类转变及其发展》，北京，中华书局，2005，第351～355页。

刑、礼、官、爵、禄、义、德、恩。

他时间层次语言中的混整功能词。标准大致确认为具有两类及两类以上平行功能。我们对湖北省浠水方言作了一些调查，现将所确认的部分混整功能词或词与词素兼属的情况列举如下：

名动性混整类：

锄：干锄——锄地　犁：犁——犁田　耙：耙——耙田
錾：錾滚——錾田　耖：耖子——耖田　耱：耱子——耱田
铲：铲子——铲土　车：水车——车水　磨：磨子——磨豆腐
抿：抿子——抿泥巴　抹：抹布——抹桌子　锁：锁——锁门
刷：刷儿——刷桌子　闩：门闩——闩门

名量性混整类：

碗：碗——一碗饭　锅：锅——一锅饭
锅铲：锅铲——一锅铲菜
盆儿：盆儿——一盆儿水　桶：桶——一桶水
缸儿：缸儿——一缸儿水
杯儿：杯儿——一杯儿水　瓶儿：瓶儿——一瓶儿水
罐儿：罐儿——一罐儿水

3. 部分准具象性文明层次基点词具有功能较为单纯和固定的特性。这种特性需要说明的是：

(1)人类认识的发展，可从不同角度进行认知，并且可能呈现出两种相互对立的特性。从发生上讲，最初往往具有模糊、笼统的特性。从发展上讲，认识发展至思维的析分之门逐步开启之时，为适应现实生活中区别对象的需要，在牧业、农业等特定范围内又出现了分析、细致的特性。基点词单纯、固定的特性，就是这种分析、细致特性在语言使用功能上的表现。

(2)基点词单纯、固定的特性还与早期特定的现实状况密不可分。如神圣观念。图腾、英雄乃至于一般人名皆不同程度地具有神圣的特性，不允许随意赋予意义和功能。又如利害关系。表示警示、协调行为等意义的词，在现实生活中的使用往往关系重大，有时甚至性命攸关，不允许有歧义。

(3)单纯性功能，参照现代语言学关于词类的概括，总体上大致对应名词、动词、形容词、数词、量词、代词的功能。

具有此特性的词，可概括为准单纯功能词。因形容词、量词几乎全是混整功能词，故类属上主要包括准名词、准动词、准代词、准数词。分类列举如下：

准具象性时间层次准单纯功能词。

准名词(参考张文国的调查结果分次类进行列举)①：

动物(人物)类：人、鸟、乌、鸦、鹊、燕、鸭、鸡、凤、马、驹、羊、羔。

形体器官类：元、颁、页、体、眉、眼、睛、足、趾、心、肝、脾、肺、肾。

衣食类：巾、帻、布、帛、丝、衩、裙、裳、米、谷、麦、稻、饼、浆。

器具类：旗、帜、旌、车、轮、舟、矛、盾、戈、斤、斧。

自然类：江、河、湖、海、潭、泽、石、岩、土、天、云、雪、日、月。

建筑类：台、坛、坎、梁、庙、宇、门、室、宫、井。

抽象类：祥、时、年、恙、恶、文、武、功、政、经、规、矩、典、道、术、方、技。

准动词：

行走类：步、行、来、往、出、入、涉、去、陟、降、逆、追、及、即、至、从。

战争类：征、伐、战、杀、擒、侵、斗。

视听类：见、望、相、省、监、观、看、闻、听。

言说类：言、曰、告、问、占、令、命。

准代词：

我、吾、予、朕、而、尔、汝、自、已、孰、胡、之、其、彼。

---

① 张文国：《古汉语的名动词类转变及其发展》，北京，中华书局，2005，第351～355页。

准数词：

四、五、六、七、八、九、十、百、千、万。

他时间层次语言中的单纯功能词。这方面的研究工作尚未深入进行，暂略。

基于以上概括，准具象性文明层次基点词词类大致可总括为图 7-2。

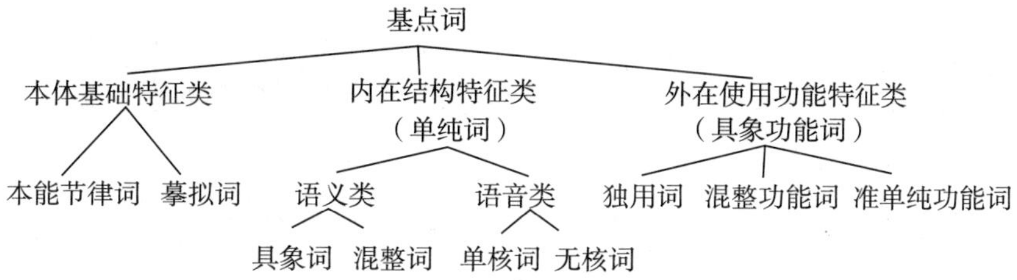

图 7-2　准具象性文明层次基点词词类

二、准具象性文明层次基点句所涉及内容的总体阐述

同基点词的总体阐述有些不同，因句子外在使用功能属于言语范畴，故基点句所涉及主要内容只有基本特性、内部结构和类型。结合三方面内容综合考虑后，拟分两个部分进行阐述。

（一）准具象性文明层次基点句体现在与发生范畴基础层次之间的关系上的基本特性及其相应的句类概括

1. 从对动物语言和准具象性文明层次基点句的观察、分析、测试等方面的结果来看，呼吸等神经机制是基点句的强制性生理基础。与呼吸等神经机制的节律性相应，基点句具有本能性节律的特性。

具有本能性节律之句，可概括为本能节律句。其节律特征，主要表现在长度上，其一是受呼吸时长的限制，长度较短。其二是因呼吸具有均衡性，故长度往往较为均衡①。这一些，学界的一些相关研究，是对其较好的说明。儿童语言，三岁左右一般为 4～6 个字②；现代口语、散

① 从这个意义上讲，呼吸因素，也可看做是韵句出现的生理基础。

② 李宇明：《儿童语言的发展》，武汉，华中师范大学出版社，1995，第 135～151 页。

文的主流由5～7个音节组成[①]；人的整块记忆跨度通常在7±2个单元之间[②]。本能节律句的用例简单列举如下：

准具象性时间层次本能节律句。例：

(1)断竹。续竹。飞土。逐宍。[③]

(2)静女其娈，贻我彤管。彤管有炜，说怿女美。[④]

他时间层次书面语言方面本能节律句。例：

(1)赵王饿。乃歌曰。诸吕用事兮。刘氏微。迫胁王侯兮。强授我妃。我妃既妒兮。诬我以恶。谗女乱国兮。上曾不寤。我无忠臣兮何故。弃国自快中野兮。苍天与直。吁嗟不可悔兮。宁早自贼。[⑤]（歌词为韵文，标点为颜师古注时所加）

(2)怨极愁多。歌慵笑懒。只因添个鸳鸯伴。他乡游子不能归。高堂父母无人管。o湘浦鱼沉。衡阳雁断。音书要寄无方便。人生光景几多时。蹉跎负却平生愿。[⑥]（曲中中圆点，标示段间关系。）

(3)千钧笔力压山河。能使两情相睦和。来往同论百年计。不容平地起风波。[⑦]

(4)大家好！九八九八不得了，粮食大丰收，洪水被赶跑。百姓安居乐业，齐夸党的领导。尤其人民军队，更是天下难找。国外比较乱套，成天钩心斗角。今天内阁下台，明天首相被炒。闹完金融危机，又要弹劾领导。纵观世界风云，风景这边更好！[⑧]

---

① 吴洁敏、朱宏达：《汉语节律学》，北京，语文出版社，2001，第138页。

② Miller. G.："The marginal seven，pius or minus two?"，*Psycological Review*，1956：63-72，81-97.

③ (清)沈德潜：《古诗源·弹歌》。

④ 《诗经·静女》。

⑤ (汉)班固：《汉书·高五王传》。

⑥ 《怡春锦·琵琶记·旅思·踏莎行》，见王秋桂主编：《善本戏曲丛刊》中之明曲，台北，台湾学生书局，1984。

⑦ 《汪沈两大主笔同政》，《盛京时报》1910年4月10日。

⑧ 崔永元、赵本山、宋丹丹：《昨天　今天　明天》。

他时间层次日常口头语言方面本能节律句。例[1]：

"我说，我很紧张啊。"
"后来，又来了个警察。"
"几楼哇？"
"二楼，是三楼。"
"噢，那不是他。"

他时间层次儿童语言方面本能节律句。如[2]：

"阿姨。""帽帽。""馒馒。""我不。'"不喝。""不滚。""不贱了。""不爷爷（不是爷爷，是伯伯）。""妈妈好。""妈妈糖。""打屁股针（臀部注射）。""爸爸牛奶喝（爸爸，我要喝牛奶）。"

他时间层次老人语言方面本能节律句。例：

(1)宋：看啥呢？赵：报。宋：饭好了。赵：吃。宋：喝酒不？赵：放。宋：咋就这一个字一个字崩的过？赵：错。宋：商量个事儿。赵：说。宋：多赏个字行不？赵：行。宋：还是一个字儿。[3]

(2)宋：我叫白云。赵：我叫黑土。宋：我七十一。赵：我七十五。宋：我属鸡。赵：我属虎。宋：这是我老公。赵：这是我老母——我老伴儿。宋：差辈儿了。[4]

2. 从与现实对象之间关系上看，现实对象是基点句生成的现实基础，基点句与现实对象整体或某方面特征之间往往构成一种摹拟关系。与此摹拟关系相应，基点句往往具有摹拟的特性。具有此特性的句子，可概括为摹拟句。关于准具象性文明层次摹拟句，因一方面系统研究尚未完成；另一方面，句子界定为结构模式，而模式方面内容下一部分将

① 陶红印、S. A. Thompson：《语法和语法的关联：汉语会话中常用的小句结构》，《国外语言学》1995年第4期。

② 李宇明：《儿童语言的发展》，武汉，华中师范大学出版社，1995，第155页。

③ 赵本山、宋丹丹：《老伴》。

④ 赵本山、宋丹丹、崔永元：《昨天 今天 明天》。

具体阐述，故在此仅参考古人语序摹拟方面相关研究成果略举几例：

(1)正月："雁北乡。"先言"雁"而后言"乡"者何也？见雁而数其乡也……九月"遰鸿雁"。先言"遰"而后言"鸿雁"，何也？见遰而后数也，则鸿雁也。①

(2)正月："雉震呴。"呴也者，鸣也；震也者，鼓其翼也。正月必雷，雷不必闻，惟雉为必闻之。何以谓之？雷则雉震呴，相识以雷。②

(3)正月："缇缟。"缟也者，莎随也；缇也者，其实也。先言"缇"而后言"缟"者何也？缇先见也。③

(4)九月："陟玄鸟蛰。"陟，升也；玄鸟者，燕也。先言"陟"而后言"蛰"何也？陟而后蛰也。④

(5)十二月："鸣弋。"弋也者，禽也。先言"鸣"而后言"弋"者何也？鸣而后知其弋也。⑤

(二)准具象性文明层次基点句体现在内部结构上的基本特性及其相应的句类概括

关于内部结构，集中说明几点：

(1)句子内部结构单位的名称。

句子内部结构单位的所指，无论是言语性实体还是不同类型的抽象形式，都应该尽可能覆盖全部句子类型。现有名称"成分"、"语"、"格"、"位"、"题"等覆盖度均不充分，故在此选用"元素"一词。为了便于同语言系统中他层面"元素"区别开来，在此前加一"句"字，叫做"句素"。

(2)句素的层面及所指。

句子的内容大致概括为两个层面：本体、功能。本体层面又继续析分为义、音两个次位层面。意义、语音、功能三个层面本非同层关系，但因意义、语音是本体的具体表现，故表述上将其与功能并列，权宜性表述为同层关系。

句子各层面的表述及所指是：

句子的意义层面，表述为句义层面。句义的所指是，一种由在词汇

① 《大戴记·夏小正》。
② 《大戴记·夏小正》。
③ 《大戴记·夏小正》。
④ 《大戴记·夏小正》。
⑤ 《大戴记·夏小正》。

义基础上逐渐抽象出的类型义组合而成的结构关系模式。

句子的语音层面，表述为句音层面。句音的所指是，一种与句义具有对应关系的语音结构关系模式。

句子的功能层面，表述为句职层面。句职的所指是，一种与地位、顺序等相关的功能单位组合而成的功能结构关系模式。

句素的层面与句子的层面相同。句素的所指是句义、句音、句职内部各别性结构单位。

(3)句素的内部关系。

句义、句音、句职三层面的句素都可继续析分。

句义层面，句素的一级概括形式是义段。义段下可继续析分为多个层级的子义段，子义段的末级组合元素是词的义位。句义的义位构成可形式化为：义位(1，2，3，…，n)。其中，$n \geq 1$。

句音层面，句素的一级概括形式是音段。音段下可继续析分为多个层级的子音段，子音段的末级组合元素是词的语音形式，进一步具体化为音节。句音的音节构成可形式化为：音节(1，2，3，…，n)。其中，$n \geq 1$。

句职层面，句素的一级概括形式是职段。职段下可继续析分为多个层级的子职段，子职段的末级组合元素是使用功能类的词。句职的功能词构成可形式化为：功能词(1，2，3，…，n)。其中，$n \geq 1$。

(4)句素三层面间的关系。

据考察，句子的意义、语音、功能三层面之间存在着对应关系。这种对应关系，使得句义、句音、句职三层面句素之间亦具有对应性。

(5)句子结构分析法。

句子不同层面句素的结构模式构建出来之后，即可依系统内部关系进行分析。这种分析法，可称之为句素分析法。

基于以上说明，准具象性文明层次基点句体现在内部结构上的基本特性及其相应的句类的概括，下面沿着如下两个思路展开：一是层面上，分句义、句音、句职三层面进行概括。其中，句义、句音层面的内容，一方面因与句职在类型上具有对应性；另一方面，第四章已有所论及，故在此以前及论述为基础仅作简要整理，重点放在句职层面。二是句类的概括，主要落实在句素的结构模式上。句素的层级，因准具象性文明层次大多为多层级混整，故不作严格意义的区分。

1. 基点句体现在句义层面的基本特性及其相应的句类概括

同基点词的具象性相类似，基点句句义亦具有一定的具象特性。这种具象性主要表现为句义结构模式对心理层面感知和认知过程结构模式的摹拟。具有此特性的句子，可称之为准具象义段结构句。

与准具象性文明层次内部感知、认知水平发展的过程相应，准具象义段结构句大致可概括为三个次位模式。

(1)混整性义段结构式。多表现为单一的整体性情绪类型或感知焦点。形式化为：A。

(2)关系性义段结构式。一般模式为：(主要对象)·(关联对象)。形式化为：(A)·(B)。

基本模式概括为：主要对象＋关联对象。形式化为：A＋B。

(3)事件性义段结构式。一般模式大致概括为：(施予性对象)·刺激本身的辖域回应性行为·(接受性对象)。形式化为：(A)·B·(C)。

基本模式形式化为：主要对象＋刺激本身的辖域回应性行为＋关联对象。形式化为：A＋B＋C。

2. 基点句体现在句音层面的基本特性及其相应的句类概括

基点句句音除前及受呼吸节律的制约而表现出的整体上的短促特征之外，内部结构上还具有一定的具象特征。这种特征可概括为过程结构摹拟，一种与义段结构相呼应的对感知、认知过程结构的模拟①。具有此特性的句子，可称之为准具象音段结构句②。其内部，与准具象义段结构句相应大致可概括为三个次位模式。

(1)混整性音段结构式。形式化为：A～～～。

(2)关系性音段结构式。形式化为：A～B～。

(3)事件性音段结构式。形式化为：A～B～C～。

3. 基点句体现在句职层面的基本特性及其相应的句类概括

基点句体现在句职层面亦具有一定具象的特性。这种特性，主要表现为功能化的程度尚不十分高。由于模式内部职段主要表现为句义、句音结合的初始性形式，其位置性功能特征尚未充分提取出来，整体上与句义层面相差不大，所以，内部职段的功能皆不十分清晰和固定。

具有此特性的句子，可称之为准具象职段结构句。其内部，与准具象义段、音段结构句相应大致亦可概括为三种次位模式。

第一种，混整性职段结构式。

该模式，也就是第四章所涉及情绪式和焦点式的句职模式。形式化为：情绪类混整职段/焦点类混整职段。

第二种，关系性职段结构式。

该模式也就是第四章所涉及关系式的句职模式，它是准具象性文明

---

① 相比较学术界拟音、摹状而言，这种摹拟带有动态的性质。这种性质，可从语言障碍者对事件的描述上得到一定的证实。

② 句调，直接与句子所表达言语义相关，对应的是整体结构，后当另行概括。

层次句职层面的特征性模式。为进一步揭示其本质特征，可进一步称之为主次性关系结构式。这种模式的特征有二：一是句子结构侧重于句子要素间的静态关系。二是句子要素间的关系类型具体表现为主次模式[①]。其中的“主”，为以自我为中心的个体或社会性关注的焦点，从与自我或所代表的群体、社会之间关系角度判定的焦点。“次”则是相对的次位要素。该结构模式，可形式化为：主要职段＋次要职段。

主次结构，相比较西方传统语法而言，区别主要有二：一是界定更加宽泛、灵活。因为其只涉及两类要素，而且只及两个要素间的主次关系。二是与词语性质之间没有对应关系。几乎任何组合功能词都可以为主、为次[②]。

主次结构的次类，以不同范畴的表现为依据进行概括。主要如下：

其一，感知评价范畴的主次结构。即自然感知过程中下意识地作出评价并且将评价对应性表达出来的一种结构类型。准具象性时间层次中书面文献参考例：

(1)勖哉，夫子！[③]

(2)何哉，尔所谓达者？[④]

(3)伯鱼之母死，期而犹哭。夫子闻之曰：“谁欤，哭者？”[⑤]

(4)贤哉，回也！[⑥]

(5)亦太甚矣，先生之言也！[⑦]

在准抽象和抽象性时间层次，由于认知和社会化心理得到了极大发展，感知评价范畴的主次结构往往表现为潜意识应急反应并表达出来的一种未经

---

① 意合语法研究提供了一些参考。汉语意合语法常见的意合规律主要有逻辑律和音韵律。其中，逻辑律潘文国概括为如下几种(潘文国：《英汉语对比纲要》，北京，北京语言大学出版社，1997，第257～282页)：

(1)时序上的先后律。汉语的语序是按照时间顺序上的先后来安排的。连动句、兼语句表现明显。

(2)空间上的大小律。从上到下、从大到小、从整体到局部安排顺序。

(3)心理上的轻重律。重要的先说，次位的后说。

(4)事理上的因果律。先因后果。如人逢喜事精神爽。

另，与两方面表现相应，若侧重关系，其句子可称之为关系结构句。侧重主次，可称之为主次结构句。

② 前及混整功能词主要出现于该类结构模式之中。

③ 《尚书·泰誓》。

④ 《论语·颜渊》。

⑤ 《礼记·檀弓》。

⑥ 《论语·雍也》。

⑦ 《战国策·赵策》。

社会化心理改造的结构类型。通常所说的语用性倒装，往往就属于此类主次结构。抽象阶段主次结构，例如："来了，他们两个。""两元钱，你的。"

其二，一般认知表述范畴的主从结构。即现实语言文化生活中通过认知形成一定的关系性认识并对应性将其表述出来的一种结构类型。通常所说的"话题—说明"结构，就属于这种结构类型。因准具象性文明层次部分行为是通过具象形式表现出来的，所以"说明"性要素还包括了部分蕴含行为的名词性要素。准具象性时间层次中书面文献参考例：

(1)是子也，熊虎之状而豺狼之声。①

(2)逸民：伯夷、叔齐、虞仲、夷逸、朱张、柳下惠。②

(3)晏婴，齐之习辞者也。③

(4)君子之德，风；小人之德，草。④

(5)不背本，仁也；不忘旧，信也；无私，忠也；尊君，敏也。⑤

他时间层次主从结构用例："张三，三个。李四，四个。""上午，学习。下午，打球。""青岛路，你在那儿等我。"

其三，数量层级范畴的整散结构。即在两个或两个以上的数量范畴所体现出的一种先整后散或先大后小的结构类型。准具象性时间层次中书面文献参考例⑥：

(1)十犬又五犬。⑦

(2)十卣又五卣。⑧

(3)隹十月又一月。⑨

(4)三十二日九百四十分日之六百单一。⑩

他时间层次整散结构，例如："三斤半。""三岁半。""三个小时半。"

---

① 《左传·宣公四年》。

② 《论语·微子》。

③ 《晏子春秋·内篇杂下》。

④ 《论语·颜渊》。

⑤ 《左传·成公九年》。

⑥ 郭攀：《汉语涉数问题研究》，北京，中华书局，2004，第20～38页。

⑦ 商承祚：《殷契佚存》，金陵大学中国文化研究所编，194。

⑧ 中国社会科学院考古研究所编：《小屯南地甲骨》，北京，中华书局，1984，110。

⑨ 《御父已鼎》。

⑩ 黎靖德：《朱子语类》，卷二，北京，中华书局，1986。

第三种，事件性职段结构式。

该模式也就是第四章所涉及事件式的句职模式，它是本层次至准抽象性文明层次的过渡性模式，可进一步深入地概括为主谓性事件结构式。其特征有二：一是句子结构侧重于句子要素间的动态关系，亦即事件所对应的行为与其关联对象之间的逻辑关系。二是句子要素间的关系类型大致表现为西方语言学所概括的主谓模式。尽管汉语与西方语言存在着类型上的巨大差异，尽管此处的语言与西方普通语言学中的语言在层次所指上不尽相同，但是，还是大致可以用主谓模式进行概括。该结构模式，可形式化为：主语性职段＋谓语性职段＋宾语性职段。

主谓结构模式的次类，依主干成分的排列顺序，主要可概括为两类：SVO 和 SOV。在同一种语言中 SVO 和 SOV 两类并存，与事件式的生成相关。因为事件式的生成，可看做是焦点式和关系式的整合。在整合过程中，由于理性表达以自我为中心，故焦点置于关系式两个要素之前的情况较少，而置于两个要素之间或之后的情况在理论上则是均等的。其结果，文化选择尚未定型之前，SVO 和 SOV 并存，文化选择定型之后，逐渐有了倾向性，SVO 处于主导地位，SOV 则逐渐式微。二类结构模式的说明，仅略举文字证明为最早的甲骨文文献和现行抽象时间层次口语中的例子。

第一类，SVO。

(1)今日王出？①

(2)我伐马方，帝授我祐？②

(3)侑羌？③

(4)我去街上。

(5)我去。

(6)去街上。

第二类，SOV。

(1)四鹿获？五鹿获？④

(2)受年商？⑤

(比较例：商受年？)⑥

---

① 郭沫若：《甲骨文合集》，北京，中华书局，1978，11018。

② 郭沫若：《甲骨文合集》，北京，中华书局，1978，6664。

③ 郭沫若：《甲骨文合集》，北京，中华书局，1978，41462。

④ 郭沫若：《甲骨文合集》，北京，中华书局，1978，28324。

⑤ 中国科学院考古研究所编：《小屯殷虚文字乙编》，北京，科学出版社，1956，98。

⑥ 罗振玉：《殷虚书契前编》，3、30、6。

(3)王惠土方征？①

(4)王勿唯土方征？②

(5)我街上去。

(6)街上去。

例中“四鹿获？五鹿获”有不同的理解，有人认为是被动式的“SV”，我们认为是“OV”，而且，由此受到启示，不难进一步作出推论，被动式的“SV”是“OV”重新理解的结果。

主谓结构模式的次类，依主干成分的完备度，可概括为完备和非完备两类。非完备又可进一步细分为无主和无宾两类。两个层级诸类综合在一起，大致可整合为三类结构模式：完备类、无主类、无宾类。

第一类，完备类。主谓宾皆完备的结构模式。由于本层次语言表达上逻辑完备程度较低，所以，完备类结构模式的使用并不普遍。除前及SVO和SOV类所举用例之外，准具象性时间层次中书面文献参考用例补充如下(如图7-3)：

(1)扁鹊见蔡桓公。③

(2)贤者识其大者，不贤者识其小者。④

(3)小人殉财，君子殉名。⑤

(4)季氏饮大夫酒。⑥

(5)传曰：“君子役物，小人役于物。”此之谓也。⑦

第二类，无主类。又可称之为蕴主类，即主语蕴含于心理反应层次中的结构模式。所蕴含的主语，或为人所共知的天气；或为泛指性经验、规律等范畴的对象⑧。准具象性时间层次中书面文献和现行抽象性时间层次口语参考例：

(1)三年春，不雨。夏六月，雨。⑨

(2)多行不义，必自毙。⑩

---

① 郭沫若：《甲骨文合集》，北京，中华书局，1978，6442。

② 郭沫若：《甲骨文合集》，北京，中华书局，1978，6444。

③ 《韩非子·喻老篇》。

④ 《论语·子张》。

⑤ 《庄子·盗跖》。

⑥ 《左传·襄公二十三年》。

⑦ 《荀子·修身》。

⑧ 杨伯峻、何乐士：《古汉语语法及其发展》，北京，语文出版社，1992，第811页。

⑨ 《左传·僖公三年》。

⑩ 《左传·隐公元年》。

(3)出太阳了/下雨了/起风了。

(4)吃了吗?

第三类，无宾类。又可称之为蕴宾类，即宾语蕴含于心理反应层次中的结构模式。由于连整体思维的作用，本层次存在着行为及其常见关联性对象一体的现象。如前及“洗”与“足”，“沐”与“发”等。这种一体形式，往往是以行动词的形式出现的，故自然即形成了蕴宾类结构模式。准具象性时间层次中书面文献和现行抽象性时间层次口语参考例：

(1)郑伯拜。①

(2)大叔完聚。②

(3)此其父善游。③

(4)你看。

(5)你说。

基于以上概括，准具象性文明层次基点句句类大致可总括为图 7-3。

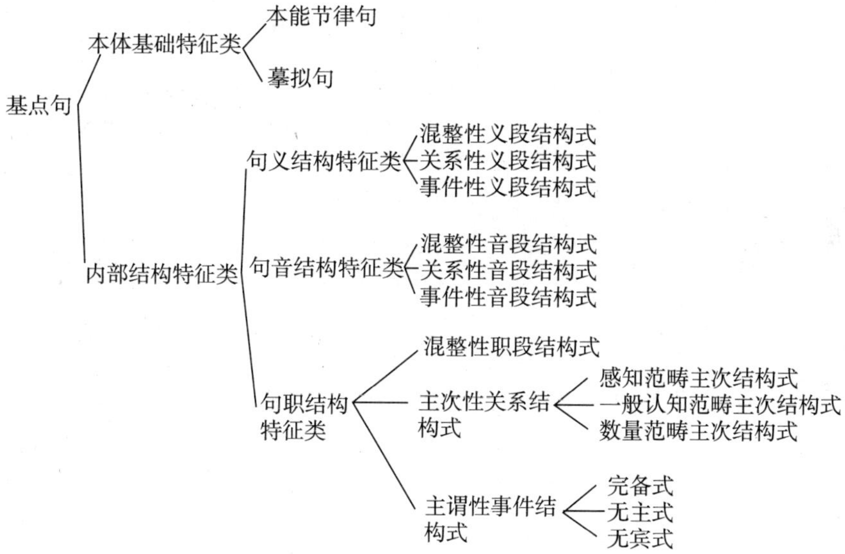

图 7-3　准具象性文明层次基点句句类

① 《左传·文公十三年》。

② 《左传·隐公元年》。

③ (战国)吕不韦:《吕氏春秋·察今》。

基于以上全章的综合论述，准具象性文明层次语言理论体系及其相应语言系统，初步综合如图 7-4 所示。

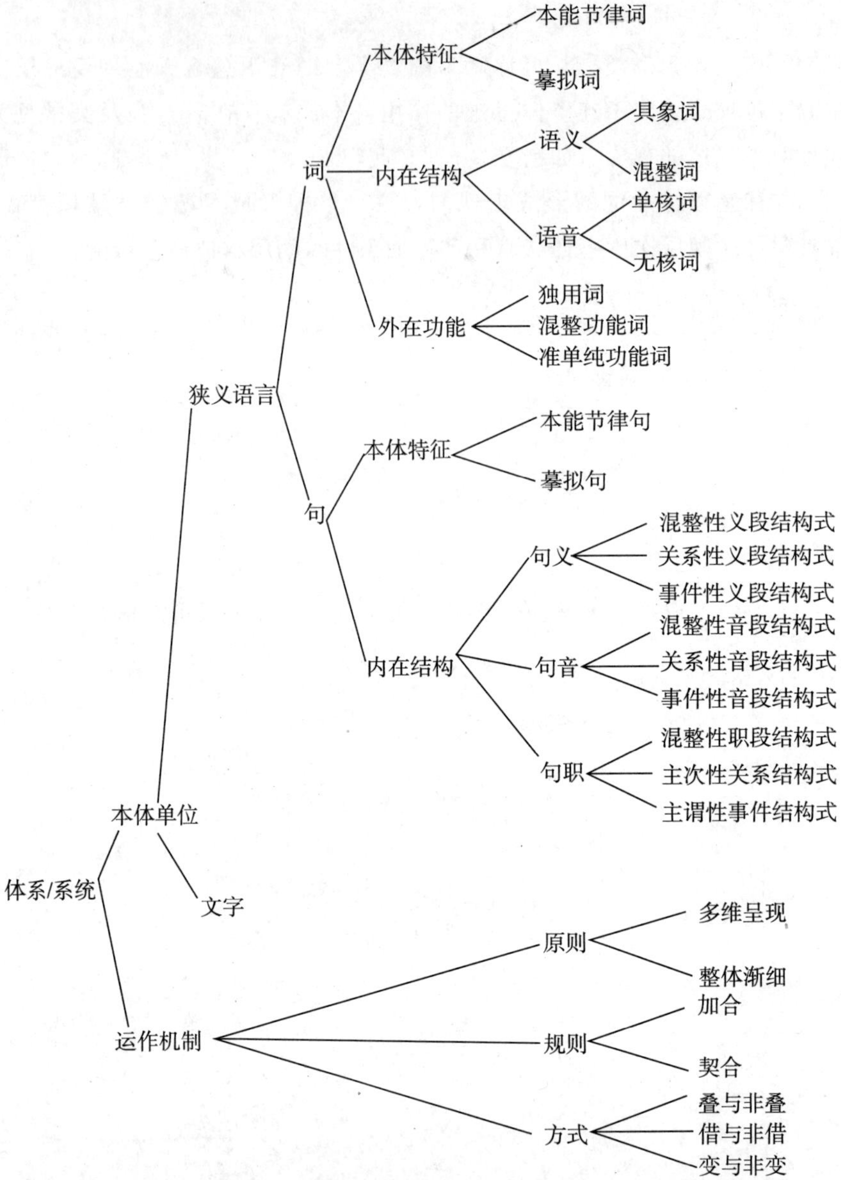

图 7-4　准具象性文明层次语言理论体系及其相应语言系统综合图

第八章　汉语音节的历层发展

汉语音节的研究，仍有不少问题值得深度关注。

已有研究，是采用历史研究模式从时间过程角度展开的。由于研究模式本身的局限，有些问题难以得到较好的解决。

理论上，如原始汉语的构词类型，有人认为是以单音节为主的，有人认为是以双音节为主的①。不管哪种观点，都至少存在两个问题。一是时间上无从定位。语言产生的时间约 6 万年，这里所说的原始汉语是哪个时间段的？二是讨论缺少有效的依据，显得虚空。学者的讨论，一般以早期文献中的材料为依据，可文献材料一方面是书面的，与口语之间存在距离；另一方面，所反映的实际时间层次复杂多样，难以将其分辨清楚。

应用上，如今天部分音位在全国较大范围内已有所变化，声母例，“n→l”、“zh→z”；韵头例，“u→i”；韵尾例，“ng→n”。那么，是否一定要强化已有规范，促使人们将已发生变化之音再变回去？

对于这些问题，我们有一些自己的想法。总的说来，这些问题都与文明进程相关，深入展开文明进程角度的研究，可为问题的解决开拓一个新的途径，提供更多的信息和参照，帮助问题逐步得到解决。具体就原始汉语构词类型问题而言，从文明进程角度观照，打破时空局限，通过语言系统的文明层次关系可以进行较有效的定位。吸纳动物语言、个体发生语言等材料，依据即具体可感得多。就音位变化的规划问题而言，在概括出汉语音节文明进程中发展的基本规律之后，具体规划即有了一个重要依据。

基于此，拟采用历层研究模式对汉语音节从文明进程角度展开历层研究。在此，重点从宏观上揭示语言系统发展范畴不同文明层次汉语音节系统的概貌，总结出汉语音节历层发展的过程和规律。

第一节　汉语音节历层发展概况

汉语音节历层发展问题的概括，分两个方面展开。

---

① 施向东：《原始汉藏语的音节结构和构词类型再议》，《天津大学学报》2004 年第 1 期。

一、语言系统发展范畴不同文明层次汉语音节系统概貌

汉语音节历层发展情况的揭示，必须以语言系统发展范畴不同文明层次音节系统的概括为基础，概括出横向文明层次的基本面貌之后，才能据其展开纵向的历层分析。

以语言系统发展范畴对文明进程的总体概括为参照，汉语音节历层发展涉及的文明层次亦概括为三个：准具象性文明层次、准抽象性文明层次、抽象性文明层次。相应的汉语音节系统分别为：准具象音节系统、准抽象音节系统、抽象音节系统。三文明层次音节系统的基本特征及其内部架构，下面依据学界相关研究成果和自己的调查分析作一纲要性概括。概括中需特别说明的是：

1. 内涵上突出基本特征。参照语言系统发展范畴评价系统，设定内部结构、组合关系、抽象度、关联度等最为基本的参项，对音节的基本特征进行概括。

2. 范围上力求全面，将汉语音节概括为一个由普通音节、副音节构成的全域系统。但是，基于宏观特征，在此不对音系进行具体描写，只对系统的主要类属进行分析和说明，建立起一个基本架构。

(一)准具象音节系统

准具象性文明层次的音节，是具有准具象特征的音节，称之为准具象音节。结合上述特别说明，下面对其基本特征和系统构架进行初步概括。

1. 准具象音节基本特征

(1)内部结构。具有多维特征，四大物理要素皆较齐备，而且，地位都较为重要。

第一，音质。音质是基本要素。进一步分三个方面概括。

其一，整体元素数。具有一元性特征，即基本表现为一个混沌的单纯整体，内部次位要素间的关系模糊难辨①。这个意义上的音节，可称之为混整性音节。

其二，典型化程度。典型音节、非典型音节兼有，位于典型化初期。混整性音节，是一种内部具有整体性、外部具有离散性的声音整体②。当然，离散状态存在程度之别。当自然连续的两个或两个以上音感单位

---

① 元素数的判定，经历了一个由音感依据至内部结构依据的过程。准具象性文明层次的依据是音感，所以元素数的特征是混沌的整体，内部结构情况是模糊难辨的。

② 徐通锵：《音节的音义关联和汉语的变音》，《语文研究》2003 年第 3 期。

皆拥有较明显的元音时，离散是显性的，明确的。当自然接续的两个或两个以上音感单位中只有一个单位的元音是明显的，其余则是不明显的或者根本就没有元音时，离散则是模糊的。以离散程度为依据，可将混整性音节从典型化程度上分为两个次类：一是典型音节，即显性离散状态中的音感单位。二是非典型音节，即模糊离散状态中由自然接续的音感单位组成的大的音感单位。其中，拥有明显元音的基础音感单位是核心部分，他基础音感单位是核心部分的附缀。因为核心部分类同典型音节，所以，非典型音节可进一步表述为“典型音节＋附缀”，如汉语原始形式构拟中形态构拟派拟出的含有“a—”、“s—”的音节。

其三，音素层级结构形式。混整性音节，在今天仍应从现代角度进行分析研究。郑张尚芳使用现代音节理论，从现代人的认知角度即进行了这种结构分析，其将音节总体结构形式描述如下①：

c c • C c s V c • c

据此，混整性音节即可从现代视角表述为：由元音、辅音诸若干音素组合而成的结构形式。其中，若将郑张尚芳所概括模式中“s”分析为介音，介音统归为元音，则音节中音素的具体组合可主要析为十类结构②：

CV（齿——gj）	VC（鸭——ab）
CVC（灭——med）	CCV（尺——lhj）
CCVC（风——plum）	CCVVC（客——khrak）
CVVCC（龙——mrunŋ）	CVV（噈——tʂou）
CVVC（懦——nool）	CVVVC（庚——kraaŋ）

这些结构表现出的音素方面的特征，主要有二：一是音节中辅音数量较多。据此，亦可称之为辅音优势音节。二是存在着附缀。

第二，音高、音长、音强。它们亦是较为重要的物理要素，一个要素的不同，往往即可成为另一独立的音节。这一点，今所谓摹声词中不乏其例。如表示吃饭时发出的声响，通常摹拟为“[tɕitʂ‘a]”。慢慢推开一个破旧的门时发出的声响，通常摹拟为“[tɕiŋa]”。两个“[tɕi]”，音质相同，但音长相差较大。因为吃饭时嘴动频率较高，故前者音长较小，“[tɕi]”近似于入声。而慢慢推开破旧的门，速度较慢，故后者音长较大，其后有等于或大于一个音节之长的延音。这样，尽管音质相同，但

---

① 郑张尚芳：《上古汉语的音节和声母的构成》，《南开语言学刊》2007 年第 2 期。

② 郑张尚芳：《上古音研究十年回顾与展望》，《古汉语研究》1999 年第 1 期；郑张尚芳：《上古汉语的音节和声母的构成》，《南开语言学刊》2007 年第 2 期；尉迟治平：《说“龙”》，《语言研究》1993 年第 2 期。

因音长之别，故成为两个不同的音节。

(2)组合关系。

一方面，非典型音节内部自然缀合已向两极固化。一为断掉附缀，将缀合形式改造成典型音节形式。一为强化非典型音节，将缀合形式改造成为双音节联绵形式。

另一方面，音节间的人文组合不普遍，所以，人文组合赋予音节的特征不明显。

(3)抽象度。具有准具象特征。

意义内容本身性质方面，具有较强的具象性。其具象主要表现为发生范畴心理层次的表象和部分意象，即现实或想象中的各类对象的一种心理声音呈现形式。这种较强的具象性，使音义之间具有较大的相关度。

形式与内容层次上的一致度方面，不完全一致。因为音义的结合，主要表现为“提升”和“认同”，存在着人文性因素，所以，形式完全进入表达层次，具有社会化和固定化特征，而内容则由于生理、文化等原因，多以具有模糊、不定等特征的声音具象作为意义的心理依托形式，多处于本能化和个性化的感知为主、认知为次的社会约定程度不高的心理层次。

(4)关联度。密切相关。

理性上，准具象音节与生理基础和现实对象两个基础要素间的关联程度高。一方面，生理特征中听觉的整体性音感直接决定了音节的离散特征；另一方面，音节的声音形式与所表记现实对象之间存在着较大的对应性。

情绪上，关联是神圣的。这种神圣主要源自现实意味的严肃性和对创造者的精神崇拜。

2. 准具象音节的系统构架

准具象音节系统，包括普通准具象、副准具象两个次类。

第一个次类，普通准具象音节。下面以不同性质的使用主体为依据进行概括。

第一，社会主体发生时期的基础音节。发生时期距今数万年之久，真实的音节实体无从还原，故只能根据准具象性时间层次书面文献和方言材料进行初步说明。

其一，提升了的人自然生发的“刺激－反应”过程中的伴随音和在生理作用下自然发出的呼唤声等。学界亦称之为借音[1]。董为光对此曾做过概括[2]：“嘻、笑、戏、谑、噱、欢”等词与各种笑声有关，“呼、喊、喧、哗、吼、号”等词与大声喊叫有关，而“哼”和“悻”都是鼻腔“哼”出的声音。

“啊”，是“刺激—反应”过程中的伴随音。李壮鹰认为[3]，最早的诗歌即起源于“啊”。今天记录为“啊”，古代记录为“兮”、“猗”等，无论古今，皆可归入此类。

“嗾”，唤狗追击人或咬人之声。早期文献例：

> 秋九月，晋侯饮赵盾酒，伏甲将攻之。其右提弥明知之，趋登曰：“臣侍君宴，过三爵，非礼也。”遂扶以下。公嗾夫獒焉，明搏而杀之。(《左传·宣公二年》)

今湖北省潜江方言中唤狗追击人或咬人的行为仍为“[tʂou]”。

其二，认同后摹拟的外界自然音。今所谓拟声词皆属此类。例如：

“鸭”，《宋本广韵》为乌狎切，其音读拟音值为“ab”，拼出的声音宛如鸭叫声。现代粤语“鸭”一音节仍发此声，摹拟鸭叫声音特征很明显[4]。

其三，利用和加工改造了的各类自然音。包括已知其原始但又难以言明其命名理据的一些音节。如：类——ljədh；沛——phjadh；榴——ljiəg[5]。

又，对存在着后附无声调的滑音性元音尾情况的同化。如“[xuŋluŋluŋ]”(轰隆隆)之于“[xuŋ]”、“[fəŋluŋ]”(风隆)之于“[fəŋ]”(风)[6]。

又，部分称名。如湖北省浠水方言中，小孩叫做“[miɛ]”。其音，源自于对羊叫声“咩”的改造。

第二，欠发达地区等局部地区、聋哑人等特殊人群发生性基础音节。

局部地区的基础音数量较多。如湖北省房县山区“[ou]”的儿化形式“[our]”常为颤音，如“土豆儿”的“豆儿”，音节形式为颤音“[tour]”。湖北省浠水方言将“知了”叫做“[kɛlɚ]”，将“布谷鸟”叫做“[waŋbatsatʂuo]”。

---

① 董为光：《话说“音义初始”》，《语言研究》1997年第1期。

② 董为光：《话说“音义初始”》，《语言研究》1997年第1期。

③ 李壮鹰：《嗟叹与咏歌》，《中国文化研究》2007年春之卷。

④ 黄荣志：《汉语音节的原始模仿性》，《华南师范大学学报》1997年第2期。

⑤ 黄树先：《试论古代汉语动物词前缀》，《语言研究》1993年第2期

⑥ 黄荣志：《汉语音节的原始模仿性》，《华南师范大学学报》1997年第2期。

湖北省潜江方言将"斑鸠"叫做"[kukuku]"。

特殊人群，如聋哑人能够发出的极少的几个模糊音节"[a]"等。

第三，个体发生或退化时期的基础音节。

湖北省浠水县幼儿有把"奶"说成"[mai]"，把"卧醒(睡觉)"说成"[otuŋ]"的情况。

第二个次类，副准具象音节。下面以副准具象音节在准具象音节系统中所处地位的具体表现为据进行概括。

第一，非典型的原始音节。

主要是模糊离散状态中存在着附缀的音节。例如，今构拟为"[s—mbruŋ]"的"龙"的原始音节形式①。湖北武汉、孝感等地方言中"姆妈"的音节形式"[m—ma]"。

第二，与主导性音节系统同时存在的副从性音节。

主要为与语义未形成较严格对应关系的生理性音节形式。如咳嗽声、喷嚏声等。

第三，与其他学科具有交叉关系的边缘性音节。

语言与音乐都有音节的概念，但区别还是较为明显。声音上，除音质之外，语言形式以音高、音强为主，音乐形式以音长、音强为主。表义上，语言形式对应较为固定的语义内容，而音乐形式对应不固定的言语义内容。但是，有些音节属于二者间具有交叉关系的边缘音节。如下列例中加点形式。

(1)谁不说俺家乡好得儿哟咿儿哟。②

(2)那些兵们嗓门圆润洪亮，都是唱山歌的好材料，他们躲在柳棵子后，一边放枪一边高喊：哎哟嗨～～～啪！啪！狗杂种呀你过来呀吗嗨～～～啪！啪！有种你就走过来呀哟～～～呼嗨～～～啪！啪！哟呼嗨嗨哟呼嗨～～～啪啪啪！③

"啸"，也是这方面较有代表性的一类音节形式④。

(二)准抽象音节系统

准抽象性文明层次的音节，是具有准抽象特征的音节，称之为准抽

① 尉迟治平：《说"龙"》，《语言研究》1993年第2期。

② 《谁不说俺家乡好》。

③ 莫言：《红高粱》。

④ 夏滟洲：《"啸"释》，《武汉音乐学院学报》1992年第4期。

象音节。准抽象音节，沿用准具象音节系统模式简要概括。

1. 准抽象音节基本特征

(1)内部结构。具有较严格模式化维度特征，主要约定为音质、音高二维，其次是音长维。

第一，音质。音质是基本要素。沿用准具象音节分三方面概括。

其一，整体元素数。具有二元性特征，即基本表现为一个由声韵构成的二合整体。这个意义上的音节，可称之为二元化音节。

其二，典型化程度。程度相对较高，基本皆是典型音节。

其三，音素层级结构形式。其总体结构形式，对照准具象音节描述如下：

C S V V C

音节中音素的具体组合可主要析为八类形式[①]：

CV（把——ba） VC（暗——əm）

CVC（干——kan） CVV（虽——swi）

VVC（烟——ian） CVVC（昆——kuən）

CVVV（晓——xieu） CVVVC（龙——lǐwoŋ）

这些结构表现出的音素方面的特征主要有二：一是音节中附缀、复辅音逐步消失，音素数减少。二是音节结构中元音比例增大。从这个意义上讲，准抽象音节亦可称之为元音比例大化音节。

第二，音高、音长。音高，为四个左右调类，参照中古声调系统姑且表述为“平上去入”。音长，为入声、非入声两类。

(2)组合关系。音节间的人文组合大量出现，对音节的音质、音高、音长、音强诸方面都产生了一定的影响，但是，影响不是很大。

(3)抽象度。具有准抽象特征。

意义内容本身性质方面，具象性较大程度地抽象化了。具象，主要表现为发生范畴心理层次的意象。包括通过发音行为表现出的意象，通过渊源关系体现出的关联性意象。

形式与内容层次上的一致度方面，由于内容本身抽象性和社会约定性的增高，一致性极大地增强。

(4)关联度。间接相关。

理性上，准抽象音节与生理基础和现实对象两个基础要素间的关联程度极大地减弱。主要表现为音节形式与所表记现实对象之间的对应性

① 郭锡良：《汉字古音手册》，北京，北京大学出版社，1986。

或相似性理据变成了相关性理据。

情绪上，依然保持其神圣性。

2. 准抽象音节的系统构架

由于人是昼行性动物，83%的信息是通过视觉获得的，听觉获得的信息只占总信息量的11%①，所以，发展至准抽象性文明层次之后，副音节性内容极少。基于此，以下两个层次，只概括普通音节，副音节从略。

准抽象音节中，相比较准具象音节系统而言，“欠发达地区等局部地区、聋哑人等特殊人群发生性基础音节”和“个体发生或退化时期的基础音节”相对较少，故只概括社会主体发生、发展时期的基础音节。以下抽象性文明层次的概括同此。

(1)感知到待表现对象的特征之后通过发音器官对特征进行同构摹拟的音节。这种摹拟，亦概括为摩势②。例如：

用开元音表大声势。

tɕʻili——tsʻala——tsʻaŋlaŋ　　pʻili——pʻala——pʻaŋlaŋ

tili——tala——laŋlaŋ　　ɕili——xuala——xuaŋlaŋ

用拟素“s”表示细碎的音响。

呲呲—瑟瑟—索索—簌簌—飒飒—刷刷。

淅沥—索落—沙拉—刷拉—索然—潸然。

表细碎的物态，也是“s”这一类的音。

碎、小、沙、屑、筛、琐、析、斯、细、丝、稍、丝、散。

(2)与意义上的引申、词位的派生相应，利用或改造准具象音节而生成的与准具象音节具有一定相似度的音节形式。今所谓单音节同源词反映的往往就是这种音节③：

puək(背)——biuə(负)　　yen(咽)——ian(嚥)

peu(包)——pheu(胞)　　səm(三)——tsəm(骖)

kyan(见)——hyan(现)　　pie(卑)——bie(婢)

hiuəi(围)——hiuei(帷)　　mu(冒)——miu(雾)

(3)音变后与准具象音节具有一定关联的摹拟性音节形式。通过对郭锡良《汉字古音手册》中上古、中古音的比较，给出如下参照性比较例④：

---

① Li shihong ："Computer Education and Reform on Physical Teaching ", *Physisc Journal*, 1996(6).

② 董为光：《话说“音义初始”》，《语言研究》1997年第1期。

③ 王力：《同源字典》，北京，商务印书馆，1982，第46～55页。

④ 郭锡良：《汉字古音手册》，北京，北京大学出版社，1986。

乌：ɑ——u　　　　　　唾：tʻua——tʻuɑ

嗟：tsia——tsĭa　　　　　　鸡：kie——kiei

(三)抽象音节系统

抽象性文明层次的音节，是具有抽象特征的音节，称之为抽象音节。抽象音节，沿用准具象音节系统模式简要概括。

1. 抽象音节基本特征

(1)内部结构。具有较严格模式化维度特征，基本皆人文地约定为音质、音高二维，但是，音长、音强在使用中仍有所体现。

第一，音质。音质，是基本要素。

其一，整体元素数。具有多元性特征，即表现为一个由诸多音素组合而成的整体。这个意义上的音节，可称之为多元化音节。

其二，典型化程度。程度高，皆是典型音节。

其三，音素层级结构形式。其总体结构形式，对照准具象音节描述如下：

C　V　V　V　C

音节中音素的具体组合可主要析为八类形式：

V（义——i）　　　　　　VV（叶——iɛ）

VVV（腰——iau）　　　　　　CV（把——ba）

VC（音——in）　　　　　　CVC（龙——luŋ）

CVV（贝——pei）　　　　　　VVC（稳——uən）

这些结构表现出的音素方面的特征主要是音节中音素、尤其是辅音进一步减少，结构进一步简化。或表现为皆为元音；或表现为介音的弱化、消失。

第二，音高、音长、音强。音高，为四个左右调类，参照今声调系统姑且表述为“阴阳上去”。音长、音强具体体现在组合关系上，不是符号系统中的固定形式。

(2)组合关系。音节间的人文组合大量出现，对使用中的音节的音质、音高、音长、音强诸方面都产生了一定的影响，使部分音节、尤其是音长和音强在基本形式之外，还拥有一个非基本的使用形式。其中，音长，与入声未消失时形成的习惯模式相关。如双音节称名，湖北省潜江方言前音长后音短，而湖北浠水方言则刚好相反，前音短后音长。武汉方言用双音节形式骂人时，一般也是前音长后音短。例如，“班马”、“老子”、“婊子”。音强，则是表义作用的结果。如今普通话中普遍存在着的轻声。

(3)抽象度。具有抽象特征。

意义内容本身性质方面

具象特征完全抽象化了。声音符号作用意义的方式，不再存在着表现，而是一种纯粹的记录。记录的对象的特征：

关注的焦点，不是符号实体，而是使用功能。

符号形式，是简化，是满足使用上快捷、便利的需求及与句词相应的形式化需求。

形式与内容层次上的一致度方面，由于内容本身抽象性和社会约定性的进一步增高，基本为一致关系。

(4)关联度。单维情绪性相关。

理性上，抽象音节与生理基础和现实对象两个基础要素间的关系极大地弱化，尤其是音节形式与所表记现实对象之间，是一种较纯粹的象征关系。

情绪上，仍然存在一定的关联，即民族文化情感。不过，这种关联，随着人性中情绪比例的递减，将日趋淡化。

2. 抽象音节的系统构架

主要表现为社会主体发展时期的基础音节。主要包括：

(1)理论上可追溯出理据，但现实上已感知不到理据的音节。如“乌：ɑ——u”。“乌”得名于乌鸦所发“[ɑ]”的叫声。刘劭《风俗通》引《明帝起居注》：“上巡泰山，到荥阳，有乌飞鸣乘舆上。虎贲王吉射中之，作辞曰：‘呜呜哑哑，引弓射，洞左腋。陛下寿万岁，臣为二千石。’”但是，至“[u]”后，其因声得名的理据即无从感知。

(2)理论上难以考察出理据，现实上更是纯约定俗成的音节。如“家”，上古音为“[keɑ]”，中古音为“[ka]”。在浠水方言中，常读作“[ko]”①，其音变，是社会发展过程中约定俗成的结果。

(3)文化交融带来的抽象音节。字母词的声音形式具有一定的代表性。如众所周知的“bye”、“ok”、“high”。

二、汉语音节历层发展的过程和规律

基于上述准具象、准抽象和抽象三个文明层次汉语音节系统的基本特征及其内部构架的纲要性概括，下面依前及主要评价参项对其历层发展的具体过程进行总结，进而提炼出发展的基本规律。

1. 音节的音质方面

音节历层发展的过程概括为：混整性音节→二元化音节→多元化音节。

① 郭攀：《汉语涉数问题研究》，北京，中华书局，2004，第110页。

或“典型音节＋非典型音节”→基本为典型音节→简化了的典型音节。其相应的规律，概括为多元化、简化或特征化。所谓特征，指的是音节结构中最能代表音节、最易发音、最易被感知的元素。

进一步就内部音素而言：

(1)辅音的发展。除以上音节整体发展所蕴含的量的因素外，还可初步概括如下：

辅音类型上，发展过程为：复辅音→单辅音。基本规律为单辅音化。

发音器官上，发展过程为：多共鸣腔所发辅音→口腔辅音。基本规律为口音化。

音节中的位置上，发展过程为：前后位置兼有→后位弱化。基本规律为单纯前位化。

(2)元音的发展。这方面已有的研究，相对较少，我们针对性地作了一些考察，但亦只是动态过程角度的局部性考察，不全面，所以，一方面，前面三文明层次音节系统的概括时未作为基本特征明确写进系统，而放在此处进行说明；另一方面，此处的说明仍只是局部性质的。具体如下：

音节中元音的比例上，发展过程为：少而不稳→渐多→大。基本规律为大化。

音节中主要元音在舌位上，发展过程为：舌位低而前→两类辩证情况：舌位低而后；舌位渐高、渐前→舌位渐高、渐前。基本规律为前化和高化。

2. 抽象度方面

音节历层发展的过程概括为：准具象音节→准抽象音节→抽象音节。发展的基本规律概括为：由具体至抽象，也就是抽象化。其中，具体与抽象，除体现在抽象度上之外，也体现在其他参项上，故抽象化，也可看做是音节历层发展的整体规律。

3. 关联度方面

音节历层发展的过程概括为：对应性关联→相关性关联→象征性关联。发展的基本规律概括为：由自然至人文，也就是主体化。其中，自然指的是生理和心理与现实对象之间的一种对应关系或反应关系；人文指的是人类主体意识；所谓主体化，就是人类主体意识在音节历层发展过程中萌芽、壮大乃至于成为核心的趋势。

第二节　汉语音节历层发展概况的补充证明

汉语音节历层发展概况，除了已有研究成果对摹拟音与被摹拟对象之间的关系和语音历史发展过程中客观表现出的关系方面的证明之外，还可从以下一些方面得到一些补充证明。

一、动物语言方面

人类语言是由动物语言进化而来的，动物语言与人类语言中初级层次具有极大的相似性。人类音节结构中准抽象性文明层次和抽象性文明层次材料较为丰富，了解得较为充分，基本面貌不甚清晰的是准具象性文明层次。如果借助动物语言与人类语言之间的关系，充分了解了动物语言类音节结构特征，即可对准具象性文明层次音节结构状况进行一定程度的说明，进而与后续层次联系起来，对汉语音节简化规律进行一定程度的证明。

相关调查表明，动物语言中的类音节是繁复的，由此可一定程度地证实准具象性文明层次音节结构的复杂特征，说明汉语音节简化规律。

首先值得强调的是，四物理要素，动物语言皆较为丰富。如黑猩猩的叫声。20 世纪 30 年代初，耶克斯曾记录过黑猩猩在各种条件下，如要求食物、警告对方和恐惧时发出的许多声音。这些声音在音调的变化上是多样的，但音质成分却很少①。这里的音调，实际上就包括了音高、音长、音强三要素。

其次，就音质而言，动物语言的类音节存在着附缀。观察鸡和狗的叫声不难发现，鸡在“咯嗒、咯嗒”地啼叫前常有“咯”的节律性轻声酝酿音，狗在“汪汪”叫之前，往往亦有“呜”的轻声前奏。也正因为如此，人们通常认为动物语言不是严格意义的分音节语言。

二、古今语音音变方面

主要补证元音舌位方面的发展。准抽象音节主要元音舌位呈辩证发展的倾向。一方面，为使声音规整，实现由含混、模糊至清晰的过渡，舌位一般表现出了趋向低而后的过程和低化、后化规律；另一方面，为使发音变得便利、快捷，舌位又部分表现出了趋向高或前的过程和高化、前化的规律。这一点，从上古、中古主要元音“[a]”的变化上不难看出②。如：

阿：ai——ɑ	匝：tsap——tsɒp
腊：lap——lɑp	琶：beɑ——ba

---

① 邵郊：《生理心理学》，北京，人民教育出版社，1987，第 510 页。

② 郭锡良：《汉字古音手册》，北京，北京大学出版社，1986，第 1～6 页。

抽象音节主要元音舌位渐高、渐前的过程以及前化、高化的规律，在一些方言的特殊音变中亦可得到一定的证明。据调查，有的方言中的元音存在一定的高化或前化现象。如武汉方言中“[an]”至“[ε]”的情绪性音变即属这种情况。在对话中，当关系融洽、心情愉快、彼此充满关爱时，“慢慢的”、“麻烦”、“一点”、“好玩”、“算了”通常说成“[manmεti]”、“[mafε]”、“[yidiε]”、“[xauwε]”、“[sεliau]”。其他情况下，都说成“[manmanti]”、“[mafan]”、“[yidian]”、“[xauwian]”、“[sanliau]”。又如“雨”，在贵阳方言中，已由“[ü]”前化为“[i]”。介音“[u]”，在湖北省浠水方言中一般前化为“[i]”。如“全、巡”等字所代表的音节类属。而“那”，既存在前化，又存在高化。在湖北省潜江方言中由“[nɑ]”高化为“[no]”，在普通话中，由中古的“[nɑ]”前化为“[na]”①，再由“[na]”高化为“[ne]”。

三、互动关系方面

音节所关涉的一些要素之间往往存在着互动关系。互动关系有一基础模式，若已知基础模式中一方发生了变化，则可证明另一方发生了相应的变化。

音节与词之间存在互动关系。准具象性文明层次，一个音节往往就是一个词，音节与词之间往往为一一对应的关系。这种对应关系构成了音节与词之间的基础模式，并反映出了音节的功能、音节的繁简、舌位的取向等方面的特征。分析可知，当一个词只有一个音节时，词的表义、别义功能全部落在一个音节上了，而为了别义，音节结构自然趋繁，舌位取向自然低而前或低而后，其结构，自然是音节结构繁复、舌位取向低而前或低而后。至准抽象性文明层次以后，一个词往往由几个音节构成，音节与词之间往往为一对多的关系，对应关系中词的一方在音节数上发生了变化。这种变化，也应相应地影响到音节的功能、音节的繁简、舌位的取向等方面的特征。不难认识到，当一个词由两个或两个以上音节构成时，词的表义、别义功能被两个或两个以上音节分摊了，相应的，音节结构自然趋简，更多地倾向于突出其代表性音位，舌位取向因倾向于便利、快捷的发音而自然趋高、趋前，其结果，自然是音节结构简化、特征化，舌位取向前化、高化。所以，词的音节数的变化，从互动关系上一定程度的证明了依文明层次向前推进了的音节在音质繁简和舌位取向方面发展的过程和规律。

① 郭锡良：《汉字古音手册》，北京，北京大学出版社，1986，第4页。

第九章　汉字的历层发展

同汉字相关的文字的历史发展，中外学者做过不少研究，得出了一些较具普遍性的结论。如：

泰勒：图形符号～语言符号～音节符号～字母符号。

格尔伯：语词和音节文字～音节文字～字母文字。

王凤阳：衍意文字～衍音文字。

周有光：形意文字～意音文字～表音文字。①

这些研究，从不同方面揭示了文字的历史发展，为人们对文字发展的认知作出了重大贡献。但是，也存在着一些有待进一步完善之处。

1. 研究模式上，仅仅采用历史研究模式沿着时间过程展开是存在着一些问题的。因为文字的发展在时间过程中的表现既具有多层次性，又具有反复性，所以，发展不仅隶属时间过程范畴，而且亦属于文明进程范畴。一个代表性的例子是“火星文”。从出现时间上看它属于现代，可文明层次上却应属原始状态。这样，研究模式上就还存在着同时采用历层研究模式进行研究的必要。

2. 不同时间层次文字的定性，缺乏以可操作性标准为依据的系统评价，尤其是缺乏与语言结合一起所作的系统评价。

3. 同一时间层次的文字，缺乏全范围的系统概括。文字本体只注意到核心部分，未关注边缘性副文字。

本章的研究正是基于以上问题而展开的。拟采用历层研究模式从文明进程角度对汉字系统的发展进行初步的纲要性研究，重点分两个方面从宏观上揭示语言系统发展范畴不同文明层次汉字系统的概貌，总结出汉字历层发展的过程和规律。

第一节　语言系统发展范畴不同文明层次汉字系统概貌

以语言系统发展范畴对文明进程的总体概括为参照，汉字的历层发展涉及的文明层次概括为三个：准具象性文明层次、准抽象性文明层次、

---

① 周有光：《人类文字的历史分期和发展规律》，《民族语文》2007年第1期。

抽象性文明层次。相应的汉字系统分别为：准具象汉字系统、准抽象汉字系统、抽象汉字系统。三文明层次汉字系统的基本特征及其内部构架，下面依据学界相关研究成果和自己的调查分析作一纲要性概括。概括中需特别说明的是：

1. 内涵上突出基本特征。参照语言系统发展范畴评价系统，选取其中元素数、层级数、抽象度、固定度、与语言之间的关系、关联度、单纯度等最为关键的参项，对汉字的基本特征进行概括。

2. 范围上力求全面，将汉字系统概括为一个由普通汉字、副汉字构成的全息系统。但是，基于宏观特征，文章不作具体描写，只对系统的主要类属进行分析和说明，建立起一个基本架构，并略举字例。

一、准具象汉字系统

准具象性文明层次的汉字，是具有准具象特征的汉字，称之为准具象字。结合上述特别说明，下面对其基本特征和系统架构进行初步概括。

1. 准具象字基本特征

(1)元素数。具有混整特征，即基本表现为一个混沌的单纯整体，无严格意义的下位元素。字类上，这种单纯整体，可称之为单纯字①。

(2)层级数。基本为单层形式。其混沌性决定了其层次关系难以严格区分。

(3)抽象度。具有准具象特征。

意义内容本身性质方面，具有较强的具象性。汉字所记录或表现的内容往往是发生范畴心理层次的表象和部分意象，即现实或想象中的各类对象的一种心理呈现形式。

形式与内容层次上的一致度方面，不完全一致，即形式完全进入表达层次，具有社会化和固定化特征，而内容则由于生理、文化等原因，多以具有模糊、不定等特征的具象作为意义的心理依托形式，多处于本能化和个性化的感知为主、认知为次的社会约定程度不高的心理层次。

(4)固定度。有一定的固定性，但程度不高。字位与词位的对应关系上，因为词位数量大，造字难度大，故在基本对应基础上，出现了大量

① 单纯字与独体字间的关系，理论上是清晰的。单纯字侧重于准具象性文明层次字义的表记，侧重于字位，无论是单一的对象义还是带综合性的事件义，都可以是一个基本的字义，记录这个字义的形体都属于一个基本字位；而独体字，则侧重于单纯的形体结构关系，且没有文明层次的区别。实际操作上，由于文明层次难以绝对客观地确认，所以，在研究尚未达至完善时有的字的判别上可能会存在一些分歧意见。

灵活对应，一个字位往往可表记众多词位。这从甲骨文中存在着的古今字以及占常用字总数70%左右的假借字上不难看出①。字位形体上，由于具象的程度有一定的弹性和缺乏规划，所以形体往往在外形轮廓、笔画姿态、笔画多少、结构顺序等方面不甚固定。这从甲骨文“网”字轮廓上有的宽、有的窄，网纹有的多、有的少等方面不难看出。

(5)与语言间的关系。核心部分对应语言基本单位。在历史研究中，往往采用逆向研究路向，借用现代语言学理论体系对早期语言系统进行概括，因而得出的结论是，一个字位除对应词位之外，还对应短语、乃至于句。历层研究采用顺向研究路向，对准具象性文明层次语言单位进行了与文明程度相应的概括，据此认为，字位，对应的是词位或小于词位的半词。

边缘部分，因为性质上介于文字与绘画之间，表现的往往是言语性事件或观念，所以，对应的往往是言语单位。

(6)关联度。密切相关。

理性上，准具象字与内在基础两个要素间的关联程度高。一方面，生理特征中视觉的单维焦点性直接决定了字的离散特征；另一方面，字的形体形式与所表记现实对象之间存在着较大的对应性。

情绪上，关联是神圣的。这种神圣主要源自对创造者的精神崇拜。

(7)单纯度。带有一定的多学科综合性质。除记录语言单位之外，还兼具表现宗教观念、政治观念、审美观念等功能。

2. 准具象字的系统架构

据在汉字系统中的地位，分为普通准具象字和副准具象字。

(1)普通准具象字。下面以不同性质的使用主体为据进行概括。

第一，社会主体发生时期的基础汉字。大致为现今所概括的甲骨文、金文中的象形字和属于一个整体情状的比形会意字。例较常见，略举如下：

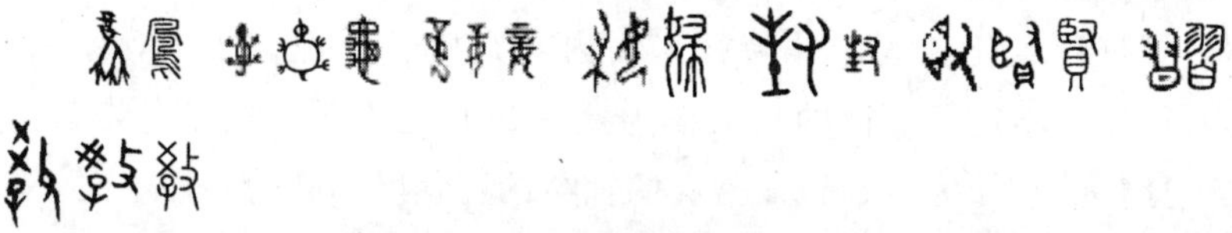

第二，欠发达地区等局部地区、盲人等特殊人群发生性基础字。女书中的象形字和比形会意字具有代表性。例②：

① 吴峤：《汉字要论》，武汉，武汉出版社，2000，第126～128页。

② 谢志民：《江永“女书”概述》，《中央民族学院学报》1987年第1期。

——开

(2)副准具象字。下面以地位的具体表现为据进行概括。

第一，前汉字中象形类字。包括各种器物上刻写的象形类字、文献中传承的象形类字。例如：

河北省藁城台西文字系统中的象形字①。

金文中表示祭祀活动的“集形短句”②。

如符号“”在金文中多次重复使用，形为一个大人抱着一个小孩坐在“几”上扮作神灵进行祭祀。又如“”和“”，前者说明被祭祀者生前曾从事渔业生产，后者说明被祭祀者生前是畜牧业部落的领袖。

第二，与主导性文字系统同时存在的副从性文字。

其一，行业上后起象形性文字。如气象符号③：

其二，新兴媒介中生成的象形性文字。“火星文”是其中典型代表。“火星文”，是网络中出现的一种有别于规范汉字的社会用字，其成分较为复杂。这里指的是符合前述特征的部分。有象形性的④。如：

“≥_≤”，表示痛苦表情	“（^_^） y”，表示开心万岁
“⊙﹏⊙‖”，表示傻眼	“\（>o<）/”，表示生气
“（＊^﹏^＊）”，表示超级害羞	“（・・）nnn”，表示毛毛虫

又，有在古文字基础上重新赋义的。如“冏”⑤和“囧”。“冏”是在甲骨文中即已存在的一个表“窗户”或“明亮”义的基础字，而“囧”在火星文中是一个象形字，“囧”的内小“八”字视为眉眼，“口”视为嘴。它的内涵就是：作为头，表达沉重的思想；作为脸，表达浪漫与激情；而在“失意体前屈”文化中，它的作用是前者；也常常表示郁闷的表情，常用来形容一个人变态猥琐。“囧”的流行，与“Orz”这种象形符号有关，在日文中原

① 李静：《早期汉字中表词——意音文字的萌芽》，《重庆社会科学》2008年第1期。

② 王立民：《“集形短句”——汉字形成过程中由萌芽到成熟的重要形态》，《北方论丛》2005年第5期。

③ 苏振生：《常见的天气符号》，《科技术语研究》2000年第2期。

④ 杨寅庆、赵超：《火星文的分类鲜活性特点》，《科教文汇》2006年第4期。

⑤ 王艳玲：《浅谈“冏”字的含义》，《科教文汇》2009年第7期。

本的意义是“失意体前屈”，代表一个人面向左方、俯跪在地，“O”代表这个人的头、“r”代表手以及身体，“z”代表的是脚。中国台湾地区的网民受到启发，用“囧”替换掉了“O”，使得日文中的失意体前屈的头部具有更加写意的表情，写作“囧 rz”。由开始的悔恨、悲愤、无力回天义逐渐引申出佩服、崇拜义。

第三，未与语言形成严格对应关系的边缘性文字。“符”类象形性神秘符号①。以蛇为主体的，如“”。人兽结合的，如“”。

二、准抽象汉字系统

准抽象性文明层次的汉字，是具有准抽象特征的汉字，称之为准抽象字②。准抽象字，沿用准具象汉字系统模式简要概括。

1. 准抽象字的基本特征

(1)元素数。具有二元特征，即较严格地存在内部结构关系，主要为由两个及以上的单纯字构成的复合字③。

(2)层级数。基本为双层形式。第一层级为复合字，第二层级为单纯字充作的字内基本构件。

(3)抽象度。具有准抽象特征。

意义内容本身性质方面，具象性一定程度地抽象化了。具象，主要表现为发生范畴心理层次的意象。包括常规表象的反转、颠倒、合并；起提示作用的范畴性意象；具有类型特征的事物中提炼出的关系模式等。

形式与内容层次上的一致度方面，由于内容本身抽象性和社会约定性的增高，一致性极大地增强。

(4)固定度。随着词字关系的密切加深和语言系统固定性的增强而同步增强。

(5)与语言间的关系。核心部分，基本对应语言单位中的词位。边缘部分，对应言语单位和副语言。

(6)关联度。间接相关。

理性上，准抽象字与内在基础两个要素间的关联程度极大地减弱。

---

① 王立民：《“集形短句”——汉字形成过程中由萌芽到成熟的重要形态》，《北方论丛》2005 年第 5 期。

② 皮尔斯将符号概括为符形、符释、符号对象的结合体，将符号类型概括为图像、指索、象征三类（Peirce：*C. S. Collected Papers*，*Cambridge*，Mass：Harvard University Press，1931-1935）。这里的准抽象字，与指索符号相近。

③ 复合字与合体字间的关系，同于单纯字与独体字间的关系。

主要表现为字的形体形式与所表记现实对象之间的对应性或相似性理据变成了相关性理据。

情绪上，依然保持其神圣性。

(7)单纯度。相对单纯，但表现宗教观念、审美观念的功能仍一定程度存在。

2. 准抽象字的系统架构

(1)普通准抽象字

第一，整体发生时期的部分基础汉字。大致为现今所概括的甲骨文、金文中独体的指事字，合义会意、形声诸合体字。

指事字中值得一提的是反文。反文往往以象形性正文为基础，所以，与具象特征存在关联，属指索性符号。

例较常见，略举如下：

左右反文："正"()左右反写为"乏"()，"司"()左右反写而得"后"()。

司，""，甲骨文有：""(一期乙二二七四)，""(一期乙七九零零)。《说文》以""为"后"，以""为"司"，甲骨文则正反无别，皆为司字，后字则假毓字为之。《说文》："司，臣司事于外者。从反后。"(《甲骨文字典》)

上下反文：如将大()上下反写为逆()。""是"逆"字的本字，意为"不顺"。

形声字例：

隹唯、羽翊：由象形字合成形声字。

福、鸡、卢、灾、星：由象形至形声。

第二，欠发达地区等局部地区、盲人等特殊人群发生、发展性基础字。女书中的指事字和形声字具有代表性。例①：

(2)副准抽象字

第一，与主导性文字系统同时存在的副从性文字。

其一，行业、领域等方面后起指索符号性文字。如气象符号②：

---

① 谢志民：《江永"女书"概述》，《中央民族学院学报》1987年第1期。

② 苏振生：《常见的天气符号》，《科技术语研究》2000年第2期。

雷阵雨　风　台风

又，信仰、太极图、八卦、符箓等文化符号。

信仰符号[①]：

太极图符[②]：

八卦符号[③]：

一乾☰，二兑☱，三离☲，四震☳，五巽☴，六坎☵，七艮☶，八坤☷

符箓[④]：

又，集句成字性拼合字：

甲骨文中的合文：

上下相合：(五十)、(六十)

左右相合：(太丁)、(太甲)

里外包合：(雍巳)

左右上下混排：(十三月)、(十三月)

金文中的合文：(武王)、(文王)

今民俗中的合文：

图(1)

图(2)

① 安旭：《略论"卍"纹源流》，《南开学报》1995 年第 6 期。

② 国光红：《太极图古文字证》，《周易研究》1997 年第 3 期。

③ 赵国华：《八卦符号原始数字意义的新探索》，《哲学研究》1987 年第 6 期。

④ 刘晓明：《符箓与古文字的释读》，《学术研究》2001 年第 8 期。

图(1)是“招财进宝”四个字的合文，这是中国春节民俗中的斗方吉祥语，由多字吉祥语构成，合写在一张红方纸上，其他的还有黄金万两、日日进财等。图(2)是由多个汉字构字部件按汉字结构特征组合而成的，并不是几个汉字的合写体。此字音[piəŋ]，专指陕西的一种面食，《康熙词典》中收有此字，由于字形复杂，有一首关中民谣专门介绍它的写法：“一点撩上天，黄河两道湾，八字大张口，言字往里走，你一扭，我一扭；你一长，我一长；当中夹个马大王，心字底月字旁，留个钩挂麻谈糖，推个车车逛咸阳。”

其二，新兴媒介中生成的象形性文字。火星文中符合以上特征的用字如：

在规范汉字基础上非规范地加上偏旁之字。

“棬瘋與汏佅”　“Ψ陽姚海媒Ω”

这类字，因为以规范字为基础，以现存音形关系为基础，故归入拆分字——把一个字的偏旁拆开来变成两个字。这方面经典的例子如“弓虽”(强)、“丁页”(顶)、“彦页刀巴”(颜色)等。

取半边之字。“轲笕”(可见)、“莪要荬硒呱”(我要买西瓜)。

用指示性符号替代表示所指方向之字。如：

“←”，代“左”。　　“→”，代“右”。

“↑”，代“上”。　　“↓”，代“下”。

第二，未与语言形成严格对应关系的边缘性文字。文本中标示篇章及一般话题等言语性内容的广义标点符号较具有代表性。如①：

篇末号 ■/□/○　　虚缺号 □

指向号 →/▲/>　　示亡号 ▭

三、抽象汉字系统

抽象性文明层次的汉字，是具有抽象特征的汉字，称之为抽象字。抽象字，沿用准具象汉字系统模式简要概括。

1. 抽象字的基本特征

(1)元素数。具有多元特征。

(2)层级数。较严格意义的多层形式。随着笔画化的实现，第二层级

---

① 郭攀：《二十世纪以来汉语标点符号研究》，武汉，华中师范大学出版社，2009，第221～222页。

单纯字内部有了较严格的笔画层级。

（3）抽象度。具有抽象特征。

意义内容本身性质方面，具象特征完全抽象化了。文字符号作用语言的方式，不再存在着表现，而是一种纯粹的记录。记录的对象的特征：

来源，不是心理层次的具象，而是社会以具象因素为基础的一种人文性约定。

关注的焦点，不是符号实体，而是使用功能[1]。

对具象的态度，主要表现在文化情感上。因为必须满足人理据性及人文归依性需求。

符号形式，简化。满足使用上快捷、便利的需求及与句词相应的形式化需求。

形式与内容层次上的一致度方面，由于内容本身抽象性和社会约定性的进一步增高，基本为一致关系。

（4）固定度。随着词字关系的密切加深和语言系统固定性的增强而进一步增强，表现为较固定的状态。即使出现变化，亦主要不是个人或团体性行为所致，而是社会统一规划的结果。

（5）与语言间的关系。核心部分，对应语言单位中的词、语素或非独立意义载体的音节。边缘部分，主要对应副语言。

（6）关联度。单维情绪性相关。

理性上，抽象字与内在基础两个要素间的关系极大地弱化，尤其是字的形体、形式与所表记现实对象之间，是一种较纯粹的象征关系。

情绪上，仍然存在一定的关联，即民族文化情感。不过，这种关联，随着人性中情绪比例的递减，将日趋淡化。

（7）单纯度。进一步单纯化，不过，表现审美观念的功能依然存在。

2. 抽象字的系统架构

（1）普通抽象字

第一，整体发展过程中的基础汉字。大致为现今所概括的今文字，尤其是简化字。例较常见，早期隶书字略举如下：

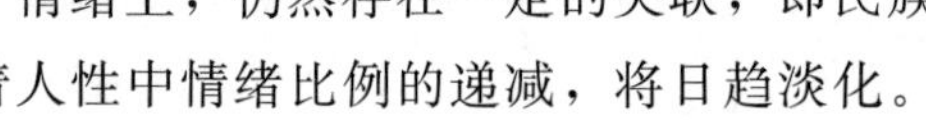

第二，古文字中出现的假借字。这是一种较为特殊的字类，关联度

① 后期维特根斯坦认为，无论语词还是语句，其功能都不在于指称外部的对象和事实，而是在于编织在生活场景中起作用（陈嘉映：《语言哲学》，北京，北京大学出版社，2003，第55页）。这也反映了人类对该层次文字的态度。

等方面属抽象字，而层级数、抽象度等方面属各种层次特征兼有，因单纯的形式是外在的，形式与内容间的关系才是内在本质性的，故在此权宜性一体处理为非典型的抽象字。例①：

——臾，古文借为“为”。——篮，古文借为“惠”。

——宿，古文借为“夙”。——申，古文借为“神”。

第三，欠发达地区等局部地区、盲人等特殊人群发展性基础字。女书中的指事字和假借字具有代表性。例②：

假借：——方，又借表“芳、坊、番、风、丰、封”。——金，又借表“斤、今、真、针、珍、贞、征”。

又如盲文③：

1° ° 4	1• ° 4	1• • 4
2° • 5	2• ° 5	2° ° 5
3• ° 5	3° ° 6	3° ° 6

(2)副抽象字

第一，与主导性文字系统同时存在的副从性文字。

其一，行业上后起抽象性文字。如气象符号④：

≡　⊔

雾　霜冻

其二，新兴媒介中生成的抽象性文字。火星文中符合以上特征的用字如：

谐音类。包括符号谐音。如“+”，谐“家”、“加”、“假”。字母谐音。如“b”谐“不”、“部”、“被”、“悲”、“白”。数字谐音。如“7456”谐“气死我了”。

缩略类。包括拼音字母缩略。如“白痴”缩为“BC”。英文字母缩略。如“see you”缩为“CU”。

第二，未与语言形成严格对应关系的边缘性文字。文本中标示一般话题、概念等言语性内容以及语言性内容的标点符号和各种替代性符号较具有代表性。

其一，标点符号。文本中标示语气、语言单位间的停顿、名称及言

① 祝鸿熹、黄金贵：《〈说文〉所称古文字中的假借字》，《语言研究》1982年第2期。

② 谢志民：《江永“女书”概述》，《中央民族学院学报》1987年第1期。

③ 朱双六、宋文兰：《盲文信息处理研究》，《上海铁道大学学报》1996年第4期。

④ 苏振生：《常见的天气符号》，《科技术语研究》2000年第2期。

语的性质等内容的标点符号。如[1]：

句号 。	逗号 ，
引号 “”/‘’/「」/『』	括号()/「」/{}/【】
破折号 ——	省略号 ……
着重号？/、/◎/○/△/——	连接号 ——/—/-/～
标注号 ＊/※/＊	代字号 ·/×/——

其二，各种替代、借用等符号[2]。

替代性符号。如语言学、逻辑学中标示结构关系标准的句型所用的“SVO/SOV”、标示重叠类型的“AA/AABB/ABAB”、标示排除一切条件的条件复句中“条件”和“结果”的“X、Y/A、B/p、q”、标示合取关系的“∧”、标示析取关系的“∨”。应用于数学中的“＋、－、×、÷、＝”。应用于国际货币流通领域的“＄(美元)、￡(英镑)、￥(人民币)”。应用于判断对错的“×、√”等。

借用性符号。主要为今所谓字母词所用外文符号。有英文字母、希腊字母等。

上述三文明层次的基本内容，为便于清晰的了解，可参考表 9-1。

表 9-1　三文明层次的基本内容

参项＼字类	准具象字	准抽象字	抽象字
元素数	混整	二元	多元
层级数	单层	双层	多层
抽象度	准具象	准抽象	抽象
固定度	不高	增强	固定
与语言的关系	词位	词位	词位、词素、音节
关联度	密切相关	间接相关	单维情绪相关
单纯度	文字、宗教等兼具	相对单纯	基本为文字

① 郭攀：《二十世纪以来汉语标点符号研究》，武汉，华中师范大学出版社，2009，第 221～222 页。

② 郭攀：《二十世纪以来汉语标点符号研究》，武汉，华中师范大学出版社，2009，第 201 页。

第二节　汉字历层发展的过程和规律

基于对上述准具象、准抽象和抽象三文明层次汉字系统的基本特征及其内部架构的纲要性概括，下面依前及关键评价参项对其历层发展的具体过程进行总结，进而提炼出发展的基本规律。

1. 元素数方面，基本过程为“混整→二元→多元”。基本规律为由单一至多元，也就是多元化。

2. 层级数方面，基本过程为“单层→双层→多层”。基本规律为由单层至多层，也就是多层化。

3. 抽象度方面，汉字历层发展的基本过程概括为“准具象字→准抽象字→抽象字”。发展的基本规律概括为由具体至抽象，也就是抽象化。其中，具体与抽象，除体现在抽象度上之外，也体现在其他参项上，故抽象化，也可看做是汉字历层发展的整体规律。

4. 固定度方面，基本过程为“不高→增强→固定”。基本规律为由不甚固定至固定，也就是固定化。

5. 与语言的关系方面，基本过程为“词位→词位→词位、语素、音节”。基本规律为记录单位由少至多。也就是多样化。

6. 关联度方面，基本过程为“密切相关→间接相关→单维情绪相关”。基本规律为由密切至淡然，也就是淡化。

7. 单纯度方面，基本过程为“记录、表现兼具→相对单纯→基本为记录”。基本规律为由非单纯记录至相对单纯记录，也就是单一化。

第十章　汉语句子的历层发展

句子是语言系统的核心单位，通过揭示汉语句子的历层发展情况以寻找汉语信息处理中句子这一瓶颈问题解决的途径，是本章研究的核心目的。

汉语句子的历层发展情况较为复杂。一方面，受汉民族文化早熟和灵活性特征的影响，汉语本体在我们今天能够见到的最早书面语中就已经较为成熟了，而其灵活性特征，不仅早期书面语中较为突出，而且传承数千年，相沿至今。这在一定程度上掩盖了汉语的层次关系；另一方面，句子及其内部结构的把握，历来就是语言研究的难点。基于此，这个问题的研究拟分两步展开：一是采用历史研究模式对汉语句子观进行系统挖掘和梳理，为历层研究提供参考。二是采用历层研究模式对汉语句子的历层发展情况进行纲要性概括。具体表述时，因句子观历史发展的内容较多，可单独分为三个部分，故权宜性将其三个部分与句子的历层发展并列，统序为五节。

第一节　汉语句子观的发生

从纯理论上讲，有了语言即有了语法；有了语法，即有了句子观。所以王力说："语法在中国的语言研究中是一门新兴的学问，但是我们不能说中国古代学者完全没有语法的概念。"①但是，句子观有隐显之分。我们这里的句子观，指的是显性句子观，即通过一定方式明确表现出来了的句子观。

汉语句子观的发生，学界往往是以文献材料中同句子相关的论述为依据进行研究的，得出的结论是：萌芽于战国，树立于汉代。早期语法学史著作侧重点都在现代，对于古代，只有一些简要的概括，其中，就蕴涵有句子观出现方面内容的汉语语法研究状况而言，其萌芽时间皆定为战国时期。这一点，从汉语语法学史的分期上不难看出。如龚千炎在《中国语法学史稿》中将中国语法学史划分为四个时期，其中第一时期始于战国，止于

---

① 王力：《汉语史稿》，北京，中华书局，1980，第12页。

《马氏文通》的出版①。早期语法学史著作中关于萌芽时间的确定，所依据的材料一般皆是《公羊传》、《谷梁传》中关于语序的论述。《春秋·僖公十六年》："春，王正月戊申朔，陨石于宋五。是月，六鹢退飞，过宋都。"《公羊传》对其加点内容解释说："曷为先言陨而后言石？陨石记闻，闻其磒然；视之则石，察之则五……曷为先言六而后言鹢？六鹢退飞，记见也。视之则六，察之则鹢，徐而察之则退飞。"后继的专门性古汉语语法学著作有孙良明《中国古代语法学探究》。他的观点可明确地概括为：汉语句子观萌芽于战国，树立于汉代。《荀子·正名》曰："辞也者，兼异实之名以论一意也。"孙良明据此总结道："表现在语法上是说，句子是若干词组织起来表现一个完整意思的语言单位。这可以说是句子的最早定义。"②又说："汉人没有提出'义句''音句'名称，不过《诗经》每篇标明的章、句(如'《关雎》五章、章四句''《葛覃》三章、章六句')之'句'，皆指音句。从《诗经》毛传、郑笺和《楚辞章句》来看，毛亨、王逸，尤其是郑玄，是认识到音句、义句之别；释文突破了音句之停顿表现出义句……汉人以注释实践验证了荀子的论断，从而也就标志汉人句子观念树立。"③

文献材料中同句子相关的论述的确是句子观发生的重要研究依据，但是，它也存在着一些不足。其一，由于理论往往晚于实践，所以，它反映的发生时间可能晚于实践中客观发生的时间。其二，论述难免存在着感性的、主观性的成分。其三，论述往往是个人观点，不一定具有社会性。弥补这些不足的办法，是在古人的相关论述基础上再参照语言实践中相对客观的现实材料进行综合研究。基于这一思路，我们着意选取了古代标点符号方面的材料，依托标点符号对古代句子观的发生进行了重新研究④。发现：以客观的标点符号为依据，汉语句子观萌芽的时间可提至汉语书面语出现之初的甲骨文时期，至战国时期，句子观业已树立。句子观由商

① 龚千炎：《中国语法学史稿》，北京，语文出版社，1987，第2～3页。

② 孙良明：《中国古代语法学探究》，北京，商务印书馆，2005，第6页。

③ 孙良明：《中国古代语法学探究》，北京，商务印书馆，2005，第40～41页。

④ 同语言表达相类似，标点符号中标示句法单位的符号和方式也是句子观的显性表示形式。学界早就注意到了这一点，只是关注程度不够深入。龚千炎指出："中国的句读之学有自己的特点。它虽然并不就是系统的语法研究，可也跟语法颇有关系……据说句读圈点之法汉朝就有了。最初的时候，只是为了诵读经书的方便，后来慢慢地变成了一种专门的学问，对'句''读'这两种语言单位本身也进行研究了。"(龚千炎：《中国语法学史(修订本)》，北京，语文出版社，1997，第9～10页)又，标点符号有广狭义之分，这里取其广义，指的是书面语中辅助文字标示意义的各类符号及其组合、变化形式。范围上在一般标点符号之外，还包括功能相同的空格。符号要素，亦采用符位、符形、符义的表述(郭攀：《二十世纪以来汉语标点符号研究》，武汉，华中师范大学出版社，2009，第1～2页)。

代至战国的发生过程，可从标点符号的演化上较清楚地看出。

下面是依托标点符号对汉语句子观的发生进行的具体考察。所用的材料有两类：一是借用已有成果中的材料，主要是管敏义《怎样标点古书》、管锡华《中国古代标点符号发展史》；二是自己调查的材料，主要有：郭沫若《甲骨文合集》第三册、姚孝遂《殷墟甲骨刻辞摹释总集》上册、商承祚《战国楚竹简汇编》。其中，《殷墟甲骨刻辞摹释总集》是解读《甲骨文合集》内容的依据。

(一)商代

据考察，甲骨文中同句子观相关的标点符号有两种：一是线号，即符形为横线或纵线的线条性符号；二是空格。其中，线号使用非常普遍，据初步统计，郭沫若《甲骨文合集》第三册使用次数即达600次左右。空格相对略少。线号和空格，尽管总体上具有形体不规则、使用上任意性大的特点，但据其符义，仍可一定程度地看出早期句子观的存在状况。

线号和空格的符义，参照对甲骨文文本的一般理解大致概括为两类：一是分隔且标示不同条目卜辞。二是分隔且标示卜辞内部要素。其中，分隔是显性功能。一片甲骨内部数条卜辞或卜辞内部不同要素用线号或空格分隔开来，以免混淆，其功能是明显的。标示是意味性功能。线号或空格将不同卜辞或卜辞内部不同要素分隔开了，实质上对卜辞或卜辞内部不同要素即起到了标示作用。例：

(1)癸巳卜×贞旬亡祸王占曰有祟……亦侵我西鄙田
癸卯卜×贞旬亡祸王占曰有祟……圉六
王占曰有祟其有来艰迄至七日巳……七十五人①

(2)贞……必兴方伐下危　二告
二告
二告
二告
二告②

(3)贞王勿比沚×
贞王比沚×
贞王勿比沚×

① 管敏义：《怎样标点古书》，北京，书目文献出版社，1985，第1～2页。
② 姚孝遂：《殷墟甲骨刻辞摹释总集》，上册，北京，中华书局，1988，第163页。

乙亥卜×

贞弗其受祐①

(4)贞延雨

贞雨

×弗其雨×②

(5)贞戉×

使人于眉③

(1)中有三条卜辞。其中，第一、第二条卜辞内叙辞、命辞、占辞、验辞皆完备，第三条卜辞只有占辞和验辞。三条卜辞用两条纵线分隔开来，其线号的符义是分隔且标示不同条目卜辞。

(3)中有五条卜辞，(4)中有三条卜辞，(5)中有两条卜辞，它们内部不同辞条之间皆用横线分隔开了。这些被分隔开来的卜辞辞条皆有这样一种共性，即皆只具有完备的卜辞四要素中的一种，或只有叙辞，或只有命辞。据此，起分隔作用的线号的符义，客观上就是分隔且标示卜辞内部要素。

(2)中五条卜辞被四条横线分隔开来，其情况要复杂一些。一方面，第一条卜辞内部两个命辞被空格隔开，空格客观上体现出的符义是分隔且标示卜辞内部要素；另一方面，后四条卜辞皆不完备，但依张玉金的说法，属于省略重复内容的情况④，故分隔五条卜辞的四个线号的符义，皆是分隔且标示不同条目卜辞。

分析线号、空格深层蕴含的观念可知，标示不同条目卜辞主要反映的是汉民族篇章观念。依据主要有二：一是所记占卜活动非同一时间所为，不同条目卜辞之间没有段落间的连续性；二是卜辞内部结构完备，大于句子。标示卜辞内部要素，较明显地反映的是汉语句子观，因为一类卜辞要素，基本皆可看做是一个句子。这样，据此大致可得出结论，早在甲骨文时期，汉语句子观即基本萌芽了。

(二)西周

金文中，由于书写材料方面的局限，出现的标点符号很少，但总的说来，对汉语句子观的反映仍有所推进。主要表现在句子观的隐显程度

① 姚孝遂：《殷墟甲骨刻辞摹释总集》，上册，北京，中华书局，1988，第186页。

② 姚孝遂：《殷墟甲骨刻辞摹释总集》，上册，北京，中华书局，1988，第191～192页

③ 姚孝遂：《殷墟甲骨刻辞摹释总集》，上册，北京，中华书局，1988，第191页。

④ 张玉金：《甲骨文语法学》，上海，学林出版社，2001，第320～322页。

上。西周共王时期《永盂》上有这样一段文字："……同付永厥田厥率旧厥疆宋句└永拜×首……"陈邦怀说："句"字左下方的"└"就是一个钩识符号，表示上文到"句"字处终止。在"句"字处加一个钩识符号是符合这段铭文的语言结构的，因为由此以上九行文字都是记赐田的事。"句"字以下，"永拜×首"云云，是铭文中常见的习惯用语①。据此，我们知道，金文中有一钩识号。分析其标示功能：就其前面赐田内容而言，反映的是篇章观念；就其"永拜×首"的习惯用语而言，反映的是句子观。比较此钩识号与甲骨文线号的隐显程度：甲骨文线号是以分隔为主，标示功能是隐含的、意味性的；金文钩识号对句子观的反映，则是显性的。反映程度上推进了一步。

(三)春秋

春秋晚期的"侯马盟书"盟辞中，出现了不规则的点号，一般认为是早期句读符号。点号不规则的表现：符形上一般为近一字之宽的横线，但总体上大小不一。符义，或标示篇章，或标示句子。对句子的标示是我们关注的重点。这种标示需要说明的是：标示一般没有周遍性，一段文字中有的标示了，有的没有标示。另外，这里的句子，一般为言句②。例：

(1)以事其宗▬而敢不尽从嘉之明定宫及或……不守二③

(2)及其子孙▬××之子孙▬史×及其子孙④

相比较金文中的钩识号而言，点号对句子观的反映更进了一步。因为它对文本层次的标示更加细致，在同一文本中，出现频率也不似金文只有一次。

(四)战国

战国时期，与句子观相关的标点符号有了进一步的发展。主要表现在两方面：一是出现了多号并用；二是出现了较为普遍的周遍性使用。

(1)吉不死▬⑤

(2)吉レ⑥

---

① 陈邦怀：《永盂考略》，《文物》1972年第11期。

② 郭攀、夏凤梅：《中国古代语言学句子观的发展》，《古汉语研究》2009年第3期。

③ 《侯马盟书》，1·32片。

④ 《侯马盟书》，49·1片。

⑤ 商承祚：《战国楚竹简汇编》，济南，齐鲁书社，1995，第219页。

⑥ 商承祚：《战国楚竹简汇编》，济南，齐鲁书社，1995，第218页。

(3)己酉之日苛……于事レ[1]

(4)于父犬▬与新父▬与不故……[2]

(5)三金匕▬二金勺▬……一大羽翣▬一大竹翣▬一少竹翣▬一少……[3]

(6)集豆之器十……廿又一▬……七▬[4]

(7)器二芋……二青方▬二方监▬四……一雷▬[5]

不难看出，与句子观相关的标点符号的使用尽管总体上不甚规范，但是，其发展性表现仍十分明显。

(6)、(7)是多号并用。商承祚对其使用情况分别解释说："有句号和总结句号。有编组刻口。""有句号。有总结句号。有编组刻口。"[6]解释中，编组刻口功能相当于甲骨文中分隔篇章的线号。总结句号说法欠佳，这种符号后来称之为章末号。句号的判断是对的，即以标示言句为主的符号。(6)、(7)的多号并用，相比较前期单一符号的使用而言，功能单一化了，反映了此期人们的句子观已由与他单位性观念的混杂状态中逐步独立了。

(4)、(5)是周遍使用。这种周遍使用说明，句子观在人们的观念中较前期更加牢固，社会化程度更高。

基于以上分析不难得出如下结论：战国时期，通过标点符号不仅表明了相对单纯的句子观的存在，而且还表明，这种观念具有较大的社会基础，成为一种较为普遍的社会性观念。这一些较充分的说明，汉语句子观至此已较明显的树立了。

第二节 汉语句子观的历史发展

一、中国古代语言学句子观的历史发展

具体研究之前，相关问题说明如下：

1. 中国古代语言学中的语言，属于大语言范畴，指的是广义的语言，即相对音乐而言表示概念义的一种声音表义形式，具体范围，类似

---

① 商承祚：《战国楚竹简汇编》，济南，齐鲁书社，1995，第203页。

② 商承祚：《战国楚竹简汇编》，济南，齐鲁书社，1995，第212页。

③ 商承祚：《战国楚竹简汇编》，济南，齐鲁书社，1995，第87页。

④ 商承祚：《战国楚竹简汇编》，济南，齐鲁书社，1995，第27页。

⑤ 商承祚：《战国楚竹简汇编》，济南，齐鲁书社，1995，第11页。

⑥ 商承祚：《战国楚竹简汇编》，济南，齐鲁书社，1995，第11页。

于现代语言学所界定的语言和言语。

2. 相比较现代语言学中的语言句而言，中国古代语言学中的“句”，是一种基础性言语单位，一种言语句。

3. 中国古代语言学句子观形成时“句”所处的范畴，口头上，是言语；书面上，是文章学。如果将“章”、“篇”看做广义语言单位的话，那么，中国古代应该存在一种同文章学有着交叉关系的构件语言观①，其基本单位是“字、句、章、篇”。据此，中国古代语言学句子观基本可看做是其所属构件语言观的一个组成部分。

4. 研究中国古代语言学句子观发展的依据，一是古今学者的相关论述；二是表达句子观所用语词在古代文献中的具体指称；三是古人对广义语法单位使用标点符号所进行的标示。

历时地看，早在甲骨文时期汉语句子观即应已萌芽。尽管在甲骨卜辞中未能找到反映句子观的词语，但是，从其不同层级言语单位特定符号和方式的标示上大致可得出这一结论。这一点，第一节业已论及，不赘。

商代以后，句子观即以语词的形式表现出来，并且经历了一个漫长的发展过程。对这一过程中不同句子观兴衰更替及其动因的分析和概括，拟分类依次进行。其中，句子观类型的概括方面，为求古为今用，着重考虑两方面因素。一是分类的依据，选取现代语言学常用、适度改造后亦可用于古代语言学的概括形式“语义、语音、功能、结构”等因素。二是分类依据的量，选取不同地位诸依据中主要的单一性依据，而不详尽罗列众多不便把握和记忆的依据。句子观的次序方面，以不同句子观之间的渊源关系为经。句子观兴衰更替的侧重点方面，侧重其主流，余流部分只作为他主流观念的次位并存观念略作说明。以下是具体观念的发展。

1. 以依原始情绪判定的不作性质上长短大小性区分的任何基础性言语停顿单位为“句”的观念

这种观念的“句”就是我们最笼统意义上的“一句话”，为便于区别，姑且称之为“言句”。

“言句”的主要特征，一是依据为原始性情绪。语言表义需要停顿，在没有语言知识、对语义、语音等要素尚缺乏理性认识的初始时期，停顿的依据，主要源于原始性情绪，即以生理上气血和各器官运行状

① 吴启主：《汉语构件语法语篇学》，长沙，岳麓书社，2002。

况、心理上性格和兴趣等因素为基础的广义性情绪状况，包括狭义性情绪以及心理学上同属一个大类的情感、心境等内容。这种情绪，层级上，同理性并列，理性范畴“语义、语音”等因素是其下位层级。状态上，具有模糊性和整体性①。二是“言句”的外在表现，为一口气说出的不分实质性长短和大小的“一句话”。这里的长短，指的是言语的长度量。大小，指的是基础性言语停顿单位的层级，主要类似于今之“句”和“短语”。

表示“言句”的代表性语词是“言”。例：

> 楚一言而定三国，我一言而亡之。②

有关“言句”的相关论述如：

> 一言有作一句解者，“一言以蔽之”、“一言可以兴邦”是也。③

以原始情绪性言语单位为“句”的观念是最原始的句子观。其形成，是自然状态下人的计量需要和认知发展的必然结果。自然的人，在现实社会生活中感知到了意义，出现了意义表达的需要，促成了语言的发生。最初的语言长度有限，整体状态同其他文化类型一样，当混沌而模糊。长度增加以后，混沌状态内部结构上自然有所切分，同时，产生了对切分单位计量和相应的认知需要。当时情况下，凭初始时期人的智力水平，最易于感知到、最简便易行的就是这种自然形成的不作性质上区分的停顿单位，这样，以原始情绪性言语单位为“句”的观念就自然形成了。其形成过程，从“言”义的发展上可见一斑。

“言”，甲骨文像舌从口中伸出之形。《尔雅·释乐》：“大箫谓之言。”郭沫若：“言之本为乐器，此由字形已可得充分之断定，其转化为言说之言者，盖引申之义也。原始人之音乐即原始人之言语，于远方传令每藉

---

① 特别说明两点：一是理性有一个逐渐发展的过程，历时地看，“言句”的晚期，对语音等方面的认识已逐渐清晰，“尚缺乏理性认识”是从总体上讲的。二是萌芽状态的语音节律、音义内容，表达时的情景，社会表达习惯和个人主观的表达追求等理性因素应亦属判定“言句”的依据，只是处于副从地位而已。

② 《左传·僖公二十八年》。

③ （清）陆敬安：《冷庐杂识》，卷二。

乐器之音以蒇事，故大箫之言，亦可转为言语之言。”[1]据此，我们认为，“言”作为一个词，本义当为“演奏音乐”及其演奏出的“音乐形式”——通过旋律和节奏表达感性情绪义的一种声音形式。经引申，转表同“演奏音乐”行为上相关的“说话”及其说出的“话语”——与音乐同为听觉形式的通过音节表达理性概念义的一种声音形式。这方面的用例较多。如：《书·无逸》：“三年不言。”《礼记·乐记》：“歌之为言也，长言之也。说之，故言之；言之不足，故长言之。”“话语”，再进一步细化，就是作为自然情绪性言语单位的“句”。

“言”所表示的原始情绪性言语单位的“句”——“一句话”又引申出了“一字”义。该义虽然后起，但前贤有关其生成理据的论述对理解“一句话”观念的形成不无帮助。“《左传·定公四年》‘夫子语我九言曰’。孔疏：‘古者一字与二字并为一言，易云伏羲作十言之教，曰：乾坤震巽坎离艮兑消息，乾坤虽是一字，亦一出口乃得言之，故谓之一言。’”[2]很明显，感知到“言”的“一句话”义的最显著特征是“一出口”。

以原始情绪性言语单位为“句”的观念同文明发生时期的精神需求大致是和谐的，但是，随着理性的发展、认识的深化，随着文明进入快速发展期以后，这种句子观就逐渐不能满足逻辑上的认知和现实语言生活上别类性需要了，这样，在“言句”基础上，在特定文化背景下，判定“句”的依据逐步由情绪性因素过渡至理性因素，逐步发展出了以某方面理性因素为主要依据的长短、大小等性质上有了区别的新的句子观。其发展，沿着两个方向延伸。一是伴随章句学、句读学的出现而发展起来的言语意义方向。一是伴随韵文大步发展而逐步出现的言语语音节律方向。

2. 以依意义判定的基础性言语单位为“句”的观念

这种观念的“句”，姑且称之为“意句”。其代表性语词形式是“句”。

“意句”内部可分为两个次类，各次类发生的时间前后相继，发展过程密切相关，依次发展。

第一，定位之句。随着章句学的兴起，人们开始对文本内部结构进行认知，促成了“篇、章、句、字”一整套不同层级言语单位方面诸观念的形成。“句”，是在这个层级系统中作为一个层级单位的定位形式出现的，故称之为“定位之句”。

---

① 郭沫若：《甲骨文字研究·解和言》，《郭沫若全集》，考古编一卷，北京，科学出版社，第100页。

② （唐）孔颖达：《左传正义》。

“定位之句”出现的范围主要有二：一是章句学文本内部层级的表述。二是大致同书面语相应的口语层级的表述。相比较“言句”而言，其特征主要有三：一是以意义为主要依据。二是定位具有高位粗线条性，笼统地指称“字”与“章”或口头“字”与“一些话”之间的言语层级。三是同“言句”密切相关。一方面，“定位之句”就是在“言句”基础上逐步获得的；另一方面，因为情绪仍然对时人有着较强的支配作用，仍是判定“句”的一项重要依据，所以，“定位之句”部分承袭了“言句”的“一句话”特征。

“定位之句”萌芽于东周。证据主要来自两方面。

一是逻辑学的出现。早在周代，人们就开始加强了对逻辑关系的认识，包括文本内部结构关系的认识。其时，逻辑学中有一“辞”概念，可看做是“定位之句”早期的语词表示形式。例：

> 以名举实，以辞抒意，以说出故。①
> 辞也者，兼异实之名，以论一意者也。②

二是周代即存在“离经辨志”方面的工作。黄侃《文心雕龙札记·章句·辨汉师章句之体》：

> 《学记》曰：“古之教者，一年视离经辨志。”郑曰：“离经，断句绝也。”详《记》文所述学制，郑皆以《周礼》说之，是则古之教者，谓周代也。其时考校已以离析经理断绝章句为最初要务，尔则章句之学，其来久矣。

“定位之句”出现的时间，为秦汉时期。随着训诂的兴起，其时出现了指称“定位之句”的代表性语词形式“句”。至六朝，“定位之句”有了较大的发展。其后不断延续，直至现代。汉魏六朝时期相关论述：

> 夫设情有宅，置言有位；宅情曰章，位言曰句。故章者，明也；句者，局也。局言者，联字以分疆，明情者，总义以包体，区畛相异，而衢路交通矣。夫人之立言，因字而生句，积句而成章，积章而成篇。篇之彪炳，章无疵也；章之明靡，句

---

① 《墨子·小取》。
② 《荀子·正名》。

无玷也；句之精英，字不妄也；振本而末从，知一而万毕矣。①

指称“定位之句”的“句”，其文献用例主要出现在章句理论及其实践的论述中，前举之外，还如：

今则稽之旧章，合之经传，以相发明，为之符验，章决句断，事事可晓，俾使学者永无疑焉。②

《周易·讼》：

九二不克讼，归而逋其邑，人三百户，无眚。

正义：

若能以惧归窜其邑，乃可免灾者，如此注意，则经称“其邑”二字连上为句，“人三百户”合下为句。

“定位之句”在标点符号使用方面亦有所反映。主要表现为一号制标点符号的使用，并且，主流发展后，余流积淀至文化深层延达至今。例：

法律未足 ㇄民多诈巧 ㇄故后有间令下者 ㇄③

华佗、字元化、沛国谯人也、一名旉、④

十载亲灯火。论高才绝学。休夸班马。风云太平日。正骅骝欲聘。鱼龙将化沉吟一和。怎离却双亲膝下。且甘心甘旨。功名富贵。付之天地。⑤

吴淞市政委员唐承宗、为整顿吴淞全区市政事宜、邀集党部商会卫生公安各界、于昨日下午一时、在吴淞市政办公处、特开联席会议、⑥

与此同时晚报上说农民万元户买了钢琴。买了汽车。买了

① (南朝·宋)刘勰：《文心雕龙·章句》。
② (汉)王逸：《楚辞章句·天问叙》。
③ 《睡虎地秦墓竹简·南郡守腾文书》。
④ 《三国志注·魏书·方技传第二十九·华佗》。
⑤ 《八能奏锦·琵琶记·伯皆华堂庆寿》。
⑥ 《吴淞整顿市政联席会议》，《申报》1930年6月9日。

飞机。可能即将买原子弹。电视新闻里出现了农村的摩托车大赛。[①]

第二，“别‘读’之句”。“读”是一种大于字小于句的言语单位，类似于今之短语。“别‘读’之句”，是随着章句学粗分出的句级言语单位内部再进一步细分而形成的一种除去“读”以外的句级言语单位。其代表性语词形式是相对“读”而言且往往与“读”同时出现的“句”。

“别‘读’之句”出现的范围主要是书面语中的句读学。由于章句学是有关篇章结构单位及其相互关系的学问，句读学是有关句级内部结构单位及其相互关系的学问；由于“定位之句”是粗分之句，“别‘读’之句”是细分之句；所以，“别‘读’之句”与“定位之句”不仅出现范围上相互交叉，而且，渊源关系上，还可看做是随着认知的发展，观念上不断细化的结果。

“别‘读’之句”大致出现于句读学兴起的汉代，其后，一直延续至清代。

汉代“句”、“读”连用反映“别‘读’之句”的相关用例：

传春秋者非一，本据乱而作，其中多非常异义可怪之论。说者疑惑，至有倍经任意、反传违戾者。其势虽问，不得不广。是以讲诵师言至于百万，犹有不解，时加酿嘲辞。援引他经，失其句读，以无为有，甚可闵笑者，不可胜记也。[②]

自诱之少，从故侍中同县卢君，受其句读。[③]

汉以后，“别‘读’之句”日渐巩固，反映“别‘读’之句”的相关用例更多。唐代以后，开始有了对“别‘读’之句”较明确的界定，有了专家规划系统，并有标点实践方面的记载。

观法于节奏，察变于句投。[④]（“句投”即“句读”。）

凡经文语绝处谓之句，语未绝而点之以便诵咏，谓之读。[⑤]

---

① 王蒙：《夏之波》，《跨世纪文丛——坚硬的稀粥》，武汉，长江文艺出版社，1992，第171页。

② （汉）何休：《〈春秋公羊传解诂〉序》。

③ （汉）高诱：《淮南子叙》。

④ （汉）马融：《长笛赋》。

⑤ （唐）天台沙门湛然：《法华文句记》，卷一。

句：举其纲，文意断。

读：者也相应，文意未断，覆举上文。

上反言而下正，上有呼下字，下有承上字。①

举其纲为句，如："大学之道，在明明德，在亲民，在止于至善。"

文意断为句，如："此对小子之学言之也。"

者也相应为读，如："大学者，大人之学也。"

文意未断为读，如："言既自明其明德，又当推以及人，使之亦有以去其旧染之汙也。"

覆举上文为读，如："曰：然则此篇所谓在明明德，在亲民，在止于至善者，亦可得而闻其说之祥乎?"

上反言而下正为读，如："不亲其亲，不长其长，则所厚者薄而无以及人之亲长。"

上有呼下字为读，如："中庸何为而作也，子思子忧道学之失其传而作也。"

下有承上字为读，如："德者本也，财者末也。"②

元刻最精，有句读点抹。③

"别'读'之句"，在标点符号的使用上亦有所反映。以下例中多标点并用，圈号所标示的言语单位即是"别'读'之句"。汉以后较常见，不赘。

卒赵襄、单衣一则 o④

关于"意句"观念，值得进一步说明的是：学术界曾经存在着"言"、"句"、"读"同指的说法，并仍产生着一定程度的影响。

古者，一字为一言，一句亦为一言，秦汉以来谓之句。⑤

总之，句、读、章、言四名，其初但以目声势，从其终竟称之则为章，从其小有停邏言之则为句、为曲、为读、为言。

① (元)程端礼：《程氏家塾读书分年日程》，卷二。

② (元)程端礼：《程氏家塾读书分年日程》，卷二。

③ (清)何焯：《通志堂经解春秋堂本义》。

④ 《流沙坠简》，器物第39简。

⑤ (清)郝懿行：《证俗文》，卷八。

> 降后乃以称文之词意完具者为一句，连接数句为一章。或谓句读二者之分，凡语意已完为句，语意未完语气可停者为读，此说无征于古。检《周礼·宫正》注云："郑司农读'火'绝之，云'禁凡邦之事跸'。"又《御史》注云："郑司农读言'掌赞书数'，玄以为不辞，故改之。"案康成言"读'火'绝之"，是则语意已完乃称为读。又云"不辞"，不辞者，文义不安之谓，若语势小有停顿，文义未即未安，何以必须改破？故知读亦句之异名，连言句读者，乃复语而非有异义也。要之，语气已完可称为句，亦可称为读，前所引先郑二文是矣。语气未完可称为读，亦可称为句，凡韵文断句多此类矣。①

这涉及两个层次的问题。一是"句"和"读"同指，都指的是句级言语单位。二是"句"、"读"与"言"同指，大而言之，中国古代只有一种句子观，先称之为"言"，继称之为"句"或"读"。总的说来，我们认为这些看法都是不能成立的。下面，也分两个问题进行说明。

第一，"句"、"读"同指观不能成立的理由。

(1)即使是汉代"句"、"读"开始连用时期，尽管语义上"句"、"读"区分不甚明显，两个概念与两类不同层次言语单位之间缺乏严格的对应关系，但结合同期标点的使用情况可知，二者在时人的观念中还是大致被区分开来了，不然，同是句级单位，何须使用不同标点以别其层次关系。

(2)汉代及以后"句"、"读"的使用尽管存在着一些混乱，但基本可以作出较为合理的解释。

其一，"句"、"读"分指有一个发生发展的过程。汉代"句"、"读"单用时期，两词近义。《公羊传·定公元年》："主人习其读而问其传。"何休《解诂》："读谓经，传谓训诂。"此"读"与"句"义近。"句"、"读"连用分指意义上大小有别的两类言语单位的确有一个逐步发展的过程。汉代较朦胧，唐以后逐渐清晰。

其二，由于不同句子观间的交叉、国学的模糊、语言的使用缺乏规范，致使"句"、"读"实际使用上存在着一些混乱。即使到了"句"、"读"区别分明时期，难免一些泥古者继续沿用同指时的用法。

其三，古人句级言语单位的表示，一般分为认识上粗细两个层次：章句层表示和句读层表示。表示出的"句"，分别对应"意句"的"定位之句"和"别'读'之句"。章句层表示所用粗分概念"句"、"读"、"句读"等所

① 黄侃：《文心雕龙札记·章句·辨汉师章句之体》。

指皆是“定位之句”，词有别而义一般皆无别。句读层表示所用细分概念“句”与“读”，所指为粗分句级言语单位中细分的“别‘读’之句”及小于句大于字的言语单位，词有别所指亦别。以此为依据，看黄侃所及诸例及类似文例即不难理解了：因为它们属于章句层标示，所以，其“句”、“读”、“句读”的所指皆是“定位之句”。类似文例：

《毛诗·关雎序》：“治世之音安以乐，其政和；乱世之音怨以怒，其政乖；亡国之音哀以思，其民困。”释文：“治世之音绝句安以乐绝句其政和一读安字上属以乐其政为一句下放此。”

《史记·周本纪》：“箕子不忍言殷恶，以存亡国宜告。”《索隐》于“告”后作注：“六字连一句读。”

《史记·夏本纪》：“予娶涂山，辛壬癸甲，生启予不子，以故能成水土功。”《正义》于“子”后作注：“此五字为一句。”

(3)黄侃所说“韵文断句多此类”，属以下将论及之“韵句”，完全是相对韵文而言的，“别‘读’之句”的“句读”是相对无韵之文而言的，二者出现范围不同。

第二，“意句”与“言句”观念上的区别。这种区别，是我们从理论上概括出来的。这种概括具有充分的理据。除前述相关论述及用例上的表现之外，还将看到，作为两类不同的句子观，古人对二者亦有所区别。

意义的词语表示上，秦汉前用的是“言”，秦汉后，基本皆用的是“句”。

系统性上，“言”往往单用，“句”则因隶属句读、章句等学科而往往同“读”、“字”、“章”、“篇”等系统使用，有其系统定位及相对的词族。

理论上，亦有一些区分。

> 因言成句亦谓之言。“思无邪”三字之句，故谓一言以蔽之；续有后语以继之，如途巷之有委曲，乃谓之句。①
>
> 古者一字与二字并为一言……今则一字为一言，三字以上为一句。②

当然，由于二者皆带有极大的个人主观性，“意句”对“言句”有所继承，加之古人观念的提出往往不加界定，不作必要的比较说明，做学问也缺乏统一的社会规范，大多各自为政，所以，彼此关系，有其相对性。

① (唐)成伯瑜：《毛诗指说》。

② (唐)孔颖达：《左传正义》。

如汉代乃至于其后，“意句”的语词表达形式亦有沿用“言”的。例：

故夫占迹亦睹足，观文以知情，《诗》三百，一言以蔽之，曰“思无邪”。《论衡》篇以十数，亦一言也，曰“疾虚妄”。①

3. 以社会逐步约定的韵律性言语单位为“句”的观念

这种观念的“句”，姑且称之为“韵句”。语词表达形式是“句”。

“韵句”的使用范围是韵文。其判定依据，主要是社会共同约定、普遍认同的韵律。在韵文中，一个韵律节奏，就是一个韵律单位。相应的，韵律节奏中并行穿插的节奏上类似的无韵单位，视为类似性韵律单位。“句”指称“韵句”的用例：

观古今胜语，多非补假，皆由直寻……遂乃句无虚语，语无虚字。②

发一字未足舒怀，至于二音，殆成句矣，颂中有“肇禋”二字是也……八言成句，“十月蟋蟀入我床下”是也。不至九字十言者，声长气缓，难合雅章……多者《载芟》之诗三十一句，《閟宫》三十八句，不过如是也……诗人之才有短长，言之直者，取辞达而已矣。事之长者，歌之难尽，不思章句之繁，此皆诗之体。③

杜少陵诗云：“风含翠筱娟娟净，雨裛红蕖冉冉香。”上句风中有雨，下句雨中有风，谓之互体。④

“韵句”在标点中亦有所反映。例：

十月之交。朔日辛卯。日有食之。亦孔之丑。⑤

石火光中寄此身。谁论北富与南贫。眼前正爱溪梅瘦。冰雪亭亭笑伴人。⑥

吴山青。越山青。两岸青山相送迎。谁知离别情。o君泪

---

① （东汉）王充：《论衡·佚文篇》。

② （六朝）钟嵘：《〈诗品〉序》。

③ （唐）成伯瑜：《毛诗指说·文体》。

④ （宋）罗大经：《鹤林玉露》。

⑤ 《十月之交》，《十三经注疏·毛诗正义》，卷十二。押韵：卯、丑，幽部。

⑥ （宋）李公明：《偶作》，《永乐大典》，卷八九九。押韵：身、贫、人，真韵。

盈。妾泪盈。罗带同心结未成。江头潮已平。[1]

反映古人“韵句”的相关论述：

夫四言文约意广，取效风骚，便可多得，每苦文繁而意少，故世罕习焉。五言居文词之要，是众作之有滋味者也，故云会于流俗。[2]（以字数说明的句，往往就是韵句。）

句者，联字以为言，则一字不制也。以诗者申志，一字则言蹇而不会，故诗之见句少不减二，即祈父、肇禋之类也。三字者，绥万邦、娄丰年之类也禋……句字之数，四字为多，唯以二三七八者，将由言以申情，唯变所适，播之乐器，俱得成文故也。[3]

句字长短，古无定限……若少至一字，则虽都俞吁咨，载在二典，而于歌词不少概见，惟宋词十六字令之第一句之属乃有之。至若汉曲，“故春非我春，夏非我夏，秋非我秋，冬非我冬”，以十七字为一句，亦罕其偶也。短于七字者无论。若长于七字，则虽作一句，究之必有可读之处。是以唐人近体，至七字而止，七字之声音克谐也。今遇八字以上句，并加读焉。[4]

曲之为句，长短不齐，要其句法，不过自一字以至七字而止……遍考诸旧谱，俱限七字为句。无论文义，皆截为衬字，几不成文矣。今多留一二正字，全其文义，除去正文，中间作读，章句益觉完美。[5]

填辞平仄及断句，皆定数。而辞人语意所到，时有参差。如秦少游《水龙吟》前段歇拍句云：“红成阵，飞鸳鸯。”换头落句云：“念多情，但有当时皓月，照人依旧。”以辞意言，“当时皓月”作一句，“照人依旧”作一句。以辞调拍眼，“但有当时”作一拍，“皓月照”作一拍，“人依旧”作一拍为是也……别如二句分作三句，三句合作二句者尤多，然句法虽不同而字数不少。妙在歌者上下纵横取协尔。古诗亦有此法，如王介甫“一续、亦使

---

① 《林和靖》，明嘉靖刻本《词品》，卷三。押韵：青，青韵；迎、情、盈、成、平，庚韵。青、庚合韵。

② （南朝·梁）钟嵘：《〈诗品〉序》。

③ （唐）孔颖达：《毛诗正义》，《关雎》疏。

④ （清）周祥钰：《新曲苑》，《大成曲谱论例》，第4页。

⑤ （清）周祥钰：《新曲苑》，《大成曲谱论例》，第8页。

我慨然想遗风"是也。①

由于"韵律"是本能较容易感知到的声音要素，加之韵文源于原始文化中的音乐，所以，"韵句"的渊源相当久远。早在远古时期即应作为"言句"的核心部分而存在。例：

断竹续竹。飞土逐宍。②

周秦时期，随着文体观念的形成，又有了进一步的发展，形式表现是用韵的普遍化和日渐规律化。《诗经》、《楚辞》是其代表。不过，这一些皆是作为韵句实体而存在的，观念上仍被视为"言句"。"韵句"发生的时间，可定为六朝时期。因为此时"意句"业已取代了"言句"，指称"韵句"的语词是"句"，不是"言"。而作为"韵句"的"句"同作为"意句"的"句"区别又较为明显：一重在韵律依据；一重在意义依据。

唐宋以后，随着韵文日渐式微，"韵句"日渐淡弱，但由于句读学及文章模式观的发展，"韵句"依然存在，直至现代。古代例见前，现代语词及标点方面的反映如下。

吟咏有感，草成二首。《诗刊》索句，因以付之。③

蒹葭秋水念伊人　浩然长叹因何故　常觉民哀不潦生　到不如天台山农隐好避嬴秦④

基于前述概括，我们梳理了中国古代语言学主流句子观的发展脉络（如图 10-1 所示）。为了便于比较，现代语言学句子观亦续接于后，并将观念名总括为"结构句"。

以上述概括为基础，下面作一简要的总结。

中国古代语言学句子观商代就有了。其后，经"言句"、"意句"、"韵句"诸观念一步步发展，最终过渡至现代"结构句"观念。

中国古代语言学句子观的发展同所及生理、心理、文化诸方面因素密切相关。如果说生理、心理层级因素同其他类似语言现象的作用基本

① （明）杨慎：《填辞句多参差不同》，《词品》，卷一。

② （清）沈德潜：《古诗源·弹歌》。

③ 朱德：《喜读主席词二首序》。

④ 《红杂志周年纪念开篇》，《红杂志》1924 年纪念号，第 2 页。

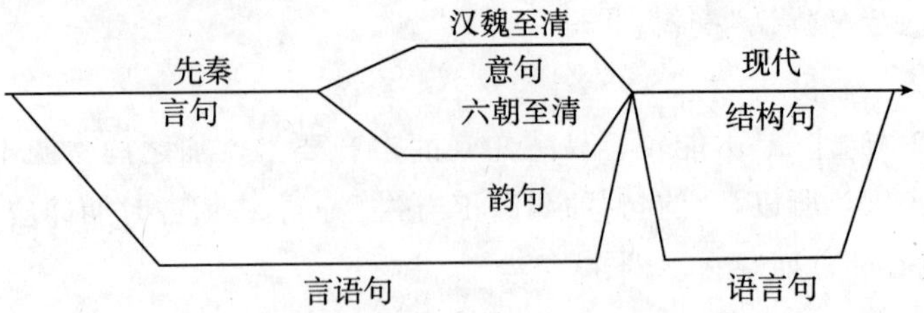

图 10-1　中国古代语言学主流句子观的发展脉络

一致的话，那么，文化层级因素则有其个性化特征。文化，推进了句子观的发展：章句学、句读学的出现催生了“意句”观念的降临；六朝字数、节律、结构等方面高度形式化韵体的繁荣，促成了“韵句”观念的形成；而西方外来文化的东渐，最终将句子观导入结构标准，实现了由古代至现代的转向。

中国古代语言学句子观的发展印证了一些发展规律。

思维层面：由模糊至清晰、由感性至理性。人最初也是情绪性动物，理性尚处于朦胧状态，范畴意识若隐若现，对世界的感知带有极大的模糊性，“言句”观念就是这种状态的一种表现。随着理性的逐步凸现，随着需要的日渐具体化，思维逐步从混沌中明晰化，“言句”至“意句”、“韵句”乃至于现代“结构句”诸观念的发展印证了这种发展的规律。

语言学内部关系方面：由口头至书面、由言语至语言。口头言语形式，是最早表达概念义的声音形式，“言句”观念就是以这种声音形式作为基础的。书面语，是口语的转化形式。由于书面语具有时间性特征，人们就有了对言语慢慢的、细致的、系统的感知的可能和需要，就产生了解释性行为，就可以根据时代性需要逐步由外在言语实体深入到内在组装实体的依托性符号系统。“言句”至现代“结构句”观念的发展，印证了这种口语终至书面语方向提升、言语终至语言方向深化的发展规律。

二、中国现代句子观

中国现代代表性句子观主要可从意义、语音、结构三个角度进行概括。分别概括为意义角度句子观、语音角度句子观、结构角度句子观。具体内容，第四章第一节已及，此处不赘。

在以上三类句子观中，意义角度句子观和语音角度句子观可看做是中国古代句子观的继承和发展，严格意义上代表现代句子观的，是结构角度句子观。

第三节　古代句子结构层次观的历史发展

句子结构层次观，指的是对句子内部结构层次的看法。亦即句子在心理层面被处理为一个还是多个层次的结构单位。因为古代汉语的句子通常指的是言语句，故句子结构单位是以言语的形式体现出来的，表现为具有独立或半独立交际功能的言语形式。古代，则是指的《马氏文通》以前。本节内容，时间上仅限定为古代，是因为现代句子结构层次观古今打通性语法学史著作中讲得很多，很透，无须赘究。

古代句子结构层次观，学界以古人对句子结构层次的直接表述为依据作过一些初步的研究。除了非严格意义的句子结构单位“字”之外，一般认为只有“句”和“读”两个层次，并且认为，“顿”是《马氏文通》中仿西方语法体系提出的一层句子单位，中国古代并没有“顿”[①]。在此基础上，拟拓宽思路，着重以更为客观的广义标点符号现实的标示情况及相关论述为依据[②]，对古代句子结构层次观的发展过程进行大致勾勒，并对其发展规律进行简要概括。

一、古代句子结构层次观的发展

中国古代句子观尽管错综复杂，但总体上还是大致可分为各具特征的三类[③]：以依原始情绪判定的基础性言语停顿单位为“句”的言句观；以依意义判定的基础性言语单位为“句”的意句观；以社会逐步约定的韵律性言语单位为“句”的韵句观。为了较深入地揭示出不同类型句子观中内部结构层次观发展的个性特征，下面先概括不同类型句子观中内部结构层次观独自发展轨迹，然后再对古代句子结构层次观的发展进行总体概括。

(一)言句观中内部结构层次观的发展

言句观最初体现出来、也是最基本的内部结构层次观是单一整体观，即体现这种观念的句子——言句，内部结构上处理为一口气说出的不分实质性长短和大小的“一句话”，一种单一的整体单位。其标点符号上的

---

① 孙良明：《中国古代语法学探究》，北京，商务印书馆，2005，第292、365、426～429页；季永兴：《古汉语句读》，北京，商务印书馆，2001，第1～15页。

② 郭攀：《二十世纪以来汉语标点符号研究》，武汉，华中师范大学出版社，2009。

③ 郭攀、夏凤梅：《中国古代语言学句子观的发展》，《古汉语研究》2009年第3期。

表现，是与一般呼吸节奏相应的一号制标点①。前述发生阶段一号制标点所标示的就是这种单一的整体单位。例不赘举。

宋代，言句观中衍生出了一种人名、地名等类似今专有名词的句子结构单位，暂称之为类词级单位。标点符号上的表现是，尽管语言单位的标示仍采用的是一号制，但符号位置上有所区别。通常情况是：句级单位，符号加于句末字的右下角；类词级单位，符号加于单位末字下之中位②。所用符号，一般为小圈号。例：

(1)秋。九月。齐侯宋公◦江人◦黄人◦盟于贯泽。江人◦黄人者何。远国之辞也。③

(2)四年。春王正月。公会齐侯◦宋公侯陈侯◦卫侯◦郑伯◦许男◦曹伯◦侵蔡。蔡溃。溃者何。下叛上也。国曰溃。邑曰叛。④

也有一些特殊的情况。例：

郑袤字林叔●荥阳开封人也●高祖众·汉大司农父泰·扬州刺史●⑤

这里小圆点标示的句子单位传统上仍笼统处理为“读”，我们认为应处理为类词级单位。尽管圆点有中小之别，但毕竟皆为圆点号，且位置关系同于前及一号制，标示单位为类词性质，彼此之间为并列关系。

元代以后，言句中句级单位观未发生太大变化，类词级单位观发生

---

① 一号制标点在发展过程中情况较为复杂，部分意句和韵句也采用此标点形式，故不能反过来将所有一号制标点的句子皆看做是言句。另，书中标点用例未注明出版社的，均转引自管锡华《中国古代标点符号发展史》。

② 值得进一步说明的是，这种单位的标示，亦存有标示人名、地名等名称的性质的成分。又，类词级单位，传统观念笼统地处理为“读”(管锡华：《中国古代标点符号发展史》，成都，巴蜀书社，2002，第149～150页)。经进一步调查研究，我们认为，它与笼统意义的“读”是有区别的。采用一号制标示，标示对象范围较小、性质较为固定等是较好的说明。又，现在一般认为汉语中没有与印欧语中word相应的词，相近的是音节或字(赵元任：《汉语词的概念及其结构和节奏》，《中国现代语言学的开拓和发展——赵元任语言学论文选》，北京，清华大学出版社，1992，第233页；徐通锵：《核心字和汉语的语义构词法》，《语文研究》，1997)，这里发现的被特意标示出来的单位，尽管没有周遍性，但性质上与词相近，值得进一步关注。

③ 建安余仁仲刊《春秋公羊解诂·僖公三年》，《四部丛刊》，第2册。

④ 建安余仁仲刊《春秋公羊解诂·僖公四年》，《四部丛刊》，第2册。

⑤ 宋嘉泰四年至开禧元年秋浦郡斋刻本《晋书·列传第十四·郑袤》，《中国版刻图录》。

了分化。一方面，表现为在专有名词性单位的标示上继续沿用此观念。标点符号方面例：

在自有河◦汉◦溋溋。[①]

另一方面，表现为将专有名词性单位的范围扩大，大至笼统意义上“读”的范围，从而与意句中的“读”合一了，尽管标点符号方面标点方式未变。这种意义上的言句，实质上业已变成意句了。例：

(1)朱子记经史阁．有曰古之学者无他·明德·新民·求各止于至善而已．[②]

(2)夫忠◦兴于身◦著于家◦成于国◦其行一焉。是故一于其身◦忠之始也。一于其家◦忠之中也。一于其国◦忠之终也。身一◦则百禄至。家一◦则六亲和。国一◦则万人理。[③]

（二）意句观中内部结构层次观的发展

意句观最初体现出来的内部结构层次观是分层结构观，即体现这种观念的句子——意句，内部结构上一般处理为由“句”和“读”构成的区分层次的结构单位。这种区分“句”和“读”两个层次的结构观，出现后即逐步作为一种基本结构模式被固化了，并且一直沿用至五四时期。其标点符号方面的表现是与句法层次结构相应的二号制。各期文献代表例：

(1)卒赵襄、单衣一则 o[④]

(2)知人之所为者、以其知之所知·以养其知之所不知·终其天年、而不中道者·是知之盛也[⑤]

(3)子曰、不就利。不违害。不苟绝、惟有道者能之。[⑥]

① 《时调青崑·还魂记·韩氏自叹》，见王秋桂：《善本戏曲丛刊》，台北，台湾学生书局，1984。

② 《程氏家塾读书分年日程·纲领》，《四部丛刊续编》，第49册，上海，上海书店，1984。

③ 《永乐大典》，第486卷，北京，中华书局，1960。

④ 《流沙坠简》，器物第39简。

⑤ 《内篇·大宗师》，宋刻本《南华真经注》，卷三。

⑥ 明刊本《中说·周公篇第四》。

(4)孟子曰·鱼我所欲也·熊掌亦我所欲也。二者不可得兼·舍鱼而取熊掌也。生亦我所欲也。义亦我所欲也。二者不可得兼·舍生而取义也。①

由于意句观是以意义作为界定句子依据的，而意义又是难以绝对说清楚的，也就是说，“句”和“读”都难以绝对界定清楚，所以，意句观内部结构单位的发展，主要表现在“句”和“读”的弹性波动上。这种波动，没有严格意义的标点形式作为依托，只是借助不同标点形式所反映出的观念上的变化、借助标志词所反映出的逻辑关系等内容分析的结果，所以，概括出来的结构层次亦具有非严格意义的性质。

“句”的弹性波动，表现为句子结构层次单位向上的或然性延伸。中国古代语法观是构件语法观②，其基本单位是“字、句、章、篇”。汉代王充《论衡·正说》：“夫经之有篇也，犹有章句也，有章句犹有文字也。文字有意以立句，句有数以连章，章有体以成篇，篇则章句之大者也，谓篇有所法是谓章句复有所法也。”但在“句”与“章”之间还可以概括出一个常用大圈号标示的类章级的单位③。已发现的用例是出现于言句之上的。例：

(1)三年。春。王正月。不雨〇夏。四月。不雨。何以书。记异也〇徐人取舒。其言取之何。易也〇六月。雨。其言六月雨何。上雨而不甚也〇秋。齐侯◦宋公◦江人◦黄人◦会于阳谷。此大会也。曷为末言尔。桓公曰。无障谷郭。还四年。反取虞。虞公抱宝牵马而至。④

(2)……〇夏。许男新臣卒〇……⑤

意句之上也可分析出类章级单位。它往往表现在整体逻辑表达形式的不同处理上。一类整体逻辑关系义的语言表达形式，可以是句，可以是章。当其有时处理为小于章的几个句子，有时又处理为一个句子时，其一个句子的处理，实质上就可借助不同处理情况的比较看做是类章级

---

① 《论著〈孟子·鱼我所欲也章〉》，《曾文正公全集·经史百家杂钞》，卷一。

② 吴启主：《汉语构件语法语篇学》，长沙，岳麓书社，2002。

③ 类章级单位与“章”的相同之处：形式上，都常采用大圈号；内容上，有交集。不同的是，类章级单位的标识号出现在通过空格等形式标示的“章”的内部。

④ 建安余仁仲刊《春秋公羊解诂·僖公三年》，《四部丛刊》，第2册。

⑤ 建安余仁仲刊《春秋公羊解诂·僖公五年》，《四部丛刊》，第2册。

单位了。

分析发现，意句句子结构层次单位向上的或然性延伸就体现在至类章级单位的弹性处理上。结合意句的定义，以整体性因果关系义表达形式的不同处理情况为例分析如下：

古人的定义及一般处理方式的表述：

凡经文语绝处谓之句，语未绝而点之以便诵咏，谓之读。①

上发明所以然，下以“故”字缴归所当然者，“故”字上为读。如上是长段，“故”字下发意又长者，“故”字上为句。②

书面文献中标示因果关系的意句断句例：

(1)其志洁、故其称物芳、其行廉、故死而不容自疏、濯淖污泥之中、蝉蜕于浊秽、以浮游尘埃之外、不获世之滋垢、皭然泥而不滓者也。③

(2)礼乐所以立、故长于和。春秋辨是非、故长于治人。④

(3)此四行者、天下之大过也、以天下之大过予之、则受而弗敢辞、故春秋者、礼义之大宗也。⑤

(4)此人皆意有所郁结、不得通其道也。故述往事、思来者、于是卒述陶唐以来、至于麟止、自黄帝始。⑥

不难看出，以上(2)语绝为句，(1)语绝未为句。以(2)为参照，(1)实际上是将整体性因果关系表达形式整合后处理为类章级单位了，句子结构层次单位向上或然性延伸了。(3)、(4)情况相类似，断句却不同。以(4)为参照，(3)实际上是将整体性因果关系表达形式直接处理为类章级单位了，句子结构层次单位向上或然性延伸了。

“读”的弹性波动，表现为句子结构层次单位向下的实质性蕴涵，即蕴含着较“读”更小的“次读”。这种蕴含，主要是通过明清时期以下方面标点情况分析出来的。

---

① (唐)天台沙门湛然：《法华文句记》，卷一。

② (元)程端礼：《程氏家塾读书分年日程》，卷二。

③ (汉)司马迁：《屈原列传》，《古文观止》，北京，中华书局，1963。

④ (汉)司马迁：《太史公自序》，《古文观止》，北京，中华书局，1963。

⑤ (汉)司马迁：《太史公自序》，《古文观止》，北京，中华书局，1963。

⑥ (汉)司马迁：《太史公自序》，《古文观止》，北京，中华书局，1963。

1. 整齐标点形式中的异动情况。例：

生孩六月、慈父见背。行年四岁、舅夺母志。祖母刘、愍臣孤弱、躬亲抚养。臣少多疾病、九岁不行。零丁孤苦、至于成立。①

相比较其他只一处点断，整齐的“句”、“读”两个层次的前后诸句而言，“祖母刘、愍臣孤弱、躬亲抚养”为两处点断，句内三个部分。从骈体文写作情况看来，多出的一个部分往往不是与常规部分并列的成分，是逻辑要求上应该添加的其他成分。从逻辑关系上分析，“祖母刘”为主体，“愍臣孤弱、躬亲抚养”为主体行为，所以，“祖母刘、愍臣孤弱、躬亲抚养”不是简单并列的三“读”构成的二层次意句，而是一种三层次意句。“祖母刘、愍臣孤弱、躬亲抚养”是句级；“祖母刘”与“愍臣孤弱、躬亲抚养”之间是一层“读”级；“愍臣孤弱”与“躬亲抚养”是二层“读”级，亦即“次读”。整个句子层次结构关系总体标示为“祖母刘/愍臣孤弱//躬亲抚养”。

2. 句内存在着显示逻辑关系的标志性词语。例：

(1)老者曰、孔子、吾师之弟子也。佛者曰、孔子、吾师之弟子也。②

(2)噫、后之人虽欲闻仁义道德之说、其孰从而求之。③

以上句中“曰”和“噫”是标志性词语。其中，“曰”是言说性词语，显示前后之间为主体与言说内容之间的关系。“噫”为感叹性词语，显示其与后者之间为总体感叹与具体感叹内容之间的关系。例中层次关系仿上标示如下：“老者曰/孔子//吾师之弟子也。佛者曰/孔子//吾师之弟子也”、“噫/后之人虽欲闻仁义道德之说//其孰从而求之”。

(三)韵句观中内部结构层次观的发展

由于韵句是由复叠中第十一章将论及的全叠发展而来的，所以，韵句观最初体现出来的最基本的内部结构层次观是单一整体观，即体现这种观念的句子——韵句，内部结构上处理为一种单一的整体结构单位。其标点符号上的表现，是与句句韵相应的一号制标点。因尚未发现早期标点用例，故以后期标点形式为例进行说明。例：

---

① (西晋)李密：《陈情表》，《古文观止》，北京，中华书局，1963。

② (唐)韩愈：《原道》，《古文观止》，北京，中华书局，1963。

③ (唐)韩愈：《原道》，《古文观止》，北京，中华书局，1963。

(1)硕鼠硕鼠。无食我黍。三岁贯女。莫我肯顾。逝将去女。适彼乐土。乐土乐土。爰得我所。①

(2)氓之蚩蚩。抱布贸丝。匪来贸丝。来即我谋。送子涉淇。至于顿丘。匪我愆期。子无良媒。②

从韵句的现实看来，早在先秦时期，韵句观中即衍生出了二层次韵句的观念。随着骈体文和近体诗的发展，至唐代，这种双层结构观已成为一种成熟的结构观。标点符号上的表现，是与隔句韵相应的一号制、二号制标点或广义空格性标示。例：

(1)黄羊野马捻金拨　鹿鹿从头吃箭川

远指白云呼且住　听奴一曲别乡关③

(川、关，删、先合用。)(以空格兼分行为标志。)

(2)锦里烟尘外。江村八九家。圆荷浮小叶。细麦落轻花。卜宅从兹老。为农去国赊。远惭勾漏令。不得问丹砂。④

(3)山不在高、有仙则名。水不在深、有龙则灵。斯是陋室、惟吾德馨。⑤

以上结构层次观中的低于句的层次单位，每层因长度、结构相同或相近，且与单一的整体结构单位有着渊源关系，故称之为次句。这种次句，在近体诗中古人一般称为上下句⑥。如：

① 《硕鼠》，《十三经注疏·毛诗正义》，卷五。押韵：鼠、黍、女、顾、女、土、土、所，鱼部。另，先秦韵判定的依据是王力《汉语语音史》，第57～60页的二十九韵部。近体诗和辞赋，据《宋本广韵》和平水韵。元明曲，据《中原音韵》。明清民歌，据“十三辙”。

② 《氓》，《十三经注疏·毛诗正义》，卷三。押韵：蚩、丝、丝、谋、淇、丘、期、媒，之部。

③ 刘复辑录：《敦煌掇琐·一三》，中国科学院考古研究所考古学特刊第五号。

④ (唐)杜甫：《为农》，《永乐大典》，卷六二四，北京，中华书局影印，1960。押韵：家、花、赊、砂，麻韵。

⑤ 《陋室铭》，清映雪堂刻本《古文观止》，卷七。押韵：名，庚韵。灵、馨，青韵。庚、青合用。

⑥ 由于韵式的复杂性，次句数量的多少以及相互间的关系呈现出复杂的态势。如中华书局1959年版的《史记·秦始皇本纪》：“作琅邪台，立石刻，颂秦德，明得意。”下《索隐》注曰：“二句为韵。”意即其后的韵文二次句为一韵句。即当标点为：“维二十八年、皇帝作始。端平法度、万物之纪。”又，同文中“禅梁父。刻所立石，其辞曰”下《索隐》曰：“其辞每三句为韵，凡十二韵。”意即其后韵文三次句为一韵句，当标点为“皇帝临位、作制明法、臣下修饬。二十有六年、初并天下、罔不宾服。”

杜少陵诗云："风含翠筱娟娟净，雨裛红蕖冉冉香。"上句风中有雨，下句雨中有风，谓之互体。①

也就是在唐代，在敦煌文献中，发现了不少以分行和空格相结合标示出的三层次韵句结构形式。这说明，此时，三层次结构观已明确出现了。例：

(1)菩萨慈悲莫疑虑　禅堂寂静无依怙
修行直感动天宫　入定伏得龙兼虎
我今来　蒙法雨　尘劳已灭心开悟②
(押韵：怙、虎，麌韵；悟，遇韵。麌、遇合韵。)
(2)陈百种　献千回　为感师兄说法开
一万二千天上女　莫辞收取唱将来
(同上。押韵：开、来，灰韵。)

以上例中次句"我今来　蒙法雨"和"陈百种　献千回"被空格一分为二，整个韵句即变成三层次结构了。这种结构形式，在宋代以后的词曲中得到了一定的发展。例：

(1)常羡人间琢玉郎。天教分付点酥娘。自作清歌传皓齿。风起雪飞。炎海变清凉。③(押韵：郎、娘、凉，阳韵。)

(2)唱到阳关第四声。香带轻分、罗带轻分。杏花时节雨纷纷。山绕孤村、水绕孤村。④(押韵：声，庚韵；分、纷，文韵；村，元韵。庚、文、元合韵。)

基于不同类型句子观中内部结构层次观独自的发展轨迹，古代句子结构层次观的发展大致综合概括如下：

1. 最原始的句子结构层次观是单一整体观。

---

① (宋)罗大经：《鹤林玉露》。

② 许国：《敦煌石室写经题记与敦煌杂录·维摩洁所说经变文》，北京，商务印书馆，1937。

③ 《定风波》，《万有文库》本《苕溪渔隐丛话·后集》，卷四十。

④ (宋)周密辑，(清)查为仁、历鹗笺《绝妙好词笺》，卷二，(宋)刘仙伦：《一剪梅》，文学古籍刊行社，1955。据徐楙刻《绝妙好词笺》七卷及续钞二卷本断句。

2. 汉代，句读二层次结构观严格意义地发生。表现主要有两方面。一是汉代兴起了句读之学，有了句读的理论概括。二是标点符号反映的现实情况。

3. 唐代，次句层次观业已完善。标志是近体诗律联中上下句观念的定型。

4. 宋代，次读、次章二层次观出现。在这里，次读包括前及两类情况。一是实质性蕴含的次读。二是类词级单位。类词级单位中的词，因是言语性使用单位，故并为次读。次章，宋代即有了，但与句的纠葛主要体现在明清文人的标点中。

发展至清末，古代句子结构层次观的基本面貌亦可作一总体概括。

不同类型句子观分开来看，其内部结构层次观如下①：

1. 言句观。二层次：言句层次、次读层次。

2. 意句观。四层次：次章层次、意句层次、读层次、次读层次。其中，次章和次读是弹性波动层次。

3. 韵句观。三层次：韵句层次、读层次、次读层次。

不同类型句子观综合地看，其内部结构层次观又大致可分为两类情况：

1. 基本形式。即传统所概括的句读二层次结构形式。

2. 综合形式。即加入了各类情况的一种糅合形式，共五层次：次章、句、次句、读、次读。

二、古代句子结构层次观发展的基本规律

古代句子结构层次观的发展规律简要概括为三点：

1. 细化

即随着认识的加深、表义要求的增高，古代句子结构层次观逐步由最初的单一句级层次观向区别越来越细致的多层次结构观发展的一种趋向。前及发展过程中结构层次的历时变化充分体现了这一点。不赘。

---

① 古代句子结构层次观不同类型句子观区分开来在标点符号方面有所表现。如下例中，用顿点的是言句，用圈点的是韵句。不同类型的句子区分开了，各自的结构关系亦相对分明。例：

(1)林君复惜别、长相思辞云、吴山青。越山青。两岸青山相送迎。谁知离别情。o君泪盈。妾泪盈。罗带同心结未成。江头潮已平。(《林和靖》，明嘉靖刻本《词品》，卷三。押韵：青，青韵；迎、情、盈、成、平，庚韵。青、庚合韵。)

(2)画家七十二色、有檀色……杜衍雨中荷花诗、檀粉不匀香汗湿。则又指花色似檀色也、(《檀色》，明嘉靖刻本《词品》，卷二)。

2. 模式化

即由不定状态至逐步倾向于采用某种句子结构层次观作为基本结构形式的一种趋向。传统所概括的句读二层次结构形式成为基本形式就是这种模式化的具体表现。标点符号方面的反映，是以使用二号制的句读两个符号为主。

汉代以前，一方面，所能看到的标点符号数量极为有限；另一方面，标点符号标示的内容缺乏限定，标示的层次呈不定状态。

汉代以后，随着句读之学的兴起，使用二号制的句读两个符号逐步成为基本形式，且越到后来，模式化程度越高①。这一点，除文中用例的反映之外，北洋政府《请颁行新式标点符号议案(修正案)》将句读两个符号叫做“旧式点句符号”，并写入议案，与新式标点符号并行使用亦一定程度地起到了说明作用。议案相关表述如下：

> 如此看来，中国旧有的标点符号只有一个句号，一个读号，远不如西洋的完备。用符号的本意，千言万语，只是要文字的意思格外明白，格外正确。既然如此，自当采用最完备的法式。因此，本案所主张的标点符号，大致是采用西洋最通行的符号，另外斟酌中国的需要，变通一两种，并加入一两种。这些符号可总名为「新式标点符号」。此外旧有的一圈一点的符号，虽然极不完备，究竟也很有用处。当此文法学知识不曾普及的时候，这种简单的符号似乎也不可废。因此，本案把这两种符号的用法也仔细分别出来，另叫做「旧式点句符号」。附在后面，备学者参考采用。②

3. 弹性化

即结构层次的界定越来越具有弹性特征。弹性，是相对可操作性而言的。可操作性的基础有两类：一是生理及其外化形式特征；二是社会强制性约定。弹性的基础，则是缺乏社会共同约定的个性化心理，或者说，心理层面对意义的个性化获知。古代句子结构层次观发展过

---

① 据调查，清代以前，标点符号的使用，一号制占有极大比例，就连明代倾国家之力编纂而成的大型类书《永乐大典》也使用的是一号制。应该说，这种一号制的使用与二层次结构形式并非绝对对立。因为，古标点文献中，韵文比例极大，而韵文以韵作为句的标志，故尽管是一号制，实质上反映的却往往是二层次结构形式。

② 参见郭攀：《二十世纪以来汉语标点符号研究》，武汉，华中师范大学出版社，2009，第316页。

程中，最初出现的单一句级层次观的基础，主要是生理上较便于把握的呼吸节律及其外化语音特征，就是意义要素，也往往是与生理相应的笼统的情绪，所以，句子结构层次具有可操作性特征。汉代，句子结构多层次化以后，句子结构层次观的基础逐步发生了变化。一方面，生理及其外化形式特征逐步过渡至个性化心理了；另一方面，社会又缺乏统一的强制性约定。专家性约定或完备程度有限、或彼此缺乏统一性、或影响有限①。所以，结构层次的界定越来越具有弹性特征。进一步具体地讲，除句级韵句观、读级类词性次读观之外，都存在弹性特征。在句读两级中，尤以读级为最。其在标点符号方面的反映，是几乎都使用言句性一号制。无论是韵句还是意句之中，无论内容的多寡。韵句例：

(1)【前腔】[换头][宫女]欢赏、借问从此宫中、阿谁第一、似赵家飞燕在昭阳、宠爱处、应是一身承当、休让、金屋装成、玉楼歌彻、千秋万岁捧霞觞、②

(2)明星亮月晓霜浓。月暗星昏又是雨搭风。残冬暮景。寒威正凶。枕单衾冷。家家尽同。只有小阿姐儿有子介个情郎、在个销金帐里、芙蓉褥上、鸳鸯被下、勾紧子头、贴紧子胸、搽紧子腿双双宿。漫腾腾地暖烘烘。③

意句例：

人各任其能、竭其力、以得所欲、故物贱之征贵、贵之征贱、各劝其业、乐其事、若水之趋下、日夜无休时、不召而自来、不求而民出之、岂非道之所符而自然之验邪。④

以上弹性特征，也是汉语句子结构层次中，句级以下只有“读”这一层级的深层原因。

---

① 管锡华：《中国古代标点符号发展史》，成都，巴蜀书社，2002。

② (清)洪升：《定情》，《长生殿》，第二出，北京，人民文学出版社，1954。据郑振铎所藏初刻本影印。押韵：赏、阳、当、让、觞，江阳部。

③ 《夹竹桃顶真千家诗山歌·漫腾腾地》，北京，中华书局，1959。源自《明清民歌时调丛书·夹竹桃》。押韵：浓、风、凶、同、胸、烘，中东辙。

④ 《史记·货殖列传序》，《古文观止》，北京，中华书局，1963。

第四节 汉语句子历层发展概况

汉语句子历层发展问题的研究，以汉语句子观的发生和历史发展为参照进行。具体发展情况的概括，分两个方面展开。

一、语言系统发展范畴不同文明层次汉语句子系统概貌

以语言系统发展范畴对文明进程的总体概括为参照，汉语句子历层发展涉及的文明层次亦概括为三个：准具象性文明层次、准抽象性文明层次、抽象性文明层次。相应的句子系统分别为："生理主导－节律句"系统、"心理主导－能动句"系统、"社会主导－约定句"系统。三个文明层次句子系统的基本特征及其内部架构，下面结合学界相关研究成果和自己的调查分析进行具体概括。概括中须特别说明的是：

1. 三个文明层次句子系统基本特征的反映是多方面的，参照语言系统发展范畴评价系统，这里主要选取作为句子系统概括重要依据的几项进行分析和概括：即关联度、抽象度、完备度、固定度。

2. 三个文明层次句子系统总体概括的依据是内外两方面的关联性因素。内在因素，指的是制约句子特征形成的要素，包括生理、心理和社会观念诸方面的主体因素和客观现实方面的客体因素。外在因素，指的是与内在因素相应的语言形式上的表现。

3. 三个文明层次句子系统总体概括形式名下具体的类型，是以下两个句子类型系统的单一选择形式：其一，主要以所在文明层次基本特征为依据所概括出的句子类型系统，亦即第七章系统总结出的"本体基本特征类型系统"。其二，主要以句子内部结构关系为依据所概括出的句子类型系统，亦即第七章系统总结出的"内部结构特征类型系统"。两个系统的选择，据侧重点和表述的经济性等因素进行。

4. 句子类型系统内部架构，与音节、文字两个实体单位系统不同，因句子为抽象结构模式，表现出了较大的主观性特征，因句子处于语言与言语的交界处，许多问题存在着纠葛，且研究不充分，故难以概括出由核心、非核心部分组成的系统，只能概括出相对合理的类型系统。

5. 句子界定的问题，在此仍然不能给出明确的依据。因为这里所做的工作，主要是揭示句子的历层发展，而这一些仍属基础性质。另外，句子界定问题还涉及社会语言规划，不是一般基础研究所能完全决定得了的。

6. 各文明层次句子类型系统的表述模式，分三个板块。首先是各文明层次句子系统总体概括的说明。接下来是各文明层次句子的基本特征和据侧重点选定的类型系统架构的具体概括。

(一)“生理主导—节律句”系统

“生理主导—节律句”是综合准具象性文明层次内外因素的特征概括出来的一种句子类型系统。其中，生理主导指的是在生理、心理、社会观念、客观现实诸制约句子的内在因素中生理因素起着主导作用。节律，指的是与呼吸节律相应的外在整体单节奏性表现。因“生理主导—节律句”系统中句子系统架构部分重点论及的内部结构特征类句子基本模式第七章业已论及，故结合上述特别说明及第四章所及发生性内容，下面重点对其基本特征进行初步概括，句子系统架构部分只作简要说明。

1.“生理主导—节律句”系统句子的基本特征

(1)关联度

理性上，“生理主导—节律句”与生理基础间的关联程度高。同前及言句相类似，呼吸节律对句子的制约起着主导作用。呼吸节律，就是以一呼一吸为节奏单位不断反复进行的规律，亦即通常所谓以“一口气”为节奏单位不断反复进行的规律。呼吸节律作用的结果，是客观上切分出了一个一个的呼吸单位。而这种呼吸单位对意义的句级离散性表达具有强制作用，对待生成的音质音段形式的长短、曲直、快慢具有强制性心理判定作用。在呼吸节律作用下，语音层面客观上切分出了一个一个同呼吸单位相应的语音单位。这种单位实质上蕴含有如下内容：呼吸节律单位所限定的表述单位的长度、表述单位内部由语调诸因素促成的整体性、表述单位整体与他语音单位整体之间的区别性。蕴含这些内容的单位，就是“生理主导—节律句”。

情绪上，关联是神圣的。这种神圣主要源自对创造者的精神崇拜乃至神化。这一点，从将要论及的固定度上可以看出。

(2)抽象度

具有准具象特征。

准具象特征表现在结构模式本身的具象性上，即“生理主导—节律句”在发生上对应的主要是人类最初出现的感知结构模式——先感知到主要对象或要素，再感知到次要对象或要素。这种对应性，在现阶段准具象性文明层次内部主次式至主谓式的转换表达上不难看出。如等车时，等了很长时间之后车终于来了。这时，甲激动地说：“来了，车。”乙未听清楚，追问了一句：“你说什么呐?”冷静下来之后，甲转换了说法，回答说："车来了。"比较分析可知，"来了，车"，是感知结构，而"车来了"是公理性认知结构。

另外，前文所及对现实情境的过程性感知和认知模式，如"陨石于宋五"、"六鹢退飞"等，也是准具象特征的重要表现。

(3)完备度

具有不完备的特征。

完备度是句子结构模式本身的完备程度，是不同文明层次句子结构模式之间经相互比较、综合评价的结果。"生理主导一节律句"的不完备特征主要表现为两点：一是核心结构。即该结构只表达句子的核心性意义内容。这一点，从独词句上不难看出。二是层级数。一般为单层结构，主体结构的限定或说明性内容或蕴含在主体结构之中，或尚未明晰地认识到。

不完备特征在已有句子观上的表现，是言句和早期韵句内部结构不加标点的混整性。

(4)固定度

总体上具有一定的固定性。

①语言系统的语音层面。固定性较强。表现有二：

其一，句子总体上的长度，表现为较为固定的短句，一般为7个音节以下。

其二，句子代表性长度，儿童语言为2音节；成人口语和一般散文为5～7音节；韵文为4/6音节。这一些，显示了一定的固定性。

具体表现，第七章第二节本能性节律句部分已论及，不赘。

②语言系统的功能层面。核心性句职结构模式——主次式具有较强的固定性，次位功能结构模式——主谓式固定性较弱。

2."生理主导一节律句"类型系统

因为此部分第七章业已论及，故在此仅作一些简要说明。

(1)本文明层次句子系统总体概括形式名下具体类型系统的选取。因为内部结构特征类型系统具有全面、具体等特点，适合作为句子概括基础层次的类型系统，故在前及本体基本特征和内部结构特征两个句子类型系统中重点选取内部结构特征类型系统作为概括模式。

(2)在内部结构特征类型系统之中，重点概括句职结构特征类，句义结构特征类和句音结构特征类从略。这一点，后续层次与之相同。

(3)"生理主导一节律句"类型系统句职结构特征类基本架构如图10-2所示。

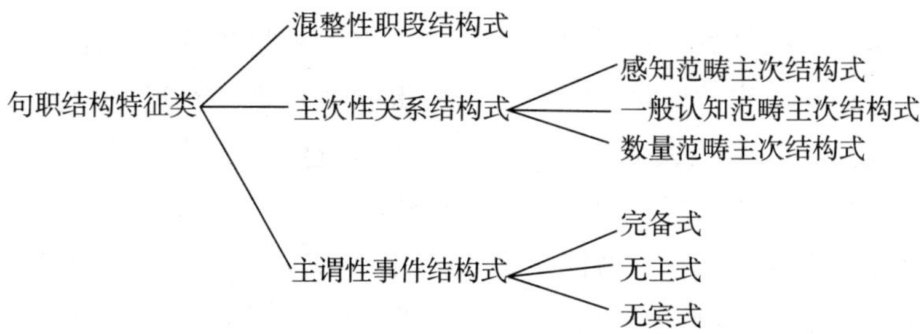

图 10-2　“生理主导一节律句”类型系统句职结构特征类基本架构

(二)“心理主导一能动句”系统

“心理主导一能动句”系统是综合准抽象性文明层次内外因素的特征概括出来的一种句子类型系统。其中，心理主导指的是在生理、心理、社会观念、客观现实诸制约句子的内在因素中心理因素起着主导作用。能动，则是与具有主观能动性的个体或群体心理相应的外在能动性表现。这种表现主要特征有三：一是语音上表现为两个或两个以上节奏单位，亦即客观上被切分为两个或两个以上语音片段。二是内部结构极大地复杂化。三是结构模式具有较大的不定性。这种类型的句子，亦可简称为能动句。结合前及特别说明及第四章所及发生性内容，下面对其基本特征和系统构架进行初步概括。

1.“心理主导一能动句”系统句子的基本特征

(1)关联度

理性上，当准抽象性文明层次句子的基础转换为心理因素了之后，句子与生理和现实因素之间的关系即复杂化了。一方面，呼吸节律和感知的过程性因素仍在一定程度地起着作用。一个句子完结了，心理上判定了，语音上会有一个较长时间的停顿。涉及过程性的句子结构，基本保留了过程关系；另一方面，由于心理上认识的深化以及交际过程中各种社会关系因素的综合考虑，句子与呼吸节律和感知的过程性因素之间的关系又相对淡化了。句子语音特征上较长时间的停顿，其内部出现了既与呼吸节律又与逻辑关系相应的中间性停顿。句子语义特征方面，除部分过程性因素被改造了之外，还出现了大量与过程性无关的句子结构模式。

情绪上，关联仍具有一定神圣性。这一点，从中国社会几千年来畏惜字纸的文字崇拜上可间接反映出来。

(2)抽象度

具有准抽象特征。

主要表现有二：

一是部分准具象性文明层次感知结构模式和初步的认知结构模式经较高层次认知内容的增加、逻辑调整、重新整合等过程提升为具有一定抽象特征的认知结构模式了。增加，主要是起修饰、限定作用的时间、地点、工具、方式等要素的增加。调整和整合，比较“来了，车——车来了”和“陨石于宋五——五石陨于宋/在宋国从天上掉下了五个陨石”即不难看出。

二是部分准具象性文明层次感知结构模式和初步认知结构模式经多功能混整状态的分裂或认知内容的范畴化等过程，生成了一些公理性结构模式。在这里，分裂，主要是主被动同形、一般性述宾和使动、意动等特殊性述宾同构等同形、同构而异义诸形式的形义对应性裂变。范畴化，主要是随着认知的深入而逐步概括出一个个特征性范畴的情况。公理的所指主要为两方面。一为具有普遍性，但又未达到法定的程度。二为具有理性模式，但在句子结构模式所涉及的纵向层次关系的具体层级数和横向关联关系的关联项目数等方面缺乏严格规定，不能够较严格地公式化运作，不具有完全的可操作性。

以上两点，前及程端礼关于句读从逻辑关系角度所作的概括具有一定的代表性。补充参考性论述如下：

> 曰字是作本书者记当时对面答问之辞者，并作句。曰字是援引他书、他曰、他人之言，止作言字说者，并无点，有句长欲读者，宁读于上文，仍以曰字连下文。
>
> 凡呼小子、或二三子、或参乎，对面呼之而欲重其听者，皆为句。
>
> 纲在上而目在下者纲为句，目为读，目尽为句。
>
> 目在上而纲在下者，诸目皆读，目尽为句。纲独为句，或下是缴语、解语、意短急者，目尽为读。
>
> 无纲之目，并为读，目尽为句。
>
> 无纲之目，每目自有抑扬及自解者，解尽为读，目尽为句。
>
> 有纲之目，每目自有抑扬及自解者，解尽为读，目尽为句。①

---

① （元）程端礼：《程氏家塾读书分年日程》，卷二。

另外，古汉语中表达不同范畴义的结构模式也是公理性结构模式的代表。如被动式、使成式、处置式等。

(3)完备度

具有相对完备的特征。

随着认识的深化，句子结构模式所涉及的纵向层级和横向关联项较准具象性文明层次完备。不过，完备性尚不充分，蕴主类结构等仍然存在。

(4)固定度

缺乏较强的固定性。

因以心理因素为基础，而心理又具有较强的不定性，所以，同关联度和抽象度相应，无论是语音层面、语义层面还是功能层面，句子结构模式均缺乏较强的固定性。

2.“心理主导一能动句”类型系统

与基本特征相应，准抽象性文明层次“心理主导一能动句”系统在准具象性文明层次“生理主导一节律句”系统基础上有了较大的发展。发展后的“心理主导一能动句”名下具体的类型系统，在两类句子类型系统的选择上互有利弊。分开来具体地讲：

其一，以句职结构特征类型系统为架构全面概括其在文明进程上发展情况的选择。这种选择的好处是，在句职结构特征的基本类型上可以一以贯之，保持与准具象性文明层次句子系统概括模式上的一致性。其不足则主要有二：

①在汉语句子句职结构特征的基本类型上可概括的内容少了。因为汉语句子句职结构特征的基本类型在准具象性文明层次“生理主导一节律句”系统中即皆已出现，相比较而言，准抽象性文明层次“心理主导一能动句”系统句职结构特征类型的区别主要体现在两个方面。一是使用比例上的变化。“生理主导一节律句”系统中句职结构特征诸类型中，主次性关系结构式是准具象性文明层次使用普遍的代表性类型，混整性职段结构式是出现最早、使用亦较为普遍的一种类型，而主谓性事件结构式则是使用比例较少的一种过渡类型。“心理主导一能动句”系统中句职结构特征诸类型的使用比例发生了较大变化。主谓性事件结构式成为准抽象性文明层次使用普遍的代表性类型，混整性职段结构式业已式微，主次性关系结构式使用比例亦有所下降。二是文明层次上的推进。

②在句职结构特征的基本类型各次类的概括上重复太多。因为基本类型的次类数较多，而文明层次上的推进所体现出的文明程度的进步较

为集中，基本类型诸次类在文明进程上的表现许多都是相同的。

其二，以本体基本特征类型系统为架构全面概括汉语句子句职结构特征基本类型在文明进程上的发展情况的选择。这种选择的不足，是与准具象性文明层次“生理主导一节律句”类型系统之间概括模式不一致，连贯性稍弱。其好处，则主要是概括性更强、更经济。因为句职结构特征类型系统诸次类基本未发生变化，“心理主导一能动句”系统的发展主要表现在文明进程上，所以，以与基本特征相应的类型性表现为架构，概括性自然更强，表述亦更经济。

以上两类选择，经利弊权衡，决定选择本体基本特征类型系统进行概括。以下是具体概括的内容。

以准抽象性文明层次句子在文明进程上有了较大发展的基本特征为依据，“心理主导一能动句”大致可分为两类：具有完备性和一定抽象特征的认知结构句、公理模式句。

第一类，具有完备性和一定抽象特征的认知结构句。相对而言，范围上包括准具象性文明层次的主次性关系结构式和主谓性事件结构式两种句子类型。具体地讲，该类认知结构句进一步可细分为如下次位类型。

第一种，扩展性认知结构句。扩展体现在纵向层级和横向关联项两个方面。其表层结果，是句子结构要素的完备——主次结构，纵向层级数增加了；主谓结构，随着层级数和关联项的增加，除主谓宾主干部分得到完善之外，定状补诸附加部分亦相应地得以完备。其深层结果，则是句子结构模式一定程度地抽象化了。因为纵横向要素的增加，都是深入认知的结果，都标志着与具象性感知结构和初步的认知结构距离越来越远。现行用例极常见，不赘。准具象性时间层次书面文献参考例：

(1)臣之所好者，道也。①

(2)彼童子之师，授之书而习其句读者。②

(3)项王东击破之，走彭越。③

(4)郑君死孝文时。④

(5)杀人以梃与刃，有以异乎？⑤

---

① 《庄子·养生主》。

② (唐)韩愈：《师说》。

③ (汉)司马迁：《史记·项羽本纪》，北京，中华书局，1959。

④ (汉)司马迁：《史记·汲郑列传》，北京，中华书局，1959。

⑤ 《孟子·梁惠王上》。

(6)臣请遂道王者诸侯强弱存亡之效。[①]

(7)自天子以至于庶人，壹是皆以修身为本。[②]

第二种，复合性认知结构句。复合，方式上指加合。认识的深化，带来了意义类型的多样化和基础性交际义的大化。交际义增大的方式之一就是复合。同意义结构关系的复合相应，句子结构关系亦出现了复合模式。这种复合模式，主要又有两个次类。

第一，叠合。即复叠性加合。类型上主要是正反叠，即由逻辑上正反关系叠合而成的结构模式。从渊源关系上看，正反叠往往是在准具象性文明层次独立的句子结构模式基础上逐步复合而成的，而且叠合的程度越来越紧密[③]。文献参考例：

(1)癸酉卜，乙亥不风？乙亥其风？[④]

(2)其所取之者义乎，不义乎？[⑤]

(3)言有穷而情不可终，汝其知也耶，其不知也耶？[⑥]

(4)诸上座在教不在教？[⑦]

(5)你看冰梅这两个月，白日里还下得楼不下得楼？[⑧]

(6)爷问："奶奶出门不出？"[⑨]

(7)借问行人归不归？[⑩]

(8)你信不信我的话呀？[⑪]

第二，一般合。表达过程中生成的一般性复合结构模式。

其一，主述结构。即以表述主体为起点，表述者对独立的意义内容进行表达的一种模式。准具象性时间层次书面文献参考例：

---

① 《荀子·议兵》。

② 《礼记·大学》。

③ 郭攀：《汉语涉数问题研究》，北京，中华书局，2004，第34～37页。

④ 中国科学院考古研究所编：《小屯殷虚文字甲编》，北京，科学出版社，1956，2999。

⑤ 《孟子·万章下》。

⑥ (唐)韩愈：《祭十二郎文》。

⑦ 《祖堂集·索引》，4·025。

⑧ 《歧路灯》，二十三回。

⑨ (清)曹雪芹：《红楼梦》，七五回。

⑩ 无名氏：《送别》。

⑪ 《老舍剧作选》，第48页。

(1)子曰："温故而知新，可以为师矣。"[1]

(2)曰："许子必种粟而后食乎?"曰："然。""许子必织布而后衣乎?"曰："否，许子衣褐。"[2]

其二，句中充作成分的一般词语或小句的复合。相比较今天尚有争议的复句而言，这类复合结构的整体性是较易于确定的，因为有成分起着统摄作用。准具象性时间层次书面文献参考例：

(1)子路、曾皙、冉有、公西华侍坐。[3]

(2)春冬之时，则素湍绿潭，回清倒影。[4]

(3)知之为知之，不知为不知，是知也。[5]

(4)此所谓"强弩之末，势不能穿鲁缟"者也。[6]

第三种，整合性认知结构句。认识的深化和表达上经济性要求等因素，促使句子结构要素的调整和组合，形成了整合性认知结构模式。表现最突出的是涉数内容的表达。"数、量、名"整合前后分式结构、合式结构文献参考例[7]：

(1)遽白还乍宝尊彝，用贝十朋又四朋。[8]

(2)十犬又五犬。[9]

(3)卫之遗民，男女七百有三十人。[10]

(4)方今大王之兵众不能十分吴、楚之一。[11]

(5)日行万三千八百二十四分度之七千三百五十五。[12]

---

① 《论语·为政》。

② 《孟子·滕文公上》。

③ 《论语·先进》。

④ 《水经注·江水》。

⑤ 《论语·为政》。

⑥ (宋)司马光：《赤壁之战》。

⑦ 郭攀：《汉语涉数问题研究》，北京，中华书局，2004，第20～30页。

⑧ 中国社会科学院考古研究所编：《遽伯还簋》，《殷周金文集成》，北京，中华书局，1984。

⑨ 商承祚：《殷契佚存》，金陵大学中国文化研究所编，194。

⑩ 《春秋左传正义》，卷十一。

⑪ (汉)司马迁：《史记·淮南衡山列传》，北京，中华书局，1959。

⑫ (汉)班固：《汉书·律历志》。

(6)俘人万三千八十一人。①

(7)权与物均重万一千五百二十铢。②

(8)此殿内镇锁着三十六员天罡星，七十二座地煞星，共是一百单八位魔君在里面。③

(9)将不胜其忿，而蚁附之，杀士三分之一，而城不拔者，此攻之灾也。④

(10)若复数年，则损三分之二，当何以图敌？⑤

调整了的双宾语结构也是该类认知结构。据考察⑥，准具象性文明层次双宾语的位置不固定，准抽象性文明层次基本皆调整为"间接宾语+直接宾语"结构模式了。文献参考例：

(1)仲父不当尽语我昔者有道之君乎？⑦

(2)上问上林尉诸禽兽簿。⑧

第二类，公理模式句。公理性结构模式句与具有完备性和一定抽象特征的认知结构句存在一定的交叉关系，学界所概括的判断句、被动句、处置式等之中模式化、标记化和完备程度高的属于公理模式句。

第一种，判断范畴公理模式句。文献参考例：

(1)积贮者，天下之大命也。⑨

(2)当立者，乃公子扶苏。⑩

(3)余是所嫁妇人之父也。⑪

第二种，被动范畴公理模式句。文献参考例：

---

① 《小盂鼎》。
② （汉）班固：《汉书·律历志》。
③ （元末明初）施耐庵：《水浒传》，第二回。
④ 《孙子·谋攻》。
⑤ （西晋）陈寿：《三国志·蜀志·诸葛亮传》。
⑥ 向熹：《简明汉语史》，下册，北京，高等教育出版社，1993，第130～131页。
⑦ 《管子·四称》。
⑧ （汉）司马迁：《史记·张释之列传》，北京，中华书局，1959。
⑨ （汉）贾谊：《论积贮疏》。
⑩ （汉）司马迁：《史记·陈涉世家》，北京，中华书局，1959。
⑪ （汉）王充：《论衡·死伪篇》。

(1)劳心者治人，劳力者治于人。①

(2)嬴闻如姬父为人所杀。②

(3)今月十三日，臣被尚书召问。③

第三种，处置范畴公理模式句。文献参考例：

(1)陈子以时子之言告孟子。④

(2)已用当时法，谁将此义陈?⑤

(3)谓小儿子读书，未须把近代解说底音训教之。⑥

(三)"社会主导一约定句"系统

"社会主导一约定句"系统是综合抽象性文明层次内外因素的特征概括出来的一种句子类型系统。其中，社会主导指的是在生理、心理、社会观念、客观现实诸制约句子的内在因素中社会观念因素起着主导作用。约定，则是与社会观念相应的外在表现。这种表现主要特征有三：一是与社会观念基础相应，基于社会共同意愿和社会化需求，句子的产生，是社会共同探讨、共同商定的结果，而不是出自于本能的生物性表现，也不是个体或团体性观念。二是总体结构上进行了约定，即对句子结构模式所涉及的纵向层次关系的具体层级数和横向关联关系的关联项目数等方面内容进行了明确界定，句子既具有公式化特征，又具有法定性质。三是运作上整体具有可操作性、局部具有灵活性。这种类型的句子，亦可简称为约定句。结合前及特别说明及第四章所及发生性内容，下面对其基本特征和系统构架进行初步概括。

1."社会主导一约定句"系统句子的基本特征

(1)关联度

当抽象性文明层次句子的基础转换为社会因素之后，句子与生理和现实因素之间的关系无论理性还是情绪上都进一步淡化了。一方面，呼吸节律的制约作用越来越小，无论句子整体还是句子中间的停顿，皆是

---

① 《孟子·许行》。

② (汉)司马迁：《史记·魏公子列传》，北京，中华书局，1959。

③ (汉)蔡邕：《被收时表》。

④ 《孟子·公孙丑下》。

⑤ (唐)杜甫：《寄李十二白二十韵》。

⑥ (宋)黎靖德：《朱子语类》，卷七。

以呼吸上能够承受的逻辑关系为依据，而不是纯粹的呼吸节律；另一方面，随着句子结构关系的人为性限定，其与准具象性文明层次人所感知或初步认知到的现实关系间的距离越来越远。

(2)抽象度

具有抽象特征。

主要表现有二：

一是随着认识的深入，认知结构模式进一步完备，而且类似物理学界由分子至原子、由原子至质子和中子的认识和表述，认识和完备程度难以预测其止境。

二是公理性结构模式进一步提升为公式化结构模式了。相比较公理化结构模式而言，公式化结构模式的进步，一为通过社会强制性措施致使句子结构模式认同和使用的普遍性有了增强；二为通过句子整体结构模式及其使用范围等方面的原则性限定，句子能够较严格地公式化运作，具有较强的可操作性。当然，公式化运作不是僵化的运作，整体结构模式及其使用范围公式化之外，整体结构内部的言语性取舍以及结构模式的言语化都存在着极大的弹性空间。

(3)完备度

具有相对完备的特征。

随着公式化模式的出现，句子结构模式所涉及的纵向层级和横向关联项达到了本层次国际认同的完备程度。当然，完备亦具有辩证的特性。

(4)固定度

有了较强的固定性。

有社会强制性措施和本文明层次之人应有的文化自觉作为保证，同关联度、抽象度和完备度相应，无论是语音层面、语义层面还是功能层面，句子结构模式均具有较强的固定性。

2.“社会主导一约定句”的类型系统

与基本特征相应，抽象性文明层次“社会主导一约定句”系统在准抽象性文明层次“心理主导一能动句”系统基础上有了较大的发展。发展后的“社会主导一约定句”名下具体的类型系统的选择，与“心理主导一能动句”系统情况相同。以抽象性文明层次句子在文明进程上有了较大发展的基本特征为依据，“社会主导一约定句”的具体类型，亦可以相对前一层次总体概括为完备性结构句和公式化结构句。但是，其下位具体次类难以系统而清晰地概括出来。原因主要有二：

第一个原因：以世界范围内其他语言种类，尤其是逻辑化程度较高的英语、德语等语种为参照，现行汉语还一定程度上存在着第二次转型的必要。

为使概括范围更广，在这里，汉语不仅指汉语本体，还包括在本体基础上生成同时又反作用于本体的语言观，尤其是句子观。

转型，是类型的转换。汉语的第二次转型是相对五四时期由文言至白话的第一次转型而言的，指的是在现代汉语基础上向更加理性的模式化类型的一种转换。具体有二。

■主要范围

学界对语体的分类，一般分出的一级类是口头语体和书面语体。书面语体分出的二级类是平实语体和艺术语体。平实语体分出的三级类是科技语体、事务语体和政论语体。转型的语体范围，主要指的是书面平实语体中的科技语体、事务语体和政论语体，也可适度延伸至书面艺术语体中的艺散语体。

语言系统包括本体单位和运作机制两个部分。转型的部分，主要是本体单位，核心是句子。为简化讨论内容，这里涉及的语言系统也主要侧重于句子。

■核心内容

第一，本体上，主要为提升句子完备度。即以语言发生范畴基础层次、心理反应层次、语言表达层次三个层次之间的关系为理论依据①，就语言表达形式与以上基础、心理两个层次之间的关系而言，尽可能减少表达层次的句子与基础层次和心理反应层次关联要素之间的交织关系。具体地讲，就是要建立一个发生范畴语言表达层次的平台，将现行汉语表达形式以外蕴含的基础层次和心理反应层次的关联要素转换成表达层次的语言要素，并整合进句中，从而完善表达层次句子的基本要素，使句子成为一种基于世界范围共性表达要求的逻辑要素相对完备、表义相对自主的语言单位，以便在全世界共同交际平台上最大限度地满足人们理解和使用汉语的需要。

现行汉语句子完备度不甚充分的表现，大致概括为两个方面。为了使材料能够更好地反映汉语的特征，更具有现代性，更符合语体界定范围，举例时一般使用近期《人民日报》中的用例。后续部分的用例与之类似。

其一，句子同语言发生范畴基础层次中现实感知背景间的关系方面。

---

① 郭攀：《汉语准具象性文明层次基点句基本模式》，《长江学术》2010 年第 2 期。

意义的获知往往是在现实世界中实现的。获知义的表达，可以用完全独立于现实环境以外纯表达层次的完备形式，也可以用与现实环境相交织的非完备形式。具有一定视觉特征的现行汉语使用的基本为后者，从而使完备度显得不甚充分。一个典型的结构方面的表现，就是与感知背景相交织的句子类型往往因现实情景的常规性、易知性存在而不用主语。用例极常见。除通常说到的“出太阳了”、“下雨了”、“来客人了”等之外，还如：

(1)孙鹤娟：在农村，有很多女孩子上不了学，并不都是家庭贫困的原因，很多是观念问题：()认为女孩将来是要嫁人的，却不知送孩子接受义务教育是公民的义务。在农村，()还要加大宣传，普及教育观念。①

(2)刘翔在决赛中出场了，但他没有赢下所有的对手。在拿到世锦赛男子110米栏银牌后，刘翔一脸诚恳地对记者们说道：“希望()不要给我太多压力，给我一些空间，我有的时候真的感到很累。”②

以上例中第1个括号标示处未用的主语为“不少家庭”，第2处为“我们”，第3处为“大家”。

其二，句子同语言发生范畴心理反应层次中文化背景间的关系方面。获知义的表达，离不了文化上的取舍，从而形成表达层次完备、非完备形式。汉语句子，共识性负向判断或“无”类说明性元素取而加以表达，正向判断或“有”类说明性元素则常舍而不表。不表情况例如：

(1)《家书抵万金》()16开本、约()15万字，主要篇目有：海峡两岸家书《美国转寄来的信》、《叶落归根》、《八叔还乡》，教子家书《发自近在咫尺的信》、《周明镇院士教子家书》、《美丽的满娘》，战地家书《渡江来信》、《写在擦枪布上的家书》，亲情家书《一起慢慢变老》、《八年相思情书泪》等。③

(2)每年每团平均演出()350场，全年共为农村演出约()17

① 李同欣、富子梅：《教育公平：社会公平的起点——顾海良、孙鹤娟代表谈公民受教育权》，《人民日报》2005年3月12日。

② 陈晨曦：《刘翔——乐观面对银牌》，《人民日报》2005年8月14日。

③ 翟高：《感人的家书》，《人民日报》2006年1月8日。

万场，营业额达3.88亿元。[①]

(3)26日，北京西站开行列车()117列，其中开行临客()41列，上车人数预计将突破18万大关。[②]

前1括号内正向判断义和后5括号内“有”类说明义均舍而不表。这种取舍的结果是，判断句和“有无”性说明句中与汉民族文化取舍相应的次类，常表现为二位结构的“话题一说明”句，或无动的名词结构句。这种句子结构，相比较世界范围内的语言通用结构而言，完备程度略显不够，若缺少民族文化基础，使用和理解上均将产生一些负面影响。

第二，句子观上，更新传统句子观，增强句子内部结构的明确性。更新句子观是指对句子的整体认识上舍弃传统言语句句子观，选择现代语言句句子观，从抽象的句子结构关系上把握句子，提高把握的深度和范围。增强句子内部结构的明确性是指对句子要素的具体把握上，在传统句子观对句子结构的类型和具体模式基本未作明确规定的情况下作出与文明进程相应的规定，增强理解和使用上的可操作性。规定具体到句子基本结构类型的数量，每种结构类型中纵向层次关系的具体层级数和横向关联关系的关联项目数[③]。通过以上两方面工作，使汉语句子观在人类认识发展过程中，不仅与科学句子观的发展同步，而且还将对其产生进一步的推进作用。

现代语言句句子观，把语言句看做是抽象的结构关系形式。这一点，学界讨论较多，前面亦有所概括，不赘[④]。传统言语句句子观，在前面，我们将其概括为三种：言句观、意句观和韵句观。在其影响下通过标点符号表现出来的因对句子结构缺乏明确规定而带来的现行句子及其内部结构关系判定和标示上的弹性特征简述如下：

传统句子观对句子结构的类型和具体模式基本未作明确规定，这种状况，在汉语第一次转型过程中未能得到根本改变。受其影响，现行汉语句子及其内部结构关系的判定和标示具有弹性特征。这一点，从一些

① 余靖静、张乐：《一年演出约17万场，营业额达3.88亿元——浙江：民营剧团为何火爆?》，《人民日报》2006年1月6日。

② 王政、王建新：《春运：迎来节前最高峰》，《人民日报》2006年1月27日。

③ 李葆嘉：《中国转型语法学——基于欧美模板与汉语类型的沉思》，南京，南京师范大学出版社，2007，第392～394页。

④ 亢世勇、史艳岚：《汉语语法学句子观的发展》，《延边大学学报》1994年第3期；陈昌来：《抽象的句子与具体的句子》，《湖南广播电视大学学报》2000年第1期；姜望琪：《汉语的“句子”与英语的sentence》，《解放军外国语学院学报》2005年第1期。

标点符号的使用上可以看出。

韵句在语体上不属转型的范围，不赘。

依言句观弹性标点的情况不乏其例。

其一，句子的言句性标点。例：

(1)单个的。成双成对的。一家子。一群。外地的。远郊的。本市的。少数民族。洋人。摩肩接踵。磕磕碰碰。①

(2)与此同时晚报上说农民万元户买了钢琴。买了汽车。买了飞机。可能即将买原子弹。电视新闻里出现了农村的摩托车大赛。

……

我传达了领导的指示。7月8日，是改革月。松绑。承包。岗位责任制。分成。聘任与解聘。计件工资与分成工资。奖金。基分。第三次浪潮带给华夏的机会。电脑考勤。需要大胆试验。需要开拓型的人才。②

其二，句内结构单位的言句性标点。

《标点符号用法》中规划的句内层次有小句、成分、词语三级，用分号、逗号、顿号进行标示。可实际上，在文学作品中、在文化程度相对较低的作者笔下则不乏不分层次，只处理为一级，一“逗”到底的情况，即使在政论乃至科技文献中仍不难见到。例：

(1)1月2日进行的男子4个级别的擂主决赛，60公斤级张亭宾，70公斤级姜春鹏，80公斤级白近斌，85公斤以上级杨晓靖分别战胜对手，成为本级别的擂主。③

(2)我主持“中国法学教育的改革与未来”研究课题，提出创建在马克思主义指导下的中国法学，树立以人为本的法学观，强调教育的个性化，自主化。④

(3)从1月1日开始，广州市实行新版《广州市行政规范性

① 刘心武：《王府井万花筒》，《5.19长镜头》，成都，四川文艺出版社，1987，第74页。

② 王蒙：《夏之波》，《跨世纪文丛——坚硬的稀粥》，武汉，长江文艺出版社，1992，第171页。

③ 王霞光：《散打争霸赛各级别擂主产生》，《人民日报》2006年1月4日。

④ 唐六勇、毛和荣：《李龙：人是法律之本》，《人民日报》2006年1月4日。

文件管理规定》，通常被称作“红头文件”的行政规范性文件，须规定有效期，只在有效期内有效，过期立即作废。①

句内停顿，仍具有言句性质。通常理论上说到的连词“及”、“以及”、“和”前不加标点而现实中**加有标点**的情况是较有代表性的反映。例：

(1)美国研究人员在一项研究报告中指出，喝茶可以减少患癌症如口腔癌、结肠癌、直肠癌、**及**消化系统、肺部生癌的几率。②

(2)每当别人谈到故乡**以及**有关故乡的话题时，我就无法插话。③

(3)尽管是迟到的黄昏恋情，但影片中故事主人公牵挂彼此时忐忑的心情、彷徨的眼神、抽噎的嘴角，**和**噙在眼角不让它掉下来的泪水，无一不以其爱得真挚和热烈，超过叫嚣爱情至上的年青一代。④

依意句观进行弹性标点的情况更多。其主要表现在句子的判定和标示上，可从表达过程角度大致概括为两类情况。

其一，整体性逻辑关系义获得后的语言表达，是判定为一个还是多个句子，句子单位内部结构关系如何，判定和标示上存在着一定弹性。这一点，从近些年来人们对转折关系内部意义总量大致相当、逻辑结构关系基本相同的文本形式的不同标点上可见一斑。例见第二章“现行汉语研究基本模式的时代性反思”部分。

其二，相对独立的两可性句级意义习惯性组合在一起，其语言表达，是判定为一个还是多个句子，句子单位内部结构关系如何，判定和标示上存在着一定弹性。这一点，从“叹词＋后续感叹的具体内容”格式的标点上可见一斑。我们对2000年至2006年《人民日报》政论、文学性文本进行了抽样调查，结果显示：叹词为“啊”的情况，“啊”后为逗号的455例，约占80％；“啊”后为叹号105例，约占20％。叹词为“唉”的情况，

---

① 李刚：《广州：发布“红头文件”须明确有效期　有效期最长不得超过5年》，《人民日报》2006年1月4日。

② 《现代保健报》2001年9月20日。

③ 《当代》2001年第3期，第190页。

④ 《楚天都市报》2007年3月28日第30版。

“唉”后的标点，逗号653例，叹号587例，差不多各占50%。例：

(1)久违了，今日归来又听到了这支歌。啊，故乡的歌又送我一片故土的温馨。①

(2)啊，纳木错！啊，净土！②

(3)啊！夜幕上斜挂着一串天灯！听，空中传来声声乐音，在万籁俱寂的深夜，听来真如仙韵。③

(4)“啊！还有‘爱人’！”主席半开玩笑的，用当时延安流行的对丈夫叫“爱人”的称呼。④

(5)唉，一次就罚了200多！⑤

(6)唉，世间饮料上百种，人们为何偏爱纯净水呢？⑥

(7)唉，我这个既做老师又做家长的，该如何把孩子从电视的阴影中带出来呢？我该如何回答同事？⑦

(8)唉！停水的日子真是不堪忍受。⑧

(9)“唉！后悔死了。”半截沟镇农民王大为一见记者，就连连叫苦。⑨

(10)唉！要是马大帅晚两年进城，赶上党的好政策，或者干脆先回去接受“阳光工程”培训，掌握一技之长后，借助“春风行动”再次就业，他就不会“干啥啥不行”了！⑩

第二个原因，相比较英语、法语等侧重听觉基础的语言而言，汉语为侧重视觉基础的语言。如果说侧重听觉基础的语言因听觉对象及其相应记录对象本身具有的抽象性所致而使其抽象化及其相应的公式化程度较高的话，那么，如何评价侧重视觉基础的语言的抽象化及其相应的公式化程度？两种不同基础的语言类型的文明进程是同步的吗？如果同步

---

① 杨佳富：《高月打歌》，《人民日报》2002年10月2日。

② 熊召政：《啊，纳木错》，《人民日报》2003年11月15日。

③ 仲远：《搬家》，《人民日报》2003年7月26日。

④ 曾克：《难忘教诲》，《人民日报》2003年12月25日。

⑤ 黄深钢：《唉，一次就罚了200多》，《人民日报》2002年7月22日。

⑥ 赵大年：《新鲜饮食》，《人民日报》2001年8月30日。

⑦ 殷建光：《孩子的理想竟是当“杀手”》，《人民日报》2004年4月29日。

⑧ 郑金修：《停水的日子真难受》，《人民日报》2005年10月17日。

⑨ 王慧敏：《新疆奇台农民因信息不灵错失2000多万元　啤酒大麦有价无货　市场信息谁来传递》，《人民日报》2003年2月18日。

⑩ 顾仲阳：《愿马大帅的二胡不再悲鸣》，《人民日报》2005年3月20日。

发展的话，那么，各自在发展轨迹和公式化表现上有什么区别？这一些，目前尚未研究清楚，而且，在短期内也难以研究清楚。

基于以上两点原因，我们对“社会主导－约定句”的具体类型暂不作具体概括，留作后续研究。

“社会主导－约定句”的具体类型未进行具体概括，很容易引起一些相关想象：是否暗指汉语句子方面的文明进程落后于侧重听觉基础的英语、法语等语言？是否意味汉语是劣等语言？对此，以下简要地作一些说明。

(1)侧重听觉基础的英语、法语等语言与侧重视觉基础的汉语在句子方面的现行文明层次问题。

总体上讲，两类语言的句子是否已达到抽象性文明层次，因目前该方面的研究均不充分，所以难以给出明确结论。但是，二者均已进入抽象性文明层次是可以肯定的。就汉语而言，“被判断对象＋判断词＋判断对象”的判断句是达到抽象性文明层次的较典型的代表，其无论完备程度还是公式化程度，皆已达到抽象性文明层次。

分方向讲，侧重听觉基础的英语、法语等语言在句子结构模式的规划上做的工作多一些，所以，在句子结构模式的总体界定上，在句子结构单位的形式标记及其功能的固定性上，在结构单位配合性运作生成句子的可操作性上，较侧重视觉基础的汉语要完善一些。这一点，有学者作过一些测试。曹逢甫曾就英语客观性句界和汉语主观性句界问题对英语系 18 位中国学生作了试验。尽管他们的母语是汉语，但是对两段汉语文章的标点只有 1 人与原文标点相同。然而，尽管他们的英语水平肯定不如汉语水平，但对两段英语文章的断句却与原文十分接近①。而汉语，则在公理性结构模式的个性化运作上做的工作多一些，所以，汉语尽管可操作性相对弱一些，但句子结构模式的表义更加灵活，语用效果更好，更具有诗性特征。

(2)侧重听觉基础的英语、法语等语言与侧重视觉基础的汉语在句子方面的优劣问题。

单纯的理论研究很容易被与现实中某语言本位搅扰在一起，并进而作出他范畴的评价，语言优劣论就是这方面的产物。

值得特别说明的是，我们所做的是单纯的理论研究，不涉及语言优劣问题，也坚决反对将该项研究无原则地同语言优劣问题搅扰在一起。

---

① 曹逢甫：《中英文的句子》，《1987 年亚太地区语文教学研讨会论集》。

二、汉语句子历层发展的过程和规律

基于上述语言系统发展范畴不同文明层次句子系统的概括，汉语句子历层发展的过程和规律进一步概括如下。

(一)汉语句子历层发展的过程

1. 以“内外在因素”为依据，其基本过程总体概括为：“生理主导一节律句”系统→“心理主导一能动句”系统→“社会主导一约定句”系统。

2. 以基本特征为依据，其基本过程概括为：在内部结构特征类型系统中具体表现为“混整性职段结构句＋主次性关系结构模式句＋主谓性事件结构模式句”的具有感知性和不完备性特征的句子系统→“具有完备性和一定抽象特征的认知结构句＋公理模式句”系统→“完备性结构句/公式化结构句”系统。

(二)汉语句子历层发展的规律

1. 明确度方面：明确化。节律句层次，语音节奏上有一定明确性，但内部结构却处于一种混整的不清晰状态。能动句层次，句子结构尽管丰富了，但纵横向要素皆未得限定。约定句层次，各项要素的限定才得以实现，结构模式才得以较严格意义的明确。

2. 关联度方面：淡化。句子历层发展的过程，就是与句子结构模式与发生范畴基础层次生理、客观现实两个要素之间的关系日益淡化的过程。这种淡化，也可说成是转移，即主要关联对象不断向心理和社会观念诸要素转移。

3. 抽象度方面：抽象化。具体表现为建立在显示基础上的感知或初步的认知性结构模式的公理化和进一步的公式化。

4. 完备度方面：完备化。随着认识的深化，句子结构要素不断走向完备。

5. 固定度方面：固定化。同明确化相应，走向明确的趋向，也就是走向固定的趋向。

第五节　汉语句子历层发展补证

汉语句子的历层发展，第四章准具象性文明层次句级语言单位已做过局部验证。已有学术成果也可一定程度上对其进行说明和验证。如判断句、被动句的发展等具有交叉关系的汉语语法史研究成果，对汉语句子历层发展的过程和规律是较好的实例性说明。又如下列相关研究，对准具象性文明层次节律句亦是一种较好的说明。儿童语言的句子，三岁左右一般为4～6个字①。现代口语、散文的主流节奏单位由5～7个音节组成②。人的整块记忆跨度通常在7±2个单元之间③。在此基础上，拟从典型语言材料的具体分析上重新提供一些补证。

一、早期及后期对应性语言材料对准具象性文明层次节律句的概括提供的补证

从理论上讲，无论历层研究还是历史研究，其起点性语言材料是具有同一性的。从现实上看，这种语言材料我们今天是无法见到的，但是，能够大致确定的历史上最早的语言材料，与历层研究所需要的起点性语言材料相对较为接近，对历层研究中准具象性文明层次的结论应该能够起到一定的补证作用。

据考察，《山海经》就基本可看做是历史上早期的语言材料。袁珂《山海经校注·出版说明》讲到："其中《海经》部分最有价值。关于它的作者及其写作年代，自西汉刘秀(歆)以来的正统说法都认为是大禹、伯益所记，实际却不是出自一人之手，也不是作于一时。"④这里的"不是作于一时"，当然包括《山海经》成书的战国时期。不过，从全书风格大致相同的特征看来，非大禹、伯益之手，明显具有模仿大禹、伯益的成分。这样，《山海经》整体上看做历史上早期语言材料基本是可以成立的。

通过对《山海经》中全部篇目的具体分析，初步得出两点在一定程度上能够对准具象性文明层次节律句起到补证作用的结论。

1. 较便感知到的语音形式上，《山海经》中的句子，基本为节律句。因为《山海经》的标点为非同一时期之人所加，句子界定和确认的依据非原作者固有句子观，且各本存有分歧，故根据我们的理解作了适度的调整和标示，句号仍用符号"。"。《山海经》的后续引用同此。代表篇目例：

(1)比翼鸟。在其东。其为鸟青赤。两鸟比翼。一曰在南山东。⑤

---

① 李宇明：《儿童语言的发展》，武汉，华中师范大学出版社，1995，第155页。

② 吴洁敏、朱宏达：《汉语节律学》，北京，语文出版社，2001，第138页。

③ Miller. G："The marginal seven，pius or minus two？"，*Psycological Review*，1956：63-72，81-97.

④ 袁珂：《山海经校注》，上海，上海古籍出版社，1989。

⑤ 《山海经·海外南经·比翼鸟》。

(2)苍梧之山。帝舜葬于阳。帝丹朱葬于阴。①

(3)海内昆仑之虚。在西北。帝之下都。昆仑之虚。方八百里。高万仞。上有木禾。长五寻。大五围。面有九井。以玉为槛。面有九门。门有开明兽守之。百神之所在。在八隅之岩。赤水之际。非仁羿莫能上冈之岩。②

值得说明的是，“比翼鸟”、“苍梧之山”和“海内昆仑之虚”是全篇的话题，有引导他人关注这个话题的功能，故处理为句。

2. 分析性语法结构模式上，《山海经》中的句子，基本为准具象性文明层次的主次结构句和主谓结构句。代表篇目例：

(1)厌火国(主次结构句)。在其国南(主谓结构句)。兽身黑色(主次结构句)。生火出口中(主谓结构句)。一曰在讙朱东(准抽象性文明层次之句)。③

(2)羿与凿齿战于寿毕之野(主谓结构句)。羿射杀之(主谓结构句)。在昆仑虚东(主谓结构句)。羿持弓矢(主谓结构句)。凿齿持盾(主谓结构句)。一曰戈(准抽象性文明层次之句)。④

(3)兕(主次结构句)。在舜葬东(主谓结构句)。湘水南(主谓结构句)。其状如牛(主次结构句)。苍黑(主次结构句)。一角(主次结构句)。⑤

(4)弱水青水(主次结构句)。出西南隅(主谓结构句)。以东(主谓结构句)。又北(主谓结构句)。又西南(主谓结构句)。过毕方鸟东(主谓结构句)。⑥

(5)夸父与日逐走(主谓结构句)。入日(主谓结构句)。渴(主谓结构句)。欲得饮(主谓结构句)。饮于河渭(主谓结构句)。河渭不足(主谓结构句)。北饮大泽(主谓结构句)。未至(主谓结构句)。道渴而死(准抽象性文明层次之句)。弃其杖(主谓结构句)。化为邓林(主谓结构句)。⑦

---

① 《山海经·海内南经·苍梧之山》。

② 《山海经·海内西经·海内昆仑之虚》。

③ 《山海经·海外南经·厌火国》。

④ 《山海经·海外南经·羿与凿齿战》。

⑤ 《山海经·海内南经·兕》。

⑥ 《山海经·海内西经·弱水》。

⑦ 《山海经·海外北经·夸父》。

同《山海经》相类似，《尚书》中亦存在着部分早期语言材料，而且，这些材料后世或存在着转写形式，或存在着翻译形式。据考察，《尚书》中存在着的早期语言材料及其对应的转写形式和翻译形式的基本面貌，对准具象阶段、准抽象阶段和抽象阶段准具象性文明层次节律句起到补证作用。以下是《尚书·尧典》中存在着的部分早期语言材料及其对应的《史记·五帝本纪》中的转写形式和现代汉语翻译形式。

帝曰："畴咨若时登庸？"
尧曰："谁可顺此事？"
尧帝说："谁能顺应天时被提升任用呢？"

放齐曰："胤子朱启明。"
放齐曰："嗣子丹朱开明。"
放齐说："您的儿子丹朱很开明。"

帝曰："吁！嚚讼。可乎？"
尧曰："吁！顽凶。不用。"
尧帝说："唉！他说话虚妄，又好争辩。可以吗？"

帝曰："畴咨若予采？"
尧又曰："谁可者？"
尧帝说："谁善于处理政务呢？"

驩兜曰："都。共工方鸠僝功。"
驩兜曰："共工旁聚布功。可用。"
驩兜说："嗯。共工防救水灾。已具功绩。"

帝曰："吁！静言庸违象恭滔天。"
尧曰："共工善言。其用僻。似恭漫天。不可。"
尧帝说："哼！他花言巧语。阳奉阴违。貌似恭敬其实对上天也轻慢不敬。"

二、不同历史时期具有一定历层关系的语言材料对三个文明层次句子结构模式的概括提供的补证

在这里，各层次句子，只及句职结构模式。其中，准具象性文明层次仍然是原始性主次结构句和主谓结构句。准抽象性文明层次是相对完备的主次结构句和主谓结构句，或公理性结构句。抽象性文明层次句子类型未具体概括，在此只提供一些对应性语料，不作句子类型标示。为了表述的简练和便于对照，已有二层次主次结构句和主谓结构句分别简为主次句$_1$、主次句$_2$；主谓句$_1$、主谓句$_2$。公理性结构句简为公理句。语言材料，选取两个范畴。

（一）山水介绍范畴在不同历史时期具有一定历层关系的语言材料对三个文明层次句子结构模式的概括提供的补证

以下选取三部分语料，分别对其句子类型进行标示，用句子类型的现实情况对相应层次句子结构模式的概括进行证明。后续部分同此。

1. 准具象性时间层次的语料及其句子类型的标示。代表性语料：

(1)又北二百里(主谓句$_1$)。曰发鸠之山(主谓句$_1$)。其上多柘木(主谓句$_1$)。有鸟焉(主谓句$_1$)。其状如乌(主谓句$_1$)。文首(主次句$_1$)。白喙(主次句$_1$)。赤足(主次句$_1$)。名曰精卫(主谓句$_1$)。其名自詨(主谓句$_1$)。是炎帝之少女(主次句$_1$)。名曰女娃(主谓句$_1$)。女娃游于东海(主谓句$_1$)。溺而不返(主谓句$_1$)。故为精卫(主谓句$_1$)。常衔西山之木石(主谓句$_1$)。以堙于东海(主谓句$_1$)。漳水出焉(主谓句$_1$)。东流注于河(主谓句$_1$)。①

(2)又东北二百里(主谓句$_1$)。曰锡山(主谓句$_1$)。其上多玉(主谓句$_1$)。其下有砥(主谓句$_1$)。牛首之水出焉(主谓句$_1$)。而东流注于滏水(主谓句$_1$)。②

(3)又北二百里(主谓句$_1$)。曰景山(主谓句$_1$)。有美玉(主谓句$_1$)。景水出焉(主谓句$_1$)。东南流注于海泽(主谓句$_1$)。③

2. 准抽象性时间层次的语料及其句子类型的标示。代表性语料：

(1)西二十五步、当湍而浚者为鱼梁(主谓句$_2$)。梁之上有

① 《山海经·北山经·发鸠山》。

② 《山海经·北山经·锡山》。

③ 《山海经·北山经·景山》。

丘焉(主谓句$_1$)。生竹树(主谓句$_1$)。其石之突怒偃蹇、负土而出、争为奇状者、殆不可数(主谓句$_2$)。其嵚然相累而下者、若牛马之饮于溪(主谓句$_2$)。其冲然角列而上者、若熊罴之登于山(主谓句$_2$)。①

(2)大石侧立千尺、如猛兽奇鬼、森然欲搏人(主谓句$_2$)。而山上栖鹘、闻人声亦惊起、磔磔云霄间(主谓句$_2$)。又有若老人咳且笑于山谷中者、或曰、此鹳鹤也(主谓句$_2$)。②

3. 抽象性时间层次代表性语料:

(1)泰山,通常指中国的五岳之首,有"天下第一山"之美誉,又称东岳,中国最美的、令人震撼的十大名山之一。泰山位于山东省中部,自然景观雄伟高大,有数千年精神文化的渗透和渲染以及人文景观的烘托,著名风景名胜有天柱峰、日观峰、百丈崖、仙人桥、五大夫松、望人松、龙潭飞瀑、云桥飞瀑、三潭飞瀑等。泰山于1987年被列入世界自然文化遗产名录。数千年来,先后有十二位皇帝来泰山封禅 。孔子留下了"登泰山而小天下"的赞叹,杜甫则留下了"会当凌绝顶,一览众山小"的千古绝唱。

(2)华山是中国著名的五岳之一,海拔2160米。华山位于陕西省西安市以东120公里历史文化故地渭南市的华阴市境内,北临坦荡的渭河平原和咆哮的黄河,南依秦岭,是秦岭支脉分水脊的北侧的一座花岗岩山。凭借大自然风云变幻的装扮,华山的千姿百态被有声有色的勾画出来,是国家级风景名胜区。

(二)国家介绍范畴在不同历史时期具有一定历层关系的语言材料对三个文明层次句子结构模式的概括提供的补证

1. 准具象性时间层次的语料及其句子类型的标示。代表性语料:

朝鲜在列阳东(主谓句$_1$)。海北山南(主谓句$_1$)。列阳属燕(主谓句$_1$)。③

① 《钴鉧潭西小丘记》,清映雪堂刻本《古文观止》,卷九。

② 《石钟山记》,清映雪堂刻本《古文观止》,卷十一。

③ 《山海经·海内北经·朝鲜》。

2. 准抽象性时间层次的语料及其句子类型的标示。代表性语料：

(1)山国，王去长安七千一百七十里(主次句$_2$)。户四百五十，口五千，胜兵千人(主次句$_2$)。辅国侯、左右将、左右都尉、译长各一人(主次句$_2$)。西至尉犂二百四十里，西北至焉耆百六十里，西至危须二百六十里，东南与鄯善、且末接(主谓句$_2$)。山出铁，民山居，寄田籴谷与焉耆、危须(主谓句$_2$)。①

(2)韩有三种：一曰马韩，二曰辰韩，三曰弁辰(主谓句$_2$)。马韩在西，有五十四国，其北与乐浪，南与倭接(主谓句$_2$)……马韩人知田蚕，作帛布(主谓句$_2$)。出大栗如梨(主谓句$_2$)。有长尾鸡，尾长五尺(主谓句$_2$)。邑落杂居，亦无城郭(主谓句$_2$)。作土室，形如冢，开户在上(主谓句$_2$)。不知跪拜(主谓句$_1$)。无长幼男女之别(主谓句$_2$)。②

3. 抽象性时间层次代表性语料：

朝鲜民主主义人民共和国，简称“朝鲜”，是位于亚洲东部朝鲜半岛北部的社会主义国家。

朝鲜民主主义人民共和国的领土面积为122762平方公里。北部主要与中国相接，东北端与俄罗斯有陆地边界，南部隔军事分界线(“三八线”)与韩国接壤。朝鲜东面为日本海(包括东朝鲜湾)，西南面为黄海(包括西朝鲜湾)。

朝鲜海拔1000～1500米，山地约占国土面积80%，朝鲜属于温带季风气候，植被为温带落叶阔叶林，年平均气温8～12℃，年平均降水量为600～1000毫米。

---

① 《汉书·西域传》。
② 《后汉书·东夷列传》。

第十一章　汉语复叠的历层发展

古今学界有重叠、重复、反复、叠音、叠字等术语，它们所指相近，综合提升之后，统括为复叠。意即等长性语言形式依相同、相近的韵致重复使用的一种语言运作方式。其中，等长性语言形式是复叠的基本单位。先出现的是基础性等长性语言形式，亦即基础形式，后重复使用的为复叠的等长性语言形式，亦即复叠形式。等长性语言形式单位的类型，有半语素、语素、词、词组、句五类。等长，是以广义音长为尺度的，语言形式音节数相同是典型的等长，部分音节被省略或音节数客观短少而实际音长相等或相近的情况，也看做等长。韵致，在这里指的是相对基础形式而言复叠形式重复出现时给人带来的一种谐和性心理感受。韵致的维度，同语言实体相似，可概括为两个：一为内在与生理相关、以音长为特征的自然节奏①。二为外在以音质为特征的节奏以外的不同层级语言单位本体。韵致的谐和度，取决于基础形式与复叠形式之间的同近程度，其等次序列大致为：等长性语言形式全部音节全同→等长性语言形式部分音节相同→等长性语言形式部分音节的声、韵诸部分元素相同→等长性语言形式只有节奏相同。

汉语复叠方式的发展，学界有过不少研究②。这些研究的特点，反映在研究内容上，往往是区分为词汇、语法、语用等不同范畴的类型或个体性复叠方式。研究模式上，采用的是时间过程角度的历史研究模式。研究目标上，是复叠方式的描写和解释。对此，我们有一些自己的想法。

诚然，不同范畴、不同类型乃至不同个体的复叠方式都有必要研究，而且是必须的基础研究，但是，这种研究也存在一些彼此割裂、缺少宏观概括的问题，有必要进一步提升，提至具有本质上一致性特征的复叠方式的高度，提至复叠方式整体面貌研究的高度。

历史研究从时间过程角度切入，符合人们的感知习惯，便于操作和

① 节奏的所指，说法较多。吴洁敏、朱宏达曾作过较为系统的总结（吴洁敏、朱宏达：《汉语节律学》，北京，语文出版社，2001，第85～204页）。我们这里主要指的是其中的音顿律、快慢律。

② 孙锡信：《汉语历史语法要略》，上海，复旦大学出版社，1992；汪国胜、谢晓明：《汉语重叠问题研究》，武汉，华中师范大学出版社，2009。

理解，但是，其实现的目标是对复叠方式历史发展过程的描写和解释，对于文明进程中由低至高、由原始至进步的历层发展情况，由于角度取向本身所带来的既具有多层次性，又具有反复性的特征，所以未能有效地加以揭示，尤其是过程中体现出来的文明发展的基本规律未能揭示出来。而历层发展情况在当今语言文化生活中，尤其是汉语的信息处理中极为重要，是将人文性汉语提升至逻辑语言形式的重要基础。所以，在历时研究的同时，还应主张展开历层模式的研究。

基于此，拟据上述主张集中对语言系统发展范畴汉语复叠的历层发展进行初步的宏观性研究。

第一节　汉语复叠历层发展概况

汉语复叠历层发展问题的概括，分两个方面展开。

一、语言系统发展范畴不同文明层次汉语复叠类型概貌

与前几章所及音节、文字和句子相同，复叠亦是语言系统的一个组成部分，其历层发展涉及的文明层次，以语言系统发展范畴对文明进程的总体概括为参照亦统括为三个：准具象性文明层次、准抽象性文明层次、抽象性文明层次。三文明层次划分的依据，主要是语言系统发展范畴评价系统诸参项中的自主度。

语言系统发展范畴三文明层次汉语复叠类型的概括，涉及的相关问题集中说明如下：

1. 汉语复叠的类型，与音节、文字和句子诸本体单位不同。因为复叠属于语言运作机制范畴，是一种语言运作的方式。运作方式的性质，使得复叠不像音节、文字和句子诸本体单位那样存在着一种固有的反映文明层次概貌的内部结构系统，只存在主观概括出来的属于不同文明层次的类型。

2. 语言系统发展范畴三文明层次汉语复叠类型概括的依据。据考察，复叠类型的概括较为合理的依据，是具体体现韵致的复叠形式与基础形式之间的谐和度。为使对依据的说明更加全面和深入，在依据的表述上，拟将依据方面的内容延伸到促成谐和度出现的内在主体因素上，沿着由内在主体因素至外在谐和度的思路进行表述。其中，内外在关系方面涉及的相关内容简述如下：

(1)主体因素及其在各文明层次起主导作用者的判定。主体因素，是复叠方式出现的原动力，包括生理节律、心理节律、理性观念等因素。

据考察，各文明层次起主导作用的主体因素不尽相同，大致说来，三文明层次依次为生理节律、心理节律和理性观念。

(2)各文明层次主体因素之间的关系。主导地位互有区别，即存在生理节律、心理节律和理性观念的区别，但全面地讲，则互有蕴含，尤其是后续层次对前位层次的蕴涵。

(3)主体因素与谐和度之间的关系。主体因素直接或间接的连续性律动特征促成了等长性语言形式复叠的生成。主体因素的动态过程，直接对应外在等长性语言形式的复叠；主体因素直接或间接的连续性律动特征的谐和度，直接对应外在等长性语言形式复叠的谐和度。

3. 复叠形式与基础形式之间谐和度的判定及三文明层次汉语复叠类型的概括。

(1)复叠形式与基础形式之间谐和度的判定。谐和度的维度，就是韵致的维度。分内外二维进行综合判定。

(2)三文明层次汉语复叠类型的概括。据复叠形式与基础形式之间的谐和度，汉语复叠类型总体上判定为三类：等长性语言形式内外全同、等长性语言形式内外部分相同、等长性语言形式内在节奏相同。简括为：全叠、概叠、特叠。进一步综合考察得知，此三复叠类型，依次对应三文明层次。

4. 复叠次类的划分。各文明层次所表现出的复叠类型内部次类，以不同性质的语言单位为依据进行概括，依次序列为：半语素、语素、词、词组、句。

5. 复叠类型与相应文明层次之间的关系，不似音节、文字和句子诸本体单位内部结构系统与文明层次那样相应，它只是一种核心对应的辩证关系，亦即复叠类型是所在文明层次的核心类型，而不是绝对的唯一对应的类型。如以下将论及的概叠，除作为准抽象性文明层次的核心复叠类型之外，其中的语素复叠，也部分属于准具象性文明层次。

以下是各文明层次所表现出的核心类型的纲要性概括。

(一)准具象性文明层次的复叠类型——全叠

人，最初是生物的人，故准具象性文明层次复叠生成的主导性主体因素为生理方面的基础，具体表现为人的生理节律。基本没有心理和理性观念干预情况下人的生理节律，较易感知的通常有心脏跳动节律、血液循环节律、呼吸节律、脑波节律、肌肉张弛节律、神经兴奋与抑制节律等①。

① 刘延友、王正荣：《生物节律系统的研究进展》，《西部医学》2007年第2期。

这些节律的特征：

一是具有基础性，为人的节律中最早出现，最基础的节律。

二是具有短时性，个体律动单位时值较短。

三是具有自然性，为生命的自然延续形式或刺激引发的自然反应形式。

四是具有较强的固定性。律动单位整体内部连续出现的各节奏形式一般为整齐的对等性出现，由于生理节奏自然夹杂和内在动力强弱变化诸因素的影响而出现的非对等为非本质性的情况。

生理节律促成了最早的复叠方式的出现，与生理节律相应，这种复叠方式主要具有如下特征：

一是韵致内在维，基本节奏相同。一方面表现为等长性语言形式整体长度相同，即音节数是相同或基本相同的典型性等长；另一方面表现为等长性语言形式内部节奏相同。

二是韵致外在维，声音本体相同。一般表现为等长性语言形式全部音节全同。当然，这里的"全"亦具有一定的相对性，同生理节奏中属特殊情况的非对等相应，等长性语言形式中间也存在节奏嵌杂和部分声音滑变等非本质情况。

三是谐和度，因韵致内外二维全同而表现为等长性语言形式内外全同。

基于以上分析，准具象性文明层次的复叠类型，总括为全叠，进一步全面的表述为具有基础性、自然性和整齐性诸特征的内在节奏和外在本体双维一致的全叠。

全叠子系统，以下以语言单位为依据分类概括。类属中若涉及存在嵌杂成分和部分声音滑变等非典型形式，即举例性附于各类用例之后①。

1. 半语素的全叠。作为复叠单位的等长性语言形式，是未能表达出一个完整意义的音节，权宜性称之为半语素。部分构词性复叠是这方面的代表。如：

猩猩　狒狒　蛐蛐　蝈蝈

茫茫　绵绵　夭夭　赳赳　坦坦　施施　眈眈　萧萧

哎哟哟　哎呀呀　哗啦啦

① 全叠及以下概叠的节奏，因与具有相同特征的声音本体交织在一起，故不作专门说明。另外，复叠的功能问题，不是本文的侧重点，故不及。

冷清清　软滑滑　白嫩嫩

方言中也有不少这方面的例子，如湖北潜江方言中，斑鸠叫做“咕咕咕”。四川省垫江县有一种由古巴人传下来的用竹子做成、没有钻孔的原始乐器，没有书面名称，口头叫做“嘟嘟呜”。

2. 语素的全叠。作为复叠单位的等长性语言形式，是构词语素。摹声词、婴幼儿称名是这方面的代表，部分构词性复叠亦属此类。如：

哈哈　嘿嘿　狗狗　椅椅　家家　爸爸　妈妈　弟弟　妹妹

3. 词的全叠。作为复叠单位的等长性语言形式，是独立使用的词，包括单音节、双音节等。这类复叠的例子非常多。范围上有口吃等特殊人群类、有劳动号子类，还有兼含一定心理成分的今所谓构形性复叠和语用性复叠。文献例：

(1)昔君文王武王，宣重光，奠丽陈教，则肄——肄不远。①

(2)及帝欲废太子而立戚姬子如意为太子，大臣固争之，莫能得。上以留侯策即止，而周昌廷争之强，上问其说。昌为人口吃，又盛怒，曰：“臣口不能言，然臣期——期知其不可。陛下虽欲废太子，臣期——期不奉诏。”上欣然而笑。②

(3)空海法师年事虽高，中气完足，一声唱诵，并无穿云裂石之势，却深沉厚重，直如平地里飞来一座崇山峻岭。善男信女们飘飏的心神，顿时有了归摄。

南无～阿弥陀佛—阿弥陀佛—阿弥陀佛—阿～—阿～—阿～—阿～

玄妙的佛法，最终被精练为返朴归真的四个真言。③

(4)那些兵们嗓门圆润洪亮，都是唱山歌的好材料，他们躲在柳棵子后，一边放枪一边高喊：哎哟嗨～～～啪！啪！狗杂种呀你过来呀吗嗨～～～啪！啪！有种你就走过来呀哟～～～

---

① 《尚书·顾命》。
② (汉)司马迁：《史记·张苍传》，北京，中华书局，1959。
③ 薛冰：《阎王庙》。

呼嗨～～～啪！啪！哟呼嗨嗨哟呼嗨～～～啪啪啪！[①]

(5)行行重行行，与君生别离。[②]

(6)闻贼勇勇勇，拟欲向前汤。[③]

(7)音音音音音，你负心，你真负心，孤负我到如今。[④]

(8)哎唷唷，我恨恨恨，恨，恁个不动摇。[⑤]

(9)拿来上天平弹着。少少少，你这银子则十四两。[⑥]

(10)他他他，走将来展脚舒腰。我我我，向前来仔细观了相貌。[⑦]

一般列举性概括则如：

吭唷吭唷　嗬嘿嗬嘿

人人　物物　三三　五五　散散　看看　早早　慢慢

子子孙孙　干干净净　享受享受　男男女女　七七八八

散散心　帮帮忙　洗洗澡　笑一笑　擦洗一擦洗

4. 词组的全叠。作为复叠单位的等长性语言形式，是组句的词组。文献例：

(1)硕鼠硕鼠，无食我黍……乐土乐土，爰得我所。[⑧]

(2)等她来花园里探望——

飞扬，飞扬，飞扬——

啊，她身上有珠砂梅的清香！[⑨]

方言例：

在丹江口方言中，有一种强化谓语强程度意义的“狠的”的复叠形

---

① 莫言：《红高粱》。

② 沈德潜：《古诗源·古诗十九首》，北京，中华书局，2000。

③ 敦煌词《剑器词》。

④ 仙鬼词《千金意》。

⑤ 方成培：《雷峰塔》，《中国戏曲选》，下册，第1031页。

⑥ 无名氏：《陈州粜米》，《元人杂剧选》，北京，人民文学出版社，1956，第516页。

⑦ 孟汉卿：《魔合罗》，《元人杂剧选》，北京，人民文学出版社，1956，第247页。

⑧ 《诗经·魏风·硕鼠》。

⑨ 徐志摩：《雪花的快乐》，《志摩的诗》，南京，江苏文艺出版社，2009。

式[1]。该形式的基式，是以"谓语＋的＋很"为依托，在"谓语＋的"与"很"之间插入的"狠的"。其中，依托形式中的"的"，读作[ti]，轻声，语法功能相当于普通话中补语的标志结构助词"得"。"很"，程度副词，表示强程度义。基式"狠的"中的"狠"，形容词，表示"厉害、凶、惨"之类状态义。"的"，与依托形式中的"的"相同。该形式的复叠，表现为基式的简单叠加，复叠的次数，一、二、三、四、五诸次不等。其中，最常见的为一叠，最多的通常不超过五叠。复叠后的表义，基本上与基式相同，所不同的是增加了一定的强调义，增加的幅度，依复叠次数而定，复叠次数每增加一次，强调义即相应地增加一分。复叠的例子如：

基式：这柿子甜的狠的很。
一叠：这柿子甜的狠的狠的很。
二叠：这柿子甜的狠的狠的狠的很。
……
五叠：这柿子甜的狠的狠的狠的狠的狠的狠的很。

5. 句的全叠。作为复叠单位的等长性语言形式，是独立的言语交际单位句子。文献例：

(1)沽之哉！沽之哉！我待贾者也。[2]

(2)七年而太史公遭李陵之祸，幽于缧绁，乃喟然而叹曰："是余之罪也夫！是余之罪也夫！"身毁不用矣。[3]

(3)尧虽贤，兴事业不成，得禹而九州宁。且欲兴圣统，唯在择任将相哉！唯在择任将相哉！[4]

(4)枉将他气杀也么哥。枉将他气杀也么哥。告哥哥，临危好与人行方便！[5]

儿童语言中，尤其是两岁前儿童，句子多为独词句。其看似词的复叠的情况，实际上是句的复叠。如要椅子，往往指着椅子说："椅。椅。"

---

① 郭攀：《丹江口方言"狠的"的复叠形式》，《方言》2002年第3期。
② 《论语·子罕》。
③ （汉）司马迁：《史记·太史公自序》，北京，中华书局，1959。
④ （汉）司马迁：《史记·匈奴列传》，北京，中华书局，1959。
⑤ （元）关汉卿：《窦娥冤》，第二折。

想要妈妈抱，往往伸开双手说："抱。抱。"

（二）准抽象性文明层次的复叠类型——概叠

相比较准具象性文明层次的复叠而言，准抽象性文明层次复叠生成的主导性主体因素为心理方面的基础，具体表现为人的心理节律。

赫尔岑说："世界历史的一切现象，机体活动的一切表现——都建立在生理学的基础上，但又远远越出这个范畴。"①这种超越，首先表现为现象赖以出现的主体因素的超越，即生成较之生理基础而高出的一个层级的是心理基础。准抽象性文明层次复叠的主导性基础就是这种心理基础，具体表现为一种以生理节律为基础，同时又加入人文性精神因素，且主要表现为人的一种心理律动模式的心理节律。可进一步具体为两类节律。

1. 建立在生理基础上的情绪性节律。人的心理与情绪是密切相伴的。最初的心理因素——情绪，在生命延续过程中，常对生理节律进行能动调控。例如呼吸，正常情况下，呼吸的周期大致等长，但在情绪的作用下，通过大脑皮层可以在一定限度内控制呼吸的深度和频率，或做短时间的深快呼吸，或做延时性浅慢呼吸。当这种调控因刺激引起的情绪反应的不同而逐步形成一般意义的特征时，诸如喜与节奏快和停顿时间短、哀与节奏慢和停顿时间长等，即成为对生理节律改造而成的情绪性节律。

2. 建立在人文观念基础上的审美性节律。这里的审美，表现为一种生理节奏和情绪节奏的趋向。生理节奏体验过程中，情绪节奏由不定状态至形成一般意义的特征过程中，总会有一定人文观念的融入。当这种观念作用于生理节奏和情绪节奏，促使其逐步形成一定模式化趋向时，即成为对生理节律和情绪节律加工而成的审美性节律。我们通常所说的"享受那个韵味"，有时即是就审美节律而言的。

同两类节律相应，心理节律的基本特征亦可概括为两类。

一是与情绪相应的可塑特征，即节奏的快慢可能动地调控，停留时间，可能动地延长或缩短。

二是与审美相应的模式化趋向。

心理节律促成了准抽象性文明层次复叠方式的生成，与心理节律相应，这种复叠方式主要具有如下特征：

① 康健民：《人体生理节律与音乐节律》，《中国音乐》2003年第3期。

一是韵致内在维，与准具象性文明层次相似，基本节奏相同，而且快慢亦基本相同。

二是韵致外在维，声音本体部分相同或相近。即等长性语言形式部分音节相同或等长性语言形式部分音节的声、韵诸部分元素相同。这种状况，是受心理节律和较高文明层次人们语言表义要求双重制约的结果。分析可知，全叠与各别理性义的表达是存在矛盾的。人们要求语言表达的是各别理性义，而全叠表达的是较单一的理性义及经复叠强调后的程度等情绪义，不能很好地满足语言表义需求。在这种情况下，既照顾到心理节律方面的需要又利于表意性矛盾解决的较好办法，应该是替换掉复叠形式的绝大多数声音本体形式，保留抽象的骨架模式和小部分声音本体形式。其结果，是出现了抽去部分具象因素以后的“神似”性部分相同了。

三是谐和度，属于前及等长性语言形式内外部分相同的情况。

基于以上分析，准抽象性文明层次复叠的类型，总括为概叠，进一步全面的表述为具有情绪性和审美性诸特征的内在节奏和外在本体部分一致的双维概叠。

概叠子系统，比照全叠进行概括。

1. 半语素的概叠。主要是通常所说的双声和叠韵。

叠韵：彷徨　腼腆　窈窕　逍遥
双声：枇杷　秋千　伶俐　玲珑

2. 语素的概叠。主要是摹状词和拟声词。

摹状词：糊里糊涂　迷留迷乱　啰里啰嗦　小里小气
拟声词：哟嗨哟活　哗哩哗啦　得儿哟咿儿哟

3. 词的概叠。主要为复音词的概叠。文献例：

(1)彷彷，徨徨！
　　徨徨，彷彷！
　生，就是这样，
　　徨徨，彷彷！

乘机会把蜜酿，
大家帮帮忙；
　　别误了好时光。
彷彷，徨徨！
徨徨，彷彷！①

(2)桃树、杏树、梨树，你不让我，我不让你，都开满了花赶趟儿。红的像火，粉的像霞，白的像雪。花里带着甜味儿；闭了眼，树上仿佛已经满是桃儿、杏儿、梨儿。②

4. 词组的概叠。主要为相同、相对、相反、相似等结构中的复叠和句中韵。其中，句中韵又包括几个并列性句子成分押韵和句内藏韵。体现在声音本体上的次类，又包括或多或少的音节相同与韵的相同。

(1)子曰："小子何莫学夫诗？诗可以兴，可以观，可以群，可以怨。迩之事父，远之事君，多识于鸟兽草木之名。"③

(2)花下成千成百的蜜蜂嗡嗡地闹着，大大小小的蝴蝶飞来飞去。野花遍地：杂拌儿，有名字的，没名字的，撒在草丛里，像眼睛，像星星，还眨呀眨的。④

(3)樊迟从游于舞雩之下，曰："敢问崇德，修慝，辨惑。"⑤句中"德、慝、惑"押韵，职部。

(4)是乃国家之大贼，人主之大蜮。⑥ 句中"贼、蜮"押韵，职部。⑦

(5)吾闻欲而不知止，失其所以欲；有而不知足，失其所以有。⑧（抱韵：一、四小句"止、有"押韵，之部。二、三小句"欲、足"押韵，屋部）

(6)彩云断、翠羽散，此情难问。⑨ 句中一般性藏韵，"断、

① 许地山：《蜜蜂和农人》。
② 朱自清：《春》。
③ 《论语·阳货》。
④ 朱自清：《春》。
⑤ 《论语·颜渊》。
⑥ （汉）班固：《汉书·东方朔传》。
⑦ 朱承平：《先秦汉魏散句韵字的句位间隔》，《暨南学报》1998年第1期。
⑧ （汉）司马迁：《史记·范雎蔡泽列传》，北京，中华书局，1959。
⑨ （宋）吴文英：《惜秋华》。

散”翰韵。

5. 句的概叠。日常语言、文学语言中较常见，尤其是诗歌。体现在声音本体上的次类与词组的概叠相同。文献例：

(1)癸卯卜：今日雨？其自西来雨？其自东来雨？其自北来雨？其自南来雨？[①]

(2)遍江北底野色都绿了。
柳也绿了。
麦子也绿了。
细草也绿了。
水也绿了。[②]

(3)世人都晓神仙好，惟有功名忘不了！
古今将相在何方？荒冢一堆草没了！
世人都晓神仙好，只有金银忘不了！
终朝只恨聚无多，及到多时眼闭了。
世人都晓神仙好，只有娇妻忘不了！
君生日日说恩情，君死又随人去了。
世人都晓神仙好，只有儿孙忘不了！
痴心父母古来多，孝顺儿孙谁见了？[③]

(4)秋风萧瑟天气凉，草木摇落露为霜。[④]（同韵：“凉、霜”，阳韵）

(5)贱妾茕茕守空房，忧来思君不能忘。[⑤]（近韵：“房”，阳韵。“忘”，漾韵）

(6)是以志闲而少欲，心安而不惧，形劳而不倦。气从以顺，各从其欲，皆得所愿。[⑥]（隔句韵：“倦”、“愿”韵，元部）[⑦]

---

① 郭沫若：《卜辞通纂》，《郭沫若全集》，北京，科学出版社，1983，375。
② 康白清：《和平的春里》。
③ （清）曹雪芹：《红楼梦》，第一回。
④ （魏）曹丕：《燕歌行》。
⑤ （魏）曹丕：《燕歌行》。
⑥ 《素问·上古天真论》。
⑦ 韵句细分为两类，早期的句句韵韵句和后起的隔句韵韵句。参见郭攀、夏凤梅：《中国古代语言学句的发展》，《古汉语研究》2009 年第 3 期。

(三)抽象性文明层次的复叠类型——特叠

相比较准抽象性文明层次而言，抽象性文明层次复叠生成的主导性主体因素为理性观念。

理性，是人类精神范畴的最高境界，人在文明进程中发展层次的高低，取决于理性化程度。所以，抽象性文明层次复叠的主导性基础就是这种理性观念，具体表现为一种源自于动物的人的生理需求，但又超越了这种需求的理性的人的观念性节律。基本特征：

一是具有一定的强制性生理节律成分。

二是主要表现为因服务于理性义表达需要而去节律化了。

理性观念促成了抽象性文明层次复叠方式的生成，与理性观念相应，这种复叠方式主要具有如下特征：

一是韵致内在维，与准抽象性文明层次相似，基本节奏相同。

二是韵致外在维，声音本体部分不同。

三是谐和度，属于前及等长性语言形式内在节奏相同的情况。

基于以上分析，抽象性文明层次复叠的类型，总括为特叠，进一步全面的表述为具有较高理性特征的单维节奏性的特叠。

特叠子系统中复叠的一般性节奏类型，因学界论及较多，故不进行详细概括，只作一些相关说明。

1. 特叠的性质，是一种深层的复叠。奥地利汉斯立克曾就与复叠具有内在一致性的音乐评论说：“自然界中并没有旋律，也没有和声，唯有负载着这两种要素的第三要素：节奏。在有人类之前，并且不依赖人类，即已存在了。”①

2. 特叠的次类，主要是词和句的复叠。词的复叠，主要体现为双音节和四音节词内部单双音节节奏的模式化复叠②。不赘。句的复叠，以下两类情况较具代表性。

其一，无韵散文化诗歌。它们一方面无韵；另一方面又分行，单维节奏复叠特征非常明显。文献例：

蕙花深锁在园里，
伊满怀着幽怨。

---

① 沈湘：《沈湘声乐教学艺术》，上海，上海音乐出版社，1998，第21页。

② 冯胜利：《汉语的韵律、词法与句法》，北京，北京大学出版社，1997，第2～4页；王洪君：《汉语的韵律词和韵律短语》，《中国语文》2000年第6期。

伊底幽香潜出园外，
去招伊所爱的蝶儿。①

其二，整体节奏模式相同或相似且节奏明快的排比句。文献例：

(1)单个的。成双成对的。一家子。一群。外地的。远郊的。本市的。少数民族。洋人。摩肩接踵。磕磕碰碰。②

(2)与此同时晚报上说农民万元户买了钢琴。买了汽车。买了飞机。可能即将买原子弹。电视新闻里出现了农村的摩托车大赛。

……

我传达了领导的指示。7月8月，是改革月。松绑。承包。岗位责任制。分成。聘任与解聘。计件工资与分成工资。奖金。基分。第三次浪潮带给华夏的机会。电脑考勤。需要大胆试验。需要开拓型的人才。③

3. 特叠，语体分布范围较广，诗歌、散文中都存在着特叠。但是，也还存在一些语体性差异。其中，散文化诗歌受韵律诗影响，带有韵律诗的音顿特征。散文或一般性口语，则更多的与所表达意义的逻辑关系一致，音顿、尤其是快慢上，具有逻辑性特征。

二、汉语复叠历层发展的过程和规律

基于上述全叠、概叠、特叠三文明层次类型的纲要性概括，下面对复叠历层发展过程和规律进行总结。

1. 整体上，复叠发展过程概括为：全叠→概叠→特叠。发展的基本规律概括为：由全面至部分。全面与部分具体表现在内在节奏、外在声音本体二维及其内部诸元素上。

2. 节奏上，复叠发展过程概括为：生理节律→心理节律→理性节律。发展的基本规律概括为：由本能至文化，由必然至自由。其中，生

① 汪静之：《蕙的风》。

② 刘心武：《王府井万花筒》，《5.19长镜头》，成都，四川文艺出版社，1987，第74页。

③ 王蒙：《夏之波》，《跨世纪文丛——坚硬的稀粥》，武汉，长江文艺出版社，1992，第171页。

理节律是本能的，是动物性的，是必然的，而心理节律和理性节律表现为一种文化，一种文明层次渐高的文化，一种顺应人的主观能动性而表现出一定自由度的文化。

3. 声音本体上，复叠发展过程概括为：等长性语言形式全部音节全同→等长性语言形式部分音节相同→等长性语言形式部分音节的声、韵诸部分元素相同。其中，部分音节内部发展过程，理论上概括为与全同最大接近度的只差一个音节逐步发展为最小接近度的只有一个对应性音节相同。音节内部元素只及声、韵，声调因素暂不涉及。发展的基本规律，相应概括为：由多至少，由有至无。

当然，规律亦存在一定的辩证性。全叠至概叠的发展是一般性规律，由于种种原因，也存在着由概叠至局部挨连性全叠的情况。如新兴的北京方言“爱谁谁”。又如具有一定固定性的湖北省浠水方言中的叠合。例如对某一情况作正反问询的简略表达形式：

(1)三大缸子水，你喝喝不了完？

(2)他么事什么都不懂，你说，跟他说说不清？①

第二节　汉语复叠历层发展补证

汉语复叠的历层发展，除前及不同文明层次复叠方式本身的体现之外，还可从以下方面得到一些证明。

1. 动物语言提供的补正

人类语言是由动物语言进化而来的，动物语言与人类语言中准具象性文明层次具有极大的相似性。在今天，仍可客观观察到的动物语言中的复叠方式，可一定程度地说明对准具象性文明层次复叠方式及其历层发展规律概括的可靠程度。

动物语言中，复叠方式极多。这些复叠，基本对应人类与生理基础相关联的全叠。如前面第五章所及斑鸠叫声表现出的复叠模式：

(1)咕～～。咕～～。咕～～。……。

① 郭攀：《湖北浠水方言中的叠合式正反问》，《中国语文》2003年第3期。

(2)咕咕。咕咕。咕咕。……。

(3)咕咕/咕～。咕咕/咕～。咕咕/咕～。……。

(4)咕咕/咕～/咕、咕。咕咕/咕～/咕、咕。咕咕/咕～/咕、咕。……。

以上模式中的节奏单位有三类：一是单独的类音节性的单位“咕”；二是斜线分隔开来的类双音节性单位；三是句号分隔开的类句性单位。

动物语言中也有少量与心理基础相关联的概叠，但是，这里的心理基础往往是动物性情绪。古清生对湖北省神农架国家自然保护区中的金丝猴的语言进行了观察研究。发现，金丝猴常见叫声是“呜嘎”的复叠，体力衰竭时发出的声音变为“呜啊”①。

2. 现今个体语言阶段性的说明

现今个体语言中儿童语言、青壮年语言、老人语言的阶段性与文明层次之间不能够简单对等，但其复叠特征对复叠历层发展的基本规律还是具有一定的说明作用。

儿童语言阶段，尤其是婴幼儿阶段。五个月以前是动物性复叠的咕咕声阶段，其自控性发音似鸽鸣鸠语，又似人咕咕低语。六个月至一岁左右是个体人最初语言复叠的呀呀语阶段，说出了第一批真正的词，但使用上往往皆是全叠②。

青壮年语言阶段。复叠使用的频率明显减少，而且多用的是概叠和特叠。

老年语言阶段。复叠使用更少，而且多用的是特叠。较为极端的表现是退化或提炼至独词句的情况。如前文所及赵本山、宋丹丹小品《老伴》中的“一个字一个字崩”：

宋：看啥呢？赵：报。宋：饭好了。赵：吃。喝酒不？赵：放。宋：咋就这一个字一个字崩的过？赵：错。宋：商量个事儿。赵：说。宋：多赏个字行不？赵：行。宋：还是一个字儿。

① 古清生：《金丝猴部落》，北京，中国言实出版社，2007。

② 李宇明：《儿童语言的发展》，武汉，华中师范大学出版社，1995，第57～92页。

3. 前贤的相关论述

朱自清曾说："歌谣的节奏最主要的靠重叠或叫复沓，本来歌谣以表情为主，只要翻来覆去，将情表到了家就成，用不着废话。重叠可以说原是歌谣的生命，节奏也便建立在这上头。字数的均齐，韵脚的调协，似乎是后来发展起来的。"[①]这一些，反映了其对不同层次复叠方式的认识。

① 朱自清：《朱自清全集》第4卷，南京，江苏教育出版社，1990，第30页。

参考文献

[1] 蔡镜浩：《关于名词活用作动词》，《语言教学与研究》1985 第 4 期。
[2] 曹　炜：《现代汉语词汇研究》，北京，北京大学出版社，2003。
[3] 陈北郊：《试论古代汉语的影缩结构》，《山西大学学报》1984 年第 1 期。
[4] 陈昌来：《抽象的句子与具体的句子》，《湖南广播电视大学学报》2000 年第 1 期。
[5] 陈承泽：《国文法草创》，北京，商务印书馆，1982。
[6] 陈望道：《修辞学发凡》，上海，上海教育出版社，1979。
[7] 陈望道：《文法简论》，上海，上海教育出版社，1997。
[8] 陈元锋：《乐官文化与文学——先秦诗歌史的文化巡礼》，济南，山东教育出版社，1999。
[9] 陈中立等：《思维方式与社会发展》，北京，社会科学文献出版社，2001。
[10] 程雨民：《汉语字基语法——语素层造句的理论和实践》，上海，复旦大学出版社，2003。
[11] 崔复爰：《现代汉语构词法例解》，济南，山东人民出版社，1957。
[12]〔英〕达尔文：《人与动物的情感》，成都，四川人民出版社，1999。
[13] 董为光：《话说“音义初始”》，《语言研究》1997 年第 1 期。
[14] 董秀芳：《词汇化：汉语双音词的衍生和发展》，成都，四川民族出版社，2002。
[15] 方经民：《〈关于语素、词和短语〉一文读后》，《中国语文》1982 年第 3 期。
[16] 冯胜利：《汉语的韵律、词法与句法》，北京，北京大学出版社，1997。
[17] 冯胜利：《从韵律看汉语“词”“语”分流之大界》，《中国语文》2001 年第 1 期。
[18]〔美〕弗朗兹·博厄斯：《原始艺术》，贵阳，贵州人民出版社，2004。
[19] 符淮青：《现代汉语词汇》，北京，北京大学出版社，1985。
[20] 高名凯：《语言论》，北京，商务印书馆，1995。
[21] 葛本仪：《现代汉语词汇学(修订本)》，济南，山东人民出版社，2001。
[22] 郭良夫：《语素和词与词和短语》，《中国语文》1998 年第 6 期。
[23] 郭　攀：《论古汉语同极引申》，《古汉语研究》1991 年第 4 期。
[24] 郭　攀：《汉字记录汉语的必然性和因果性》，《武汉教育学院学报》2000 年第 2 期。
[25] 郭　攀：《汉语涉数问题研究》，北京，中华书局，2004。
[26] 郭　攀：《标点符号的名与实》，《语言研究》2004 年第 4 期。
[27] 郭　攀：《书面化内容和方法的变化与标点符号的嬗变》，《高等函授学报》2005 年第 4 期。
[28] 郭　攀：《模型化词语“B+C”及其内部词和短语的判别》，《语言研究》2008 年第

1 期。
[29] 郭　攀：《20 世纪以来汉语标点符号研究》，武汉，华中师范大学出版社，2009。
[30] 郭　攀：《汉语准具象层次基点句基本模式的概括》，《长江学术》2010 年第 2 期。
[31] 郭　攀、夏凤梅：《基点切入、分范畴分层次系统梳理的思想方法》，《江汉大学学报》2009a 年第 3 期。
[32] 郭　攀、夏凤梅：《中国古代语言学句观念的演进》，《古汉语研究》2009 年第 3 期。
[33] 郭　锐：《现代汉语词类研究》，北京，商务印书馆，2002。
[34] 郭绍虞：《汉语语法修辞新探》(上、下册)，北京，商务印书馆，1979。
[35] 郭锡良：《古代汉语》，北京，商务印书馆，1999。
[36] 桂诗春、宁春岩：《语言学方法论》，北京，外语教育与研究出版社，1997。
[37] 何九盈：《中国古代语言学史》，广州，广东教育出版社，2000。
[38]何九盈、胡双宝：《中国汉字文化大观》，北京，北京大学出版社，1995。
[39] 胡　附、文　炼：《词的范围、形态、功能》，《中国语文》1954 年 8 月号。
[40] 胡明扬：《说词语》，《语言文字应用》1999 年第 3 期。
[41] 胡裕树：《现代汉语》，上海，上海教育出版社，1995。
[42] 黄昌宁、王海：《中文分词十年回顾》，《中文信息学报》2007 年第 3 期。
[43] 黄民裕：《辞格汇编》，长沙，湖南人民出版社，1984。
[44] 黄荣志：《汉语音节的原始模仿性》，《华南师范大学学报》1997 年第 2 期。
[45] 蒋绍愚：《古汉语词汇纲要》，北京，北京大学出版社，1989。
[46] 金理新：《古汉字与古汉语的音节结构》，《语文研究》1999 年第 3 期。
[47] 黎锦熙：《新著国语文法》，北京，商务印书馆，1998。
[48] 李葆嘉：《中国语言文化史》，南京，江苏教育出版社，2003。
[49] 李杰群：《非言语交际概论》，北京，北京大学出版社，2002。
[50] 李晋霞、李宇明：《论词义的透明度》，《语言研究》2008 年第 3 期。
[51] 李景源：《史前认识研究》，长沙，湖南教育出版社，1989。
[52] 李维琦：《修辞学》，长沙，湖南人民出版社，1986。
[53] 李行健：《汉语构词法研究中的一个问题——关于“养病”“救火”“打抱不平”等词语的结构》，《语文研究》1982 年第 2 期。
[54] 李宇明：《中国语言规划论》，长春，东北师范大学出版社，2005。
[55] 李宇明：《汉语量范畴研究》，武汉，华中师范大学出版社，2000。
[56] 李宇明：《汉语语法录》，北京，商务印书馆，2002。
[57] 李壮鹰：《嗟叹与咏歌》，《中国文化研究》2007 年春之卷。
[58] 廖振佑：《古代汉语特殊语法》，呼和浩特，内蒙古人民出版社，1979。
[59] 刘长林：《中国系统思维》，北京，中国社会科学出版社，1990。

[60] 刘丹青：《词类和词长的相关性——汉语语法的"语音平面"丛论之二》，《南京师大学报(社会科学版)》1996 年第 2 期。

[61] 刘广和：《历史语言学的若干研究方法评议》，《汉语学习》2000 年第 5 期。

[62] 刘宁生：《汉语偏正结构的认知基础及其在语序类型学上的意义》，《中国语文》1995 年第 2 期。

[63] 刘叔新：《汉语描写词汇学》，北京，商务印书馆，1995。

[64] 鲁　川：《汉语语法的意合网络》，北京，商务印书馆，2001。

[65] 陆丙甫：《从"短语本位"看"词"的地位和判别》，《汉语学习》1992 年第 3 期。

[66] 陆志韦：《汉语的构词法》，北京，科学出版社，1957。

[67] 吕冀平、戴昭铭、张家骅：《惯用语的划界和释义问题》，《中国语文》1987 年第 6 期。

[68] 吕叔湘：《现代汉语单双音节问题初探》，《中国语文》1963 年第 1 期。

[69] 吕叔湘：《未晚斋语文漫谈·词类活用》，《中国语文》1989 年第 5 期。

[70] 吕叔湘：《汉语语法论文集(增订本)》，北京，商务印书馆，1999。

[71] 〔美〕伦纳德·布龙菲尔德：《语言论》，北京，商务印书馆，1980。

[72] 马建忠：《马氏文通》，北京，商务印书馆，1983。

[73] 马庆株：《缩略语的性质、语法功能和运用》，《语言教学与研究》1987 年第 3 期。

[74] 苗启明：《辩证思维方式——狭义辩证逻辑原理》，北京，高等教育出版社，1990。

[75] 苗启明：《原始思维》，上海，上海人民出版社，1993。

[76] 莫　超：《"句"的内涵及单复句的认定》，《兰州大学学报》2003 年第 6 期。

[77] 潘文国、叶步青、韩　洋：《汉语的构词法研究》，上海，华东师范大学出版社，2004。

[78] 秦礼君：《论词在句子构成中新义的产生——兼论所谓"词类活用"》，《淮阴师专学报》1986 年第 1 期。

[79] 任继昉：《汉语语源学》，重庆，重庆出版社，1992。

[80] 沈　阳：《现代汉语复合词的动态类型——谈语言教学中的一种词汇/语法单位范畴》，《语言教学与研究》1997 年第 2 期。

[81] 沈家煊：《不对称与标记论》，南昌，江西教育出版社，1999。

[82] 沈家煊：《"逻辑先后"和"历史先后"》，《外国语》2008 年第 5 期。

[83] 沈家煊：《三个世界》，《外语教学与研究》2008 年第 6 期。

[84] 石毓智：《语法的认知语义基础》，南昌，江西教育出版社，2000。

[85] 石毓智：《肯定和否定的对称与不对称》，北京，北京语言文化大学出版社，2001。

[86] 石毓智：《语言规律的多样性及其研究方法》，《青海民族学院学报》2008 年第 2 期。

[87]〔美〕斯托曼：《情绪心理学》，沈阳，辽宁人民出版社，1986。

[88] 苏宝荣：《不能"以今律古"，也不要"以古限今"——谈古语词在现代汉语中的理解和运用》，《河北师范大学学报(哲社版)》2006 年第 4 期。

[89] 孙常叙：《汉语词汇》，长春，吉林人民出版社，1956。

[90] 孙汝建：《句子的表述性特征》，《南京邮电学院学报》2001 年第 2 期。

[91] 唐作藩：《音韵学教程》，北京，北京大学出版社，1987。

[92] 陶红印、S. A. Thompson：《语法和语法的关联：汉语会话中常用的小句结构》，《国外语言学》1995 年第 4 期。

[93] 田启波、赵　蕾：《文明范畴辨析》，《江汉论坛》2003 年第 11 期。

[94] 王　立：《汉语词的社会语言学研究》，北京，商务印书馆，2003。

[95] 王　宁：《汉语词源的探求与阐述》，《中国社会科学》1995 年第 2 期。

[96] 王　宁：《汉语字词的结构和意义》，见彭聃龄主编：《汉语认识研究》，济南，山东教育出版社，1997。

[97] 王　宁：《训诂学与汉语双音词的结构和意义》，《语言教学与研究》1997 年第 4 期。

[98] 王　宁：《论本源双音合成词凝结的历史原因——兼论古今汉语的传承与沟通》，《古典文献与文化论丛(第二辑)》，杭州，杭州大学出版社，1999。

[99] 王艾录、司富珍：《语言理据研究》，北京，中国社会科学出版社，2002。

[100] 王洪君：《从字和字组看词和短语——也谈汉语中词的划分标准》，《中国语文》1994 年第 2 期。

[101] 王洪君：《汉语的韵律词和韵律短语》，《中国语文》2000 年第 6 期。

[102] 王克仲：《汉语词类活用》，长沙，湖南人民出版社，1989。

[103] 王　力：《中国现代语法》，北京，商务印书馆，1985。

[104] 王树人：《中国的"象思维"及其原创性问题》，《学术月刊》2006 年第 1 期。

[105] 王希杰：《汉语修辞学》，北京，北京出版社，1983。

[106] 吴　峤：《汉字要论》，武汉，武汉出版社，2000。

[107] 吴孟复：《训诂通论》，合肥，安徽教育出版社，1983。

[108] 向　熹：《简明汉语史》(上)，北京，高等教育出版社，1993。

[109] 向　熹：《简明汉语史》(下)，北京，高等教育出版社，1993。

[110] 向　熹：《诗经词典》，成都，四川人民出版社，1997。

[111] 邢福义：《汉语语法学》，长春，东北师范大学出版社，1996。

[112] 徐盛桓：《认知语用学研究论纲》，《外语教学》2007 年第 5 期。

[113] 徐通锵：《历史语言学》，北京，商务印书馆，1991。

[114] 徐通锵：《"字"和汉语研究的方法论——兼评汉语研究中的"印欧语的眼光"》，《世界汉语教学》1994 年第 3 期。

[115] 徐通锵：《语言论》，长春，东北师范大学出版社，1997。

[116] 徐通锵：《说"字"》，《语文研究》1998 年第 3 期。

[117] 徐振邦：《联绵词概论》，北京，大众文艺出版社，1998。
[118] 许威汉：《汉语词汇学引论》，北京，商务印书馆，1992。
[119] 杨伯峻：《〈诗经〉句法偶谈》，《中国语文》1978 年第 1 期。
[120] 杨五铭 ：《文字学》，长沙，湖南人民出版社，1986。
[121] 杨锡彭：《汉语语素论》，南京，南京大学出版社，2003。
[122] 杨振兰：《试论词义与语素义》，《汉语学习》1993 年第 6 期。
[123] 叶蜚声、徐通锵：《语言学纲要》，北京，北京大学出版社，1981。
[124] 尹斌庸、方世增：《词频统计的新概念和新方法》，《语言文字应用》1994 年第 2 期。
[125] 于根元、夏中华：《关于语言学研究方法和方法论》，《锦州师院学报》2002 年第 2 期。
[126] 余行达：《古代汉语》，长春，东北师范大学出版社，1989。
[127] 余知真：《汉字的优越性及其发展前途》，《江西师范大学学报(哲社版)》1995 年第 1 期。
[128] 俞理明：《汉语词汇中的非理复合词——一种特殊的词汇结构类型：既非单纯词又非合成词》，《四川大学学报(哲学社会科学版)》2003 年第 4 期。
[129] 俞士汶等：《现代汉语语法信息词典详解》，北京，清华大学出版社，2003。
[130] 袁毓林：《语言学范畴的心理现实性》，《汉语学习》1993 年第 4 期。
[131] 姚小平：《考据学与科学语言学》，《外语教学与研究》1999 年第 2 期。
[132] 张伯江、方　梅：《汉语功能语法研究》，南昌，江西教育出版社，1996。
[133] 张　今、陈云清：《英汉比较语法纲要》，北京，商务印书馆，1981。
[134] 张　静、蒋荫枬：《词和词汇》，长春，东北师范大学出版社，1988。
[135] 张文国：《古汉语的名动词类转变及其发展》，北京，中华书局，2005。
[136] 张永言：《关于词的“内部形式”》，《语言研究》1981 年创刊号。
[137] 张玉金：《甲骨文语法学》，上海，学林出版社，2001。
[138] 张志毅、张庆云：《词汇语义学》，北京，商务印书馆，2001。
[139] 赵金铭：《能扩展的“动＋名”格式的讨论》，《语言教学与研究》1984 年第 2 期。
[140] 赵克勤：《古代汉语词汇学》，北京，商务印书馆，1994。
[141] 赵元任：《汉语口语语法》，北京，商务印书馆，1979。
[142] 赵元任：《汉语词的概念及其结构和节奏》，《中国现代语言学的开拓和发展——赵元任语言学论文选》，北京，清华大学出版社，1992。
[143] 郑　奠、麦梅翘：《古汉语语法学资料汇编》，北京，中华书局，1964。
[144] 郑远汉：《几点质疑》，《中国语文》1996 年第 4 期。
[145] 周　荐：《词汇学问题》，天津，天津古籍出版社，1998。
[146] 周　荐：《论词的构成、结构和地位》，《中国语文》2003a 年第 2 期。
[147] 周　荐：《三字组合与词汇单位的确定》，《语言科学》2003b 年第 5 期。
[148] 周迟明：《汉语的使动性复式动词》，《汉语论丛》，北京，中华书局，1958。

[149] 周法高：《中国古代语法·造句编(上)》，北京，中华书局，1989。

[150] 周及徐：《上古汉语双音节词单音节化现象初探》，《四川大学学报》2000 年第 4 期。

[151] 周克庸：《是"复辅音声母"还是"多音节字"》，《东岳论丛》2006 年第 6 期。

[152] 朱炳祥：《论汉字与汉语的原始关系》，《江汉论坛》1995 年第 3 期。

[153] 朱德熙：《语法讲义》，北京，商务印书馆，1982。

[154] 邹立志、白　聪：《论古今汉语词类活用的不同本质》，《语言研究》2009 年第 2 期。

[155] Li shihong, "Computer Education and Reform on Physical Teaching", *Physisc Journal*, 1996(6).

[156] 〔美〕T·丹齐克：《数·科学的语言》，北京，商务印书馆，1985。

[157] 〔美〕爱德华·萨丕尔：《语言论(言语研究导论)》，北京，商务印书馆，1985。